庫

33-615-7

スピノザ往復書簡集

畠中尚志訳

岩波書店

はしがき

一、本書はスピノザが生前その友人知己と往復した全書簡——今日伝わっている限りの——の邦訳である。

二、訳出はハイデルベルヒ版(ゲプハルト版)「スピノザ全集」中のテキストによった。本文中の〈 〉内の文句は一六七七年の蘭訳遺稿集から補われた(ハイデルベルヒ版において)ものであり、また〔 〕内の文句は訳者の補足したものである。

三、本書を読む上に参考になると思われる若干の事柄は別に解説の中で述べることにする。

昭和三十三年十一月

訳　者

目次

スピノザ往復書簡集

書簡一[1]　ハインリッヒ・オルデンブルク[2]から　ベネディクトゥス・デ・スピノザへ

高名の士、尊敬する友よ

こないだ貴下をラインスブルフ[3]の御隠栖にお訪ねしました際は、おいとまするのが大変心残りでございました。それだけに私は、英国に帰着早々、せめてお手紙に依ってでも、出来る限り貴下と親しくして頂きたい気持です。貴下の深い御学識と、謙譲と、高雅な御挙措——天性並びに御修養に依って豊かに貴下を飾るに至りましたそうした御美徳は、こよない魅力をたたえ、正しい精神と善き教育を有します程の者なら誰しもそれを愛せずにはおられません。卓越の士よ、私たちは純なる友情を結び合い、これをあらゆる種類の努力と奉仕を以てひたすら育て上げようではございませんか。非才私に出来ますことは何なりと御遠慮なくお命じ下さい。これに対し、貴下のお持ちになっていらっしゃる御才能は、貴下の御迷惑になりません限り、その一端を私のためお役立て下さるようお願いいたします。

私たちはラインスブルフで神について語りました。また無限の延長と無限の思惟について、これらの属性の相違点と一致点について、人間の精神と身体の合一の様式について、更にはデカルト哲学及びベーコン哲学の諸原理について語りました。然しあの時私たちは、こんな重要な議論に関して、いわば、ほんの垣間《かいま》見る程度にあわただしく語りあったにすぎませんでした。そしてあれ以来これらの問題は、絶えず私の頭を悩ましつづけております。ですから私は、私たちの間に結ばれました友情の権利に基きまして、貴下にくれぐれも懇願いたします。どうか上述の主題について貴下のお考えを少し詳細に説明して下さいませんか。特に次の二点について御示教下さるようお願い申し上げます。第一に、貴下は、延長と思惟の真の相違をどんな点にあるとお考えなのですか。第二に、貴下は、デカルト哲学及びベーコン哲学の中にどんな欠点を認められ、またどんな風にしてその欠点が除去され是正され得るとお考えなのですか。これらの問題並びにこれと同様の諸問題について貴下が卒直に私に書いて下されば下さるだけ私たちの結び付きは一層緊密なものになるでありましょうし、また私は自分の能力に応じて貴下にお報いせずにおられぬ気持にいっそうなることでございましょう。

目下当地では学殖豊かな或る英国貴族(4)の書いた科学上の論文(5)が印刷されています。この論文は空気の性状とその弾力性について(これは四十三の実験で証明されています)、また物体の流動性、固定性その他について取り扱ったものです。これが刊行されました暁には、貴国へ渡航する友人の誰かに托して一本を貴下の御覧に供するようにいたしたいと思います。では御機嫌よう。いずれまた。

すべての友情と恭順とを以て　ハインリッヒ・オルデンブルク

ロンドン、一六六一年八月十六(5)二十六日

書簡二(1)　スピノザからオルデンブルクへ

前書簡への返事

高名の士よ

貴下の御友情は私にとって大変嬉しいものでした。もし謙譲な貴下にして貴下の豊かに持たれる御美徳を心に思い浮べられますなら、そのことは容易にお判りのことと存じます。私としましてはそうした貴下の御美徳を考えます時、自分を敢えて貴下の友と呼びますことは、少からず僭越であるように思われます。殊に友というものは、すべての面で、わけても精神的な面で、同等でなければならぬのですから。しかし貴下が私の友となって下さるのは、私そのもののためというよりも、貴下の御謙譲と御好意のためとしなくてはなりません。非常な御謙譲を以て貴下は御身をへり下り、あふれる御好意を私に与えて下さろうというのですから、私は貴下が熱心に私に申し出られまた私からもそれを要求されるその緊密な友情を、貴下と結びますのに何の躊躇がありましょう。そして私は力の及ぶ限り懸命にそれを育ぐくんで行きたいと思います。私の才能なるものに関して申しますれば、若し私がそうしたものを持っていますなら、たとえ私の大きな迷惑になることが分っています場合でも、喜んで貴下にお役立てするのですが、生憎そんな私ではございません。しかしただこうのみ申して、切角貴下が友情の権利に基づいて私から求められていることを拒否するように見えますのは不本意でありますから、私は、私たちが話し合ったあのことどもについて、私の見解をここに一応説明することに致しましょう。尤もそれが貴下を私に一層緊密に結びつけるよすがとなりますためには更に貴下の御友情に助けられなくてはなりませんけれども。

では先ず神について簡単に申しましょう。私は神を、各々が自己の類において無限で最高完全な無限数の属性から成る実有であると定義します。この際注意していただきたいのは、私が属性ということを、それ自身によってまたそれ自身において考えられるいっさいのものと解していること、従ってそうした物の概念は他の物の概念を含まないということです。例えば、延長はそれ自身に依ってまたそれ自身において考えられますが、運動はそうではありません。運動は他の物の中において考えられ、その概念は延長を含むからです。尚、神についての上述の定義が真であることは、私が神を、絶対に最高完全で無限な実有と解することから明らかであります。そしてこうした実有が存在することは、その定義から容易に証明されます。しかしここはその場所でありませんからこれに関する証明は割愛しましょう。むしろここで貴下の最初の御質問にお答えするため私の証明せねばならぬのは、次の点です。即ち第一に、自然の中にはその本質において全然異ならないような二つの実体は存在し得ないということです。第二に、実体は産出されることが出来ないこと、むしろ存在することが実体の本質に属するということです。第三に、すべての実体[2]は自己の類において無限で最高完全であるということです。これらのことが証明され、そして同時に貴下が、神についての私の定義に注意を払って下さりさえしますれば、高名の士よ、貴下は容易に私の意のあるところをお知りになることが出来るでしょう。従って私はこの問題についてもっと詳しく語ることは必要だと思いません。しかし、これらの点を明瞭且つ簡単に証明するためには、これを幾何学的方法で証明して貴下の御吟味にお委ねすることが最もよろしいかと存じます。ですから私は、この手紙に添えてその証明(3)をお送りし、それについて貴下の御批評をお待ちしたいと思います(4)。

貴下は次に、私がデカルト哲学及びベーコン哲学の中にどんな誤謬を認めるかをお尋ねになっています。他人の誤謬を摘発することは私の慣《なら》わしではありませんけれども、私はこの点でも貴意に副うことにしましょう。彼らの第一のそして最大の誤謬は、彼らが万物の第一原因であり、万物の根源であるところのものについて正しい認識を持たなかったことです。第二の誤謬は、人間の精神の真の本性を認識しなかったことです。第三の誤謬は、誤謬の真の原因を把握しなかったことです。この三つの問題の正しい認識がどんなに必要なものであるかは、多少でも学問の研究と訓練に縁《ゆか》りのある人なら誰にも明らかなところでありましょう。しかし、ベーコンやデカルトが第一原因及び人間の精神について正しい認識を持たなかったことは、先に挙げた三つの命題を考慮に入れれば容易に判明するでありましょう。ですから私は、第三の誤謬を示すだけに止めたいと思います。ベーコンについてはあまり申す必要がありません。この問題に関する彼の言説は非常に混乱していて、彼は殆ど何事をも証明せず、ただ単に主張しているのみだからです。即ち彼は第一(5)に、人間の知性は、諸感官から欺かれるほか、既に自己の本性そのものによって欺かれ、一切を宇宙の姿になぞらえてではなく自己の本性になぞらえて把握するものと想定し、人間の知性を、歪んだ鏡が諸物からの光線を不正に反射して自己の本性と物の本性とをまぜこぜにするのにたとえております。第二(6)に彼は、人間の知性が、その特殊の性質上、抽象概念を形成することに傾き、変化的なものを恒常的なものと見がちであるとしています。第三(7)に彼は、人間の知性を、落ちつきがなく停止することも休憩することも出来ないものとしています。しかし彼がこのほかに誤謬の理由として挙げていることがらは、すべて容易にデカルトの主張する一理由に還元することが出来ます。それは、人間の意志は自由であって知性よりも広い範囲に及ぶということです。或いはベーコン自身の幾分曖昧な表現（ノーヴァム・オルガヌム短言四九）を借りれば、「知性は乾いた灯火のようなものではなく、むしろ意志の油によって湿《しめ》らされる」(8)ということです（ここに注意したいのは、ベーコンはデカルトと異り、しばしば知性《インテレクトス》という語を精神《メンス》の意味に用いていることです。）ところで私は、他の理由はあまり重大とは思いませんから問題にしないとして、ただこの最後の理由が誤まっていることを示すだけにいたしましょう。彼らだって次のことに気づきさえしたらそれが誤りであることは、容易にわかった筈ですのに。それは、意志とこの或いはかの意志発動とは、恰かも白い色がこの或いはかの白と異なり、人間というものがこの或いはかの人間と異なるのと同様に異なっていること、従って意志をこの或いはかの意志発動の原因であると考えるのは、人間というものをペテロ或いはパウロの原因であると考えると同様に不可能であるということです。即ち意志は理性の有(9)にほかならぬのであって決してこの或いはかの意志発動の原因とは言われないのです。一方、個々の意志発動は、その存在の為に自らの原因を有せねばならぬので自由とは言われ得ず、むしろ必然的にそれはその原因から決定される通りでなければなりません。更にまたデカルトに従えば、誤謬自身も個々の意志発動なのです。これらからして必然的に次のことが帰結されます。誤謬乃至個々の意志発動は自由ではなく、むしろ外的諸原因によって決定され、決して意志に依って決定されはしない、と。そしてこれが私の今しがた証明することをお約束した事柄です云々

〔ラインスブルフ、一六六一年九月〕

書簡三(1)　オルデンブルクからスピノザへ

卓越の士、敬愛する友よ、

御示教に富んだお手紙を頂戴いたしまして非常な満足を以て拝読しました。貴下の幾何学的証明方法に対しては、心から賛成申しあげます。然し同時に私は、貴下があれほど正確に教えて下さることにそう易々とついて行けない私の鈍根を歎かずにはおられません。ここに私の愚昧《ぐまい》の証拠をさらけ出して次の質問をいたしますからどうかこれにお答え頂きたく存じます。

第一の質問は、貴下が神についてお与えになっているあの定義だけからそうした実有の存在が証明されるということを貴下は明瞭且つ不可疑的に認識しておられるのかどうかということです。私から申しますと定義は単に我々の精神の概念を含むにすぎません。一方、我々の精神は、存在しない多くのものを概念することが出来ますし、また一度概念したものをいくらでも複雑化し、拡大することが出来ます。これを思います時、私は神について私の有する概念からどうして神の存在を推論し得るか未だに諒解いたしかねます。なるほど私は、人間や動物や植物や礦物などの中に認めるあらゆる完全性の理念的綜合から、それらすべての特長をさながらに所有している或る実体の概念を形成することは出来ます。のみならず私の精神は、それらの特長を無限に複雑化し拡大して、或る最完全、最優秀な実有の形象を作り上げることも出来ます。しかし私はそれからそうした実有の存在を結論することは決して出来ません。

第二の質問はこうです。人々がまだ思惟の本性について論争していて、思惟が物体的運動であるかそれとも物体的運動とは全く異なる純粋な精神的活動であるか十分わかっていないのに、貴下にとっては、物体は思惟によって限定されず思惟は物体によって限定されないということが不可疑的に明らかなのかどうかということです。

第三の質問は、貴下が私に書いてよこされたあのいくつかの公理を、貴下は証明することの出来ぬ原理、自然的光明に依って認識され何の証明をも要しない原理と思っておられるのかどうかということです。恐らく第一の公理はそうしたものでありましょう。然し残りの三つの公理がどうしてそういうものの中に入れられ得るか私には見当がつきません。と申すのは、第二の公理は、自然の中に実体と偶有性(2)以外の何物も存在しないという前提の下に立っているのですが、多くの人々は時間と空間がそのいずれにも属しないことを主張しております。貴下の第三の公理、即ち、「異なった属性を有する物は相互に何らの共通点を有しない」というのも私にははっきり理解することがとても出来ません。むしろ全自然はその反対を物語っているように思えます。なぜと申しますに、我々に識られているすべての物は、多くの点で相互に異なっていても若干の点で一致しているからです。最後に第四の公理、即ち「相互に共通点を有しない物は一が他の原因たり得ない」というのも私の曇った知性には何の説明も要しないほど明白とは思えません。神は本質的に被造物と何の共通点をも有しないのに、我々の殆どすべては神を被造物の原因と見做しているではありませんか。

こんな工合に、以上の公理が私にとっては全然疑いのないものであるというわけにはまいりませんので、その上に築き上げられた貴下の諸定理が確固たるものであり得ないのは貴下にも容易に御推察いただけることでしょう。全く、これらの定理について考えれば考えるほど私にはそれに関する一層多くの疑問が湧いてまいるのです。第一の定理について申せば、二人の人間は二つの実体であり、しかも同一属性を有する実体であると私には考えられます。その二人の人間は共に理性を賦与されているのですから。そしてこれから私は、同一属性を有する二つの実体は存在すると結論するのです。第二の定理について申しますと、何物も自己の原因たり得ないのですから、「実体は産出され得ない。たとえ他の何らかの実体によってでも」というのがどうして真であり得るか私にはほとんど理解出来ぬように思われます。この定理は、すべての実体を自己原因にまつりあげ、そのすべてを相互に独立したものにし、結局それだけの数の神を作り上げ、このようにして万物の第一原因を否定することになります。貴下がこの崇高な主題に関する御見解をもっと明瞭かつ詳細に私に説明して下さって、諸〻の実体の起源と産出、並びに諸事物相互の依存関係、相互の従属関係について教えて下さいますのでなくては、私はとてもこの結論を了解できないことを進んで告白いたします。この点について貴下が忌憚《きたん》なく腹を割って私に書いて下さることを、私たちが結んだ友情に基づいて貴下に懇願いたします。そして貴下が私に伝えて下さるいっさいのことを私の胸にそのままそっくりしまって置き、その一部なりとも公表などして貴下に損害や迷惑をおかけするようなことは決していたしませんことをお信じ下さい。

我々の哲学クラブ(3)では力の及ぶ限り諸種の実験や観察に努め、また自然の機械的力学的研究の整備に忙殺されております。私共の信じますところでは万物の形相と性質は機械的諸原理《プリンキピア・メカニカ》から最もよく説明され得るのでありまして、自然におけるいっさいの結果は運動、形状、組織並びにそれらの異なった結合から生れるのであります。従って我々は、説明の出来ぬ形相とか隠れた性質(4)とかに、つまり無知の避難所に、逃げ場を求める必要はないと確信いたしております。

お約束いたしました書物は、当地在任の貴国オランダの公使が使いの者をハーグに出します折か（そうしたことがよくありますので）、或いはその書物を安全に托すことの出来る友人が誰か貴国にまいります折に、早速貴下にお届けするでございましょう。

長々と勝手に書き連ねましたことをお許し下さい。ことに貴下のお手紙に対して何のはばかりも何の慎みもなく無遠慮に御返事申し上げますことをどうか友情に免じて悪くおとり下さいませんようにお願いいいたします。では御機嫌よう。

貴下の最も忠実なる友　ハインリッヒ・オルデンブルク

ロンドン、一六六一年九月二十七日

書簡四(1)　スピノザからオルデンブルクへ

前書簡への返事

高名の士よ、

一二週間滞在の予定でアムステルダムへ出かけようと準備中のところへ貴下のお手紙とどき、先に私からお送りした三つの定理に対する貴下の御駁論を拝読いたしました。今は時間がありませんから他のことは割愛してその点だけにお答えすることにいたしましょう。

第一の御駁論について申しますれば、どんな物の定義からも定義された物の存在が帰結されるというのではありません。そうした存在はただ(三つの定理の後に付けた備考の中で証明しましたように）属性の定義乃至観念、[2] 換言すれば（神の定義に際して明瞭に説明いたしました通り）それ自身によって且つそれ自身において考えられる物の定義乃至観念からのみ帰結されるのです。私の記憶いたします限り、私はこの相違の理由をやはり上記備考の中で十分明瞭に、少くも哲学者にとっては明瞭に、述べております。哲学者なら、虚構と明瞭判然たる概念との間にある相違を知っているはずですし、またこの公理、即ちすべての定義乃至明瞭判然たる観念は真であるという公理の真理性も分っているはずです。これらのことを眼中に置きますならば、第一の御質問の解決のためにはこれ以上何も必要でないと存じます。

それで第二の御駁論の答弁に進みます。そこで貴下は、若し思惟が延長の本性に属しないのなら延長も思惟によって限定されないということは認めておられるようです。貴下のお疑いは、単に貴下の前提された場合にのみ関しているのです。しかしどうかお考えになって下さい。人々が延長は延長によって限定されず思惟に依って限定されると言う時、それは延長が絶対に無限ではなく単に延長としてのみ無限であると言うのと同じではないでしょうか。これはとりも直さず、延長は正に延長に関して、換言すれば自己の類において、無限であることを容認しているものではありませんか。しかし貴下は、思惟は物体的活動であるかもしれぬ、と言われる。私は決してそうしたことを認めませんけれども、仮にそうだとしてみたところで、次の一点だけは貴下も否定お出来にならぬでしょう。それは、延長は延長である限りにおいて思惟ではないということです。そして、私の定義を説明し且つ第三の定理を証明するには、これだけで十分なのです。

第三に、貴下の御駁論は、私の挙げている公理が共通概念[3]の中に数えられ得ないということです。これについて私は論争しようとは思いません。だが貴下はこれらの公理の真理性をも疑っておられます。それどころか貴下はそれらの公理の反対こそむしろ真理に近いことを示そうとしていられるように見えます。しかし私が実体及び偶有性[4]〔様態〕について与えた定義によく注意して下さい。この定義からこれらすべてが帰結されるのです。というのは、私は実体をそれ自身によってまたそれ自身において考えられるもの、換言すればその概念が他物の概念を含まないものと解し、これに反して様態《モディフィカチオ》或いは偶有性を、他物の中に在り且つその他物によって考えられるものと解しているのです。これから第一に、実体は本性上その偶有性に先立つということが明瞭に出て来ます。偶有性は実体なしに存在することも考えられることも出来ないからです。第二に、実体と偶有性以外には何物も実在的に即ち知性の外に存在しないということが出て来ます。およそ存在するものはそれ自身によって考えられるか他物によって考えられるかそのどちらかであり、またその概念は他物の概念を含むか含まないかそのどちらかだからです。第三に、異なった属性を有する物は相互に何らの共通点を有しないということが出てきます。私は属性を、その概念が他物の概念を含まないものと規定したのですから。最後に第四に、相互に何らの共通点を有しない物は一が他の原因たり得ないということが出て来ます。なぜなら、原因たり得るとすれば、その結果の中には原因と共通する何物もないのだから、結果はその有する一切を無から得たことになるからです。

更にまた、神は本質的に被造物と何ら共通点を有しない云々という貴下の御主張について申せば、私は私の定義の中で正にその反対を述べているのです。というのは、神は各々が自己の類において無限で且つ最高完全な無限数の属性から成る実有であると私は言ったのですから。

次に第一の定理に対する貴下の御駁論について申せば、願わくは我友よ、人間は創造されるのでなくて単に産まれるのであること、また人間の身体は他の形相においてではあるが既に以前から存在していたのであることをお考え下さい。そしてこれと反対に、もし物質の一部が滅びるということがあれば、同時に全延長もまた滅びることになることを、私は進んで承認いたします。なおまた私の第二の定理は多くの神々を造り上げるものではなく、却ってそれは各々が自己の類において最高完全な無限数の属性から成る唯一者のみを認めるものです云々

〔ラインスブルフ、一六六一年十月〕

書簡五(1)　オルデンブルクからスピノザへ

尊敬する友よ、

お約束のささやかな書物(2)どうかお受取り下さい。そしてそれに関する貴下の御批評をお聞かせ下さい。殊に同書の中に述べられている硝石についての実験及び物体の流動性、固定性についての実験に関し御高見をお待ちしております。

教えられますところの多い貴下の第二便は昨日拝受しました。まことに有りがとうございます。しかしアムステルダムへの御旅行のため私の疑問の全部についてお答えいただけませんことは大変残念でした。どうかおひまになり次第、今度割愛されたものにもお答え下さるようお願いします。昨日のお手紙で色々なことを分らせていただきましたものの、すべての曇りを全部取り払っていただくところまではまいっておりません。私の思いますには物の真実且つ第一の起源につい

て明瞭判然と教えていただきます時に始めてすべてがはっきりわかるようになることでしょう。と申しますのは、物がどんな原因からまたどんな仕方で存在し始めたか、並びに、物がどんな連結を以て第一原因――もしそうしたものがありますれば――に依存しているかが私に明白になりません間は、私のお聞きしました読ませていただく一切は私にとってばらばらな連絡のないものに思えます。では博学の士よ、どうかこの点について私を御指導下さるようくれぐれもお願い申します。同時に私の信頼と感謝を貴下の御心にお留め下さるよう併せてお願いいたします。さようなら。

貴下の最も忠実なる友　ハインリッヒ・オルデンブルク

ロンドン、一六六一年十月十一／二十一日

書簡六[1]　スピノザからオルデンブルクへ

（硝石並びに、物体の流動性と固定性に関するロバート・ボイルの著書への批評を含む）

前書簡への返事

高名の士よ、

賢明なボイル氏の著書頂戴いたしまして時間の許す限り拝読いたしました。この贈物に対し厚く御礼申し上げます。始めこの書を贈って下さると言われた時、貴下が興味を持たれるくらいの書だから重要な内容のものだろうと想像していましたが、果してそのとおりでした。ところで、博学の士よ、貴下はこの書に対し、私のとるに足らない批評をお求めです。私は微力の及ぶ限り貴意に応じ、ここに私にとって不明瞭かまたは証明の十分でないと思える個所を指摘してみることにいたしましょう。色々な用事に妨げられましてまだ全部通読しておりませず、まして吟味するまでには至っておりません。ですから以下に、硝石その他に関して注意したいと思うことだけ述べることにいたしましょう(2)。

硝石について

第一に著者は、硝石の再生に関する彼の実験にもとづき、硝石は固形部分と揮発性部分とから成る不均一《ヘテロゲネウム》なものであること、また硝石はそれらの成分の単なる混合物からだけ出来ているにかかわらず硝石の性質は(少くも現象に関する限りは)その個々の成分の性質と極めて異なったものであることを結論しています。私の考えでは、この結論が十分確実なものと言われるためには、硝石精〔硝酸〕が実際には硝石でなく、アルカリ塩を加えなくては凝固状態に戻ることも結晶することも出来ないことを示す何らかの実験が尚必要であると思われます。少くとも、ルツボの中に残る固形塩の量は、硝石の量が等しければ常に同一であるかどうか、また多ければそれに比例して多くなるかどうかを確かめる必要があったのです。これに反し、ボイル氏が秤の助けによって発見したと称していること(九節)、及び硝石精の示す現象は硝石そのものの現象と甚だ異なっており、時には相反的でさえあるということに関して申せば、それは、私の意見では、この結論を確実なものにするのに何ら役立たないのです。これをはっきりさせる為に、私は、硝石の再生の現象についての最も簡単な説明と思えるものを手短かに述べ、同時にこの説明を或程度確かめ得る極めて容易な二三の実験を付加することにしましょう。

そこで、この現象を出来るだけ簡単に説明する為に、私は、硝石精と硝石自身との間には十分明瞭な次の相違以外のどんな相違をも認めないことにします。次の相違とは、硝石の粒子《パルティクラ》は静止しているが硝石精の粒子はかなり活潑に運動し合っているということです。また固形塩に関して申せば、それは硝石の本質の構成には何らかかわりがないものと仮定します。私はそれをむしろ硝石の残滓と考えたいのです。この残滓は（私の認めるところでは）硝石精自身にも含まれていないわけではありません。いや、硝石精には、それが微粒の状態にされてではあるが多量に浮いています。さてこの塩即ちこの残滓は、硝石の粒子の大いさに比例する大いさの孔乃至空洞を持っています。ところで火の作用によって硝石粒子がそれらの孔から追い出された時、若干の孔は狭くなり、従って他の孔は自然に拡がり、そしてその物質自身、つまりこれらの孔の内壁は硬く、同時に極めて脆くなりました。それで、硝石精がこの上に滴らされた時、その粒子の若干は狭い方の孔へ激しく突進し始めました。そして、それらの孔の内壁の厚さは（デカルトが正しく証明したように）一様ではないのですから、それらの粒子は硬い内壁を先ず弓のようにたわめ、それからこれを破り、そのとき、破片を跳ね飛ばすようにしました。そして、これらの粒子は以前の運動を保持しているので、以前と同様、凝固することも結晶することも出来ませんでした。一方、広い孔の方へ突進した硝石精の部分はと言えば、これは孔の内壁に触れないから、必然的に或る極めて微細な物質に取りかこまれ、その物質のため、ちょうど木の小片が焔や熱によってされると同じ仕方で上へ追い出され、煙となって飛翔しました。しかし、それが極めて多量にある場合、またはそれが内壁の破片なり、狭い孔の方へ入った粒子なりと合わさる場合、それは滴を形成しながら上へ飛び上ってゆきました。これに反して、若し固形塩が水や空気の為に弛められて軟くなると、(3)その固形塩は硝石粒子の突進を阻止する力をそなえるようになり、硝石粒子にその運動を止めて再び凝固せざるを得ないようにさせました。これはちょうど砲弾が砂なり粘土なりに入りこんだ場合と同じわけです。硝石精の粒子のこうした凝固にのみ硝石の再生(redintegratio)は存するのです。そして、これが起こるに当って、固形塩は(この説明から明らかなように)いわば道具として用いられるに過ぎません。再生についてはこれまでにします。

さて今度は次の問題について考えてみたいと思います。第一に、なぜ硝石精と硝石自身とは味が甚だ異なるかということです。第二に、なぜ硝石は可燃性であり、硝石精はそうでないかということです。

始めの件を理解するためにに注意せねばならぬのは、運動している物体は他の物体と自己の最大表面積で接触することはないが、静止している物体は他の物体と自己の最大表面積で接触するということです。だから硝石の粒子は、静止している時に舌にのせられると、自己の最大表面積で舌と接することになり、これによって舌の孔をふさぐので、これが冷感を引き起すのです。その上、唾液は硝石を十分に細かな粒子に溶かすことが出来ません。これに反して、この粒子が激しく運動している時に舌にのせると、それは尖った面で舌につきあたり、舌の孔へ突進し、そしてそれは激しく運動すればする程いっそう鋭く舌を刺します。これは、針がその尖端で舌を刺す場合と、横になって舌の上にのる場合とで、異なった感覚を生じるのと同じです。

なおまたなぜ硝石は可燃性であり、硝石精は可燃性でないかの理由は次の如くです。即ち、硝石粒子は、静止している時の方が、あらゆる方向へ自ら運動している時よりも、上へ持ち上げられることが困難です。従って、静止している時の硝石粒子は、しばらくは火に対して抵抗するのですが、やがて火は硝石粒子を相互に分離し、これを四方から囲みます。火が硝石粒子を囲むと、火はこれをあちこちに運び、ついに硝石粒子は自らの運動を得、そして煙となって上昇します。これに反して、硝石精の粒子はすでに運動していて相互に分離しているのですから、わずかの火だけで一層広い範囲にわたって四方へ拡がり、これによって若干の粒子は煙と化しますが、他の粒子は、焔によって四方から囲まれる前に、火を燃え立たす物質の中へ滲入し、こうして火をあおるよりはこれを消すことになるのです。

さて、以上の説明を確めると思われる実験に話を移しましょう。第一の実験は、爆鳴しながら煙と化し去る硝石粒子は純粋の硝石であるということの発見です。即ち、私は、ルツボの中に硝石を入れ、ルツボが十分熱くなるまで硝石を繰り返し熔融させ、それからこの硝石を灼熱した炭火で点火し、その煙を冷たいガラス瓶に受け取り、ガラス瓶は煙で湿るまでになりました。その後で息を吹きかけて瓶の湿りをさらにいっそう強め、終りにこれを冷たい空気に曝して再び乾かしました(4)。そうしたら瓶の中のあちこちに硝石の小結晶が現われたのです。然しこの結晶は単に揮発性粒子からのみ生じたのでなくて、恐らく、焔が硝石の全部分を運び(私はボイル氏の意味をくんで申します)、そして固形部分をもその分解に先立ち揮発性部分と一緒に追い出したのではないでしょうか。私はこの疑いを除くため、Aのような長さ一フィート以上の円管をいわば煙突として用い、これを通して煙を昇らせて、重い部分は円管に付着し揮発性部分だけをいっそう狭い出口Bを通して受け取るようにしました。その結果がやはり上に言ったようだったのです。しかし私はこれ

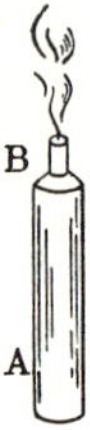

だけに止っていたくはありませんでした。更に念入りに吟味するため、いっそう多量の硝石を取り、これを熔かし、灼熱した炭火でこれに点火しました。そして円管Aを前と同様にルツボの上に立て且つ焔がつづく間出口Bのそばに小さな鏡面をすえつけたのですが、この鏡面には或る種の物質が付着しました。この物質を空気に曝すと液体になりました。私は直ちに、それは固形部分から成るものと推定しました。そして数日間待って見たけれども、私はそこに硝石の性質を認めることが出来ませんでした。ところが、硝石精をこれに注いだら、それは硝石に変化しました。これからして次のような結論がなされると思います。第一には、固形部分は熔融に際し揮発性部分から分離されるということ、並びに焔はこれを分離後において上昇させるということです。第二には、固形部分と揮発性部分は爆鳴に際して相互に分離した上は再び合体し得ないということです。これからして第三には、瓶に付着して小結晶を形作った部分は、固形部分ではなく単に揮発性部分のみであったということが結論されます。

第二の実験(そしてこれは固形部分が硝石の残滓に他ならぬことを示すように思います)は、硝石は精製されればされるだけ益〻揮発性になり、またますます結晶しやすくなるという発見にあります。というのは、精製された、或は濾過された硝石の結晶をAのようなガラスの盃に入れ、これに少量の冷水を注ぎますと、硝石の一部分はその冷水と共に蒸発し、盃の上辺にはあの揮発性粒子が付着し、小結晶を形成したのでした。

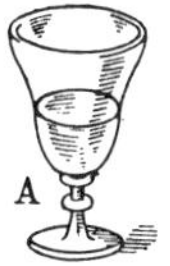

第三の実験は、硝石精の粒子はその運動を失うと可燃性になるということを裏書きするように思えるものでありまして、それは次の如きものです。私は硝石精の滴を湿った紙袋の中にたらし、

それから砂をそれへ投入して、砂の間隙へ硝石精が絶えず入りこむようにしました。砂が硝石精の全部もしくはほとんど全部を吸いとった後で、それをこの袋に入ったままで火の上で完全に乾かしました。こうやってから私は砂を取り出し、その紙を灼熱した炭火のそばに置きました。紙に火がつくや否や、それは硝石自体を吸いこんだ時に起ると同じようにパチパチ火花を散らしました。もし私が更に実験をつづける機会を持つとしましたら、これらのことのほかに恐らく事態を十分明瞭にしてくれるもっと多くの事柄を付加し得たでしょう。しかし他のいろいろな仕事に全く忙殺されていますので、これは別の機会まで延期することにお許しを願い、今は他の考察に移りましょう。

五節。ボイル氏はついでに硝石粒子の形状についても言及し、これに関する近代の著作家たちの説明は間違っていると非難しています。彼はその中にデカルトをも含めて言っているのかどうか私にはわかりません。若し含めて言っているのなら、彼は第三者の言葉にもとづいてデカルトを非難しているのです。というのは、デカルトは肉眼で見られ得るような粒子については語っておりません。それにまた私は、ボイル氏が硝石の結晶を磨き削ってそれが平行六面体かその他の形になった場合、それがもはや硝石でなくなると考えるものとは信じません。彼は多分肉眼で見たり手で触れたりすることの出来るもの以外の何物をも認めない化学者たちを念頭に置いているのでしょう。

九節。もしこの実験が正確になされることが出来ましたら、それは私が上掲の初めの実験から結論しようと思ったことを十分に確証してくれたでしょうに。

十三節から十八節までの中で、ボイル氏は、知覚し得るすべての性質は単に運動、形状、及びその他の機械的性質[5]によってのみ説明されることを示そうとしています。しかしボイル氏はこれらの証明を数学的なものとして与えているのでないから、我々はその証明の絶対的説得力について吟味する必要はありません。それにしても、なぜボイル氏がこのことを彼の実験から結論しようとあんなに懸命に努力しているのか私にはわかりません。このことはすでにベーコンによって[6]、またその後でデカルトによって[7]、十二分に証明されているのです。それに私はこの実験が他のありきたりの諸実験以上に明瞭な証明を我々に提供し得るとは思いません。というのは、熱について申せば、二つの木片(たとえそれが冷たいものでも)を相互に摩擦すると単にその運動だけで火が発するという事実から、また石灰(Calx)に水を注げば熱くなるという事実から、同じことが全く明瞭に出てくるのではないでしょうか。音響に関しては、私はこの実験が普通の水の沸騰やその他多くの事柄の中に見出される以上の注目すべきものを示しているとは思いません。硝石精を注いだ場合に生じた色の変化については、私は単に証明し得べきことのみを挙げるとしまして、すべて緑の植物が種々多様な色に変るのを我々は見ているということだけを指摘しておきましょう。次に悪臭を発する物は、これを振る時、ことにこれを適度に暖める時、いっそうひどい悪臭を放つのです。最後に、甘い酒は酢に変ります。尚他の多くのことについても同じようなことが言えます。だから私はこれらすべてを要らないものとして除いたらと思います(敢えて哲学者的卒直さを以て語ってよろしければ)。私がこう申すのはボイル氏をその値する程度に尊重しない他の人々がボイル氏について誤った判断を下すことを恐れるからなのです[8]。

二十四節。この現象の原因について私はすでに語りました。ここではただ、私もこれらの塩滴の中に固形塩の粒子が浮いているのを経験したことを付言するに止めましょう。即ち、そうした粒子が上へ飛びあがった時に、私はこの目的のため用意して持っていた平らなガラスでこれを受けとめましたが、私はこのガラスを幾分熱しておいてガラスに付着したすべての揮発性部分は飛び去るようにしておきましたところ、あとで私はガラスのあちこちに白い物質が分厚に付着するのを認めたのでした。

二十五節。この節においてボイル氏は、アルカリ性の部分は塩粒子の衝撃によって種々の方向に動かされること、一方塩粒子は自らの衝撃によって空中へ上昇することを示そうとしているように見えます。私もまたこの現象の説明に際し、硝石精粒子が激しい運動を獲得すること、それは硝石精粒子が広い孔に侵入する時必然的に或る極めて微細な物質によって取りかこまれ、これによって恰かも木の粒子が火によって上へ追いやられるように上へ追いやられるからであること、これに反してアルカリ性の粒子は狭い孔から侵入する硝石精粒子の衝撃から自己の運動を受け取ることを述べました。私はここに、純粋な水は固形部分をそう容易に溶解したり軟化したりすることが出来ないことを付言しておきます。それで、硝石精が、水の中に溶解したこの固形塩の溶液に注がれることによって、ボイル氏が二十四節で述べているような沸騰が生ずることも不思議でないのです。否、この沸騰は、硝石精がまだ損われない固形塩に注がれる場合よりも、いっそう強烈に違いないと私は信じます。というのは、水の中で固形塩は極めて細かい分子《モレクラ》に溶解され、そしてこの分子は塩のすべての部分が順々に重なり合って互に固く付着している時よりもいっそう容易に分離され、またいっそう自由に運動し得るからです。

二十六節。硝石精酸〔硝酸〕の味についてはすでに述べました。だから、残るのは、アルカリについて述べることだけです。私がそれを舌の上にのせた時、私は或る温い感を覚え、次いで刺すような感じを受けました。このことは、それが石灰の一種であることを語っています。即ち、石灰が水によって熱くなると同じようにこの塩は唾液、汗、硝石精によって、また恐らく湿った空気によっても熱くなるのです。

二十七節。物質の一粒子が他の粒子と結合するからとてそれから直ちにそれが新しい形状を呈するという結論は出て来ません。出てくる結論はただ、それがより大きくなるということだけです。そしてこれはこの節でボイル氏が求めている結果を生じさせるに十分なのです。

三十三節。ボイル氏の哲学する方法について私がどう考えるかは、この節及び序文の二十三頁で言及されているその論文を拝見した後で申しましょう。

物体の流動性について

一節。「流動性とか固定性とかが最も一般的な性質に数えられねばならぬことは極めて明らかであって云々」。私の考えでは、通俗の用法に従って作られた諸概念、即ちその本来の姿においての自然を説明するのでなく人間の感覚に関係づけられる限りの自然を説明する諸概念は、決して最高の類概念に数えらるべきではなく、またそれは純粋な諸概念即ち(その本来の姿においての)自然を説明する諸概念と混同すべきではありません(ましてや同一視すべきではないのです)。後者に属する概念は、運動、静止、及びそれらの諸法則であり、これに反して前者に属するのは、可視的、不可視的、暖冷、そして敢えて申すならば流動や固定という概念もそうです。

五節。「流動性の第一原因は構成諸物体の微小ということである。なぜなら比較的大なる物体にあってはしばしば凹凸があり云々」。物体はたとえ微小なものであっても凹凸ある粗い表面を持ちもしくは持つことが出来ます。これでみるに、もし大きな諸物体が早く運動し、それらの物体の運動とそれらの物体の量との割合が小さな諸物体の運動とそれらの物体の量との割合と同様の関係にあれば、そうした諸物体もまた流動的と呼ばれねばなりません。もし流動という言葉が、単に外的なものを表示するのでなく、またそれが、単に一般の用法に従って、その微小さと相互間隙とが人間の知覚力を超越するような運動物体を表示することにのみ用いられるのでない限りは。だから物体を流動的と固定的とに分つのは、物体を可視的と不可視的とに分つのと同じ次第なのであります。

同節。「我々がそれを化学的実験で確かめ得ないとしたら」。誰もこれを化学的実験や他の実験で確かめることは出来ないでしょう。それはただ推論と計算とによってのみ出来るのです。というのは、我々は推論と計算によって物体を、従ってまた物体の運動に必要な力を無限に分つことが出来ます。しかし我々は実験によってそれを確証することは決して出来ないでしょう。

六節。「大なる物体は流動状態を構成するのに甚だ適当せず云々」。この際流動ということを私がさっき言ったような意味に解するとしても解しないとしても、とにかく事態はそれ自身で明白であります。しかし私はなぜボイル氏がこの節に挙げてある諸実験でこれを確かめようとしているのかが分りません。なぜなら(我々は確実でない事柄については一応疑ってみたいから)骨が乳糜《にゆうび》やこれと類似の流体を構成するのに適しないとしても、恐らくそれは我々に知られていない何らかの流体を構成するのに適当するかもしれません。

十節。「そしてこれはそれらのものの柔軟性を以前より少くすることによって云々」。それらのものは部分に何ら変化を起すことなしに、ただ容器の中に追いやられた部分が他の部分から分離されたことのみによって、油より固い他の物体に凝結し得たのです。というのは、すべて物体はそれが入れられる液体の性質に応じて軽くも重くもなります。それでバターの粒子は牛乳に浮いている間は液体の一部を構成していますが、牛乳が攪拌によって新しい運動を得て、牛乳を構成するすべての部分がこの運動に等しく順応し得なくなると、その結果重い部分は分離し、軽い部分を上へ押しやります。しかしこれらの軽い部分は、空気より重くて空気と共に液体を構成することが出来ぬので、空気の為再び下へ押しやられます。そして、それらは運動することが出来ないから、独りで液体を構成することが出来ず、互に相接し付着し合うことになるのです。このようにして蒸気もまた空気から分離されると、空気に比しては固いと言われ得る水に変るのです。

十三節。「それで私は、空気を満した膀胱よりは水で脹らました膀胱を例にとり云々」。水の粒子は常に絶えまなくあちこちへ動いているので、もし取りまく物体がこれを阻まない限り、水があらゆる方向へ拡がってゆくことは明白です。しかし水で満した膀胱の緊張が、どんな点で、粒子相互間の小間隙に関する彼の説を確めるのに役立つのか私にはまだ理解出来ないことを告白します。というのは、なぜ水の粒子が、膀胱の

壁の上に加えられた指の圧迫に対して、水の粒子が何ら拘束のない自由な状態にある場合のように凹まないかと言えば、この場合には、何らかの物体例えば我々の指が流体もしくは水によって取りかこまれる場合のような平衡或いは循環がないからです。しかし、水がどんなに膀胱から圧迫されても、水の粒子は、水と一緒に膀胱に閉じこめられた石の運動に対しては、通常膀胱の外におけると同じように凹みます。

同節。「物質のそんなに微細な部分があるかどうか」。我々が無限への進行を選び取ることを欲

しない限り、或いは真空の存在を容認する(これに勝る不条理なことはないのです)ことを欲しない限り、この問題は肯定されねばなりません。

十九節。「液体の粒子がそれらの孔に侵入してその中で留まっているように(そしてそれによってまた云々)」。我々はこのことを他の物体の孔に侵入するすべての液体について無条件に肯定することは出来ません。というのは、硝石精の粒子は白い紙の孔へ侵入する場合紙を硬く且つ脆くします。この事実は、Aのような灼熱した鉄の蒸発皿の上に若干の滴を注ぎ、煙をBのような紙の袋を通して昇らせる場合に認めることが出来ます。その上、硝石精自身は、革を柔らかくはするが湿らせはしません。むしろ反対に、硝石精は、火がするように革を収縮させます。

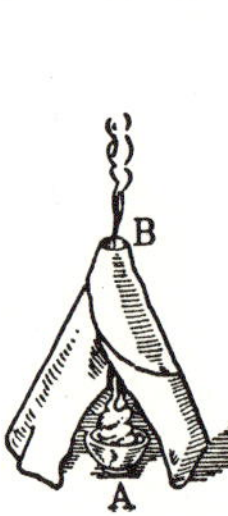

同節。「自然はこれらのものを、或いは空中を飛ぶように、或いは水中を泳ぐように決定したので云々」。彼は原因を目的の中に求めています。

二十三節。「尤もこれらの運動は稀にしか我々に知覚されません。それでここに云々」。わざわざこうした実験をすることも、その他何らかの手数をかけることも要りません。これは、我々の呼吸が冬にはその動くのがはっきり見えるが、夏には、或いは暖められた室では、見えないということから十分明白なのです。また、夏に、空気が急に冷えると、水から立ち昇る蒸気は、空気の新しい密度の為にそれが冷えなかった前のように空中へそう容易に飛散することが出来ないので、改めて水の表面に多量に集結して、我々にはっきり見えるのです。更に、運動というものは、時にはあまりに緩漫なため我々に見えないし、また時にはあまり急速で我々に見えません。前者は日時計の針と太陽の影の例でも分るし、後者は燃える炬火を或る早さで円く輪に動かす場合の例でもわかります。この際、燃えている部分は、その運動によってえがく円周のすべての個所に静止しているかのように我々には思えるのです。こうした現象の原因についてここに説明することは不要と思いますから省きます。最後についでを以て申しますと、流体一般の本性の理解のためには、「我々は流体の中で我々の手をその流体に応じた運動を以てあらゆる方向へ何等抵抗を受けることなしに動かし得る」ということを知るだけで十分です。それはその本来の姿における自然(人間の感覚に現われた限りの自然でなく)を説明するあの諸概念によく注意する人々には十分明白なことです。しかし、それだからとて私はこうした探究《ヒストリア》を不用なものとして軽視はしません。否、反対に、各々の流体について出来るだけ正確にまた出来るだけ忠実にそうした探究がなされるとしたら、それはそれらのもの各自の独特の性質を理解するのに極めて有益であると私は考えます。こうしたことの理解はあらゆる哲学者たちから最も必要なこととして懸命に求めらるべきことなのです。

物体の固定性について

七節。「それは自然の一般的法則に合致する」。この証明はデカルトから来たものであり、私はボイル氏が自己の実験や観察に基いた何らかの独創的証明を提起しているとは認めません。

私は始めこの個所及び以下の諸個所に多くの注意書きをしましたが、後で私は、ボイル氏が自ら誤りを訂正しているのを知りました。

十六節。「そして一度は四百三十二オンスとなった」。もしこれを円管の中に閉じこめられた水銀の重さと比較するなら、大体真の重さに近づきます。しかし、この点をもっと詳しく調べて、出来るだけ、空気の側面乃至水平方向の圧力と垂直方向の圧力との割合を見出すことが重要と考えました。これは次のようにすれば出来ると思います。

第一図においてC、Dは極めて滑かな平面鏡、AとBとは直接接触し合う二つの大理石片、そして大理石片Aは鈎Eに、又大理石片Bは紐Nに結び付けられているとします。Tは滑車であり、Gは大理石片Bを大理石片Aから水平の方向に引き離すに要する力を示す分銅です。

第二図において、Fは大理石片Bを床に結びつける十分丈夫な絹糸であるとします。Dは滑車であり、Gは大理石片Aを大理石片Bから垂直の方向に引き離すのに要する力を示す分銅です。

(9)これ以上の説明は必要でありません。

これを以て、親愛なる友よ、私が今までボイル氏の実験に関して申したいと思っている事柄を貴下にお知らせしました。貴下御自身の最初の御質問について申しますれば、この質問に対する私の返事を通読して見ますに、何も書き残したことがあるとは思いません。或いは何か不明瞭な言い方をしたのかも知れませんが(そうしたことは語《ご》いの不

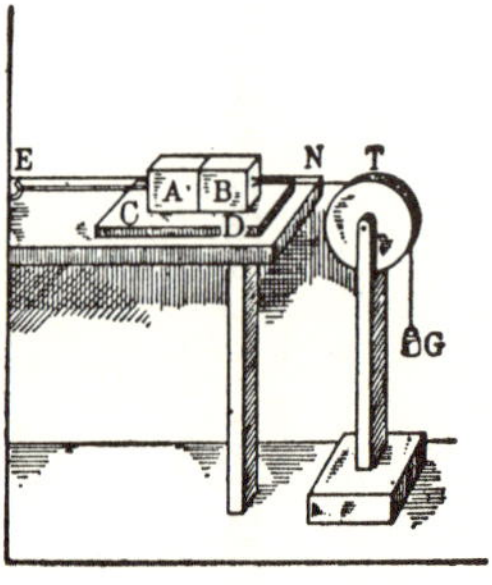

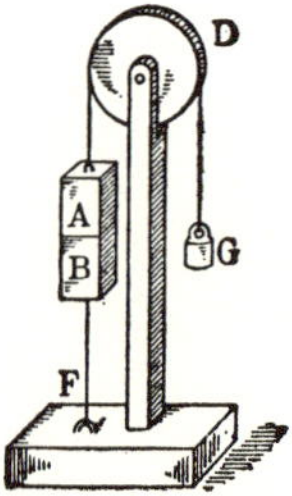

足のせいで私にはよくあることです）もしそうでしたら、どうかその旨お知らせ下さい。そうすればもっとはっきり御説明いたしましょう。

ところで貴下の新しい御質問、即ちどのようにして事物が存在し始めたか、またどんな連鎖でそれが第一原因に依拠しているかに関して申せば、私はこの件について、並びにまた知性の改善について、まとまった一小著を作成し、今その筆写と修正に従事しています[10]。しかし私は幾度となくこの仕事を止めかけるのです。その出版に関してはまだ確たる計画が立てられていないのですから。というのは、出版の暁には、現代の神学者たちが憤激して、争ごとを極度に嫌うこの私に、彼らの常とする憎念を以て迫って来ることを私は恐れているのです。この点に関して貴下の御意見をお聞きしたいと思います。それで私は貴下に、この著作中で、神の教を説く人たちの憤激を買うだろうと思われる個所をお知らせするならば、それは彼らと言わずすべての人々――少くも私の知っている――が、神の属性と見ているものを私は被造物と思考し、これに反して、彼らが先入見に捉われて被造物と思考している他のことどもを、私は神の属性と見、彼らの考えの誤解であることを主張していることです[11]。それからまた私は、私の知っているすべての人々のようには、神を自然から離して考えていないことです。では貴下の御意見をお待ちします。私は貴下を最も忠実な友人と思い、貴下の御誠意を固く信じています。御機嫌よう。今後ともどうぞよろしく。

貴下の最も忠実なる　ベネディクトゥス・スピノザ

〔ラインスブルフ、一六六二年四月〕

書簡七[1]　オルデンブルクからスピノザへ

高名の士よ、

ボイルの著書に対する御高評を含む御親切なお手紙は数週間も前にお受け取りしております。著者自身も、貴下からお寄せ下さった御感想に対して私と共に深く御礼を申し上げます。彼といたしましてはもっと早く御挨拶いたすべきでありましたが、彼はそのうち身辺のいろんな用務から解放されて御礼の言葉と同時に彼の答弁をもお送り出来るだろうという希望を抱いていたため、ついおそくなりました。今までのところ、彼のこの希望は、仇なものとなっております。彼は公私の用務に極めて忙殺されていて、このたびは、彼の謝意を申し述べることしか出来ず、貴下の御批評に対する彼の見解は他日に延期せねばならなくなったのです。その上、彼の著書の刊行後、二人の反対者[2]が彼に攻撃を加えており、彼はこれに対してすぐにも答弁せねばならぬと考えております。この攻撃はしかし、彼の硝石に関する論文に向けられたものではなく、空気の弾力性を証明する気学的実験を内容とした彼の他の小著[3]に対して向けられたものです。この仕事[4]が片づき次第、彼は貴下の御駁論に関して意見を明らかにするでありましょう。今さし当って彼は、貴下がこの遅延を悪くおとり下さらぬように願っております。

この前お会いした時申し上げました哲学者たちのあのクラブは、このたび我が国王の好意で王立協会に改組され、国家からの免許状を与えられました。これによって同クラブは著しい諸特権を認められることになり、また必要な経費を付与される見込みも十分立つに至っております。

私は貴下が、哲学並びに神学の領域における貴下の御叡智と御学識の成果を世の学者たちに秘して置かれずに公表されますことを、くれぐれも御勧めいたします。神学屋《テオロガストリ》たちが何を吠えたてようともかまわないではございませんか。貴国は極めて自由なお国であって、哲学する自由は貴国において最も多く認められております。一方、聡明な貴下のこととて、貴下の御思想と御見解を出来るだけ穏やかな形で発表するように心をくばられることでしょう。その他のことは運命の成り行きにまかせてよいと思います。では最善の士よ、現代の小人どもを刺戟する恐れなどは全然お心から拭い去って下さい。あまりにも久しく我々は無智と愚昧に犠牲をささげてまいりました。我々は真の科学に帆をはらませて、自然の秘密にこれまでよりいっそう深く分け入りましょう。私の意見では、貴下の御思想は貴国においてなら危険なしに発表され得ると思います。貴下の御思想のどれだって識者の間に衝撃を起すようなことはございますまい。識者の間にさえ保護者・支持者を見出すとしますなら(そしてそれを見出すことは受合いです)貴下は無知な非難者たちをどうして恐れなさる要がございましょう。尊敬する友よ、貴下がこの願を聞いて下さるまで私は貴下を離しはいたしません。私は、微力の身ながら、そうした重要な内容を持つ貴下の御思想が永遠に埋れてしまうことを黙視してはいないでしょう。この件につきまして、貴下がどんな決意をなされるかを、御都合つき次第、早速御報知下さいますよう衷心から御願いいたします。

当方でも、そのうち多分、お知らせし甲斐のある何かが生まれることと思います。と申すのは、前記協会は、今やその目的をいっそう熱心に推進することになっています。そしてこの協会は、平和が我々の海岸に長く止ります限り、科学界の権威を一方ならず高めてくれることでしょう。

では、卓越の士よ、御元気で。

貴下の最も忠実なる友　ハインリッヒ・オルデンブルク

〔ロンドン、一六六二年七月〕

書簡八(1)　シモン・ド・フリース(2)からスピノザへ

誠実なる友よ、

久しい以前から一度お訪ねしたいと思っていましたが、天候は悪いし、寒さはきびしいしで、あがりかねていました。私たちが遠く隔だっていてこんなに長く会えずにいるのを思い、私はしばしば自分の境遇を歎きます。それにくらべてあなたの同居人のカスアリウス(3)は幸福です。実に幸福です。あなたと同じ屋根の下に住んでいて、朝食にも昼食にも散歩にもあなたと高遠な問題についてお話出来るのですもの。しかし、私たちの身はお互にこう遠く離れていましても、心ではあなたはいつも私のそばにおいででした。ことに私が、あなたのお書きになったものを手にとったりそれについて思い耽ったりいたします時には。

しかし我々講読会員にはすべてが十分明瞭に分るわけではありませんし(そのためにこそ我々は再び講読会《コレギウム》を始めたのですが)、それにあまり御無沙汰していて申しわけがありませんので、私はこの手紙を書くことにしたのです。

講読会について申せば、それは次のような仕組になっています。一人が(と言っても各人順番に)朗読し、それを自分の考えなりに説明し、それから全体をあなたの定理の序列に従って証明するのです。もし相互に十分納得の行かないような点がありましたら、それを書き留めてあなたにお送りすることにしております。これは、出来るだけ明瞭に分らせて頂き、またあなたの御指導の下に、迷信的な人々やキリスト教徒に対して真理を護り、世のあらゆる攻撃にも拮抗することが出来るようにと思ってです。

ところで、最初の朗読と説明に当りまして、定義の中に我々に明瞭でないように思われるものがありまして、我々は定義の本性について見解が一致しませんでした。あなたがおいでにならなかったので、我々はさしあたりボレリ(4)と申す一数学者の本を調べて見ました。彼は定義、公理及び要請の本性について述べている個所で、それに関する他の人々の見解をも紹介していますが、彼自身の見解としてはこうです。「定義は、証明に際し前提として用いられる。だから定義は、十分明白なものでなければならぬ。そうでなくては、その定義から科学的な認識即ち最も明瞭な認識を得ることが出来ない」。また他の個所ではこう申しています。「或る物の構成の様式または或る物の第一にして最も明白な本質的性格を選択するに当っては、軽卒でなく極めて慎重にやらなくてはならぬ。もし構成と指示された性格とが何か不可能なものを含むとしたら、科学的な定義は出来上らないであろう。例えば誰かが、『私は一定の空間を囲む二つの直線を図形と呼ぶ』と言うとしたなら、それは実在しないものについての定義であって不可能な定義であり、従ってそうした定義からは知識よりも無智が導き出されるであろう。またたとえ構成と指示された性格とが可能的で真なものであっても、我々に明白でないか或いは疑わしいものであるとしたら、それもよい定義ではないであろう。不明なもの・疑わしいものから理ずる結論はやはり不確実で疑わしいものであり、従ってその結論は憶測や意見をもたらすだけで、確実な知識をもたらすことがないからである」。タケ(5)はこれと異なった見解を持っているようです。彼は、あなたも御存知のように、誤まった命題からも直接真の結論に進み得ると主張しているのですから。更にクラフィウス(6)(この人の見解をも、ボレリは紹介しています)は次のように考えています。「定義は任意的表現であるからなぜ或る物がかくかく定義されるかの理由を挙げることは必要でない。ただこの際、定義されたものが或る実際の物と一致すると主張することは、与えられた定義がその或る物と実際に一致することを予め証明しない限り許されないだけである」と。つまり、ボレリの見解は、或る物の定義は第一の、最も明白な、真の本質的性格乃至構成から成らねばならぬというにありますが、クラフィウスはこれと異なり、それが第一の、或いは最も明白な、或いは真の性格であるかないかは大事な要件でなく、ただ与えられた定義が或る実際の物と一致することを主張しさえしなければよい、それがその或る物と実際に一致することを証明した上でなら別だけれども、というのです。我々はむしろ、ボレリの見解に賛成します。あなたは二者のいずれに同意されるでしょうか。それとも二者のどちらにも同意されないでしょうか。私共にはよく分りません。

　こんな次第で、証明の重要な基礎とされる定義の本性についていろいろ意見の相違があるのでありまして、我々の心も、そうした疑点から解放されない限り、定義から導き出されることがらについても判然たり得ないのですから、どうか、それがあなたにひどく御厄介をおかけしませずまたあなたの時間がそれを許しますならば、この件についてあなたがどうお考えになるかをお書き下さるようお願いいたします。それからまた、公理と定義の間にどんな区別があるかをもお教え願います。ボレリは、公理と定義の間に、単に名目上の相違しか認めておりませんが、あなたは他の相違をお認めになるかと存じます。

　更に、第三定義(7)が私どもには十分明らかでありません。私は、ハーグであなたからお聞きした(8)ことを例として挙げました。それは、物は二様の仕方で考えられる、即ちそれ自身においてか或いは他物との関連において考えられる、例えば知性は、思惟の観点の下に考えられるかそれとも諸観念から成るものとして考えられる(9)というのです。しかしこの区別が私どもにはよく分りません。なぜと申すに、私どもの判断によれば、思惟を正しく考えるにはこれを観念の形で把握せねばなりません。すべての観念を度外視すれば、思惟は滅んでしまうからです。それで、この例が私共に十分明白でないので、当の問題自体も私共にとってまだ或る程度不明瞭になっています。どうかもっと詳しく説明して下さい。

　最後に、第八定理への第三備考(10)には、始めの方にこうあります。「以上からして、たとえ二つの属性が実在的に区別されて考えられても(即ち一が他の助けなしに考えられても)、それだからとてそれが二つの実有或いは二つの異なった実体を構成するわけでないということが明らかである。その理由は、実体のすべての属性の一つびとつがそれ自身で考えられることは実体の本性に属するからである。なぜなら、それらの属性は同時に実体の中に存したのだから」と。これでみるにあなたは、実体が本性上多くの属性を有し得ることを仮定しておられるように見えます。しかしあなたはまだこれを証明しておられません。或いはあなたは絶対に無限な実体即ち神についての第五定義(11)を眼中に置いておられるのかもしれぬと思います。若しそうでなくて、各実体は一つの属性だけを有するものとし、そして我々が二つの属性の観念を有するとしましたら、我々はそれから、二つの異なった属性の存するところそこにまた二つの異なった実体が存するということを当然結論し得ることになるでしょう。この点についても私どもはもっと明瞭な説明をお願いいたします。

P・バリング[12]を通じて私にお送り下さった御原稿に対して深く御礼申し上げます。それは私に大きな喜びを与えてくれました。ことに第十九定理への備考[13]がそうでした。

もし当地に私の出来ますことで何かお役に立ちますことがありましたら、何でもいたします。どうかお命じ下さい。

私は解剖学の講義に出席しておりまして、その約半ばを終えました。これをすっかり終えましたら、今度は化学の講義に出ようと思います。このようにして私は、あなたのお勧めどおり、全医学を一わたりやろうと思います。

御返事をお待ちしつつ筆を擱きます。では左様なら。

貴下の最も忠実なる　S・J・ド・フリース

アムステルダム、一六六三年二月二十四日

〔表書〕ラインスブルフにて、

ベネディクトゥス・スピノザ様　一六六三年

書簡九[1]　スピノザからフリースへ

前書簡への返事

〈定義と公理の本性について[2]〉

愛する友よ、[3]

長らくお待ちしていた御手紙嬉しく拝見いたしました。私に対して示された御厚情に対して深く御礼申し上げます。あなたが久しくお見えにならなかったことは、あなたにとってばかりでなく私にとっても残念なことでした。しかし私の夜々の仕事[4]が、あなたや我々の友人たちに役立っているのは喜ばしいことです。このようにして私は、遠く離れているあなたたちとお話が出来るというものです。あなたはカセアリウスを羨むことなんかありません。彼ほど私にとって厄介な人間はなく、また彼ほど私が用心せねばならぬ人間もないのです。ですから、彼がもっと大人になるまで、私の思想を彼に伝えないようにあなたにも友人の皆さんにもお願いしておきたいのです。彼はまだあまりに若くて思想が十分定まらず、真理を求めているというよりは新奇を求めているのです。しかし、若年者にありがちなこの欠点を、彼は数年の中に脱却するだろうと私は期待しています。いや、彼の性格から判断すれば、そうなることはほとんど確実だと思います。そして私は、彼の才能の故に、やはり彼を愛せずにはおれません。

あなたたちの講読会(それは仲々結構な仕組みに出来ていると思います)で出された質問[5]について申しましょう。あなたたちがそういう疑問に捉われるのは定義の種類を区別しないからです。即ち、専らその本質が求められている物、その本質について不確かな点のある物、そうした物を説明するために役立つ定義と、それ自身が吟味されるためにのみ立てられる定義とを区別しないからです。前者は、一定の対象を有するのだから真なものでなければなりませんが、後者は、その必要がありません。例えば誰かが、ソロモンの殿堂の構成を私に尋ねた場合、私は、彼と単なる空談を交そうとするのでない限り、彼に殿堂の真の構成を伝えねばなりません。しかし、私が自分の建てようとする或る殿堂を頭の中で設計して、その構成から、私はこれこれの敷地、これこれの数だけの石、その他の建築材料を買わねばならぬと結論するとします。この際、建全な精神の持ち主なら、私が誤まった定義を用いたから私の結論は誤りだなどと言うでしょうか。或いは、私の定義を証明せよなどと私に要求するでしょうか。そんなことをするのはまるで、私の考えたことを私が考えなかったと言うのと同じであり、或いは、私の考えたことについて私がそれを考えたということを証明せよと要求するのと同じであって、全く無意味なことです。

こんなわけで、第一の場合には、定義は知性の外にある通りの物を説明するものであって、これは真なものでなければなりません。そしてこの場合、定義が定理や公理と異なるのは、定義は物の本質或いは物の状態《アフエクチオ》の本質にのみ関するに対し、公理はもっと広汎にまで及び永遠の真理を含むということだけです。第二の場合には、定義は我々によって考えられる通りの或いは考えられ得る通りの物を説明するものです。そしてこの場合、定義が公理や定理と違うのは、定義は十分理解され得るものでさえあればよいのであって公理のように真理に関しなくともよいということです。だから、悪い定義とは、理解の出来ない定義のことだということになります。これを明らかにするために、ボレリの例をとりましょう。若し誰かが、「私は一定の空間を囲む二つの直線を図形と呼ぶ」と言うとします。この際彼が直線ということをすべての人が曲線と名づけているところのものと解するとしたら、その定義はよい定義であり(つまりその定義によって我々は()のような図形またはこれと類似の図形を意味することになりましょう)、ただ彼はその後図形ということを四角形やその他の図形の意味に用いてはならないだけです。これに反して、もし直線ということを通常我々の解しているところのものと解するとしたら、事態は全く理解しがたくなり、従ってそれは何らの定義でもなくなります。あなたたちはボレリの見解に賛成しているようですが、そのボレリはこれらすべてを全く混同しております。

もう一つの例として私はあなたたちが終りに挙げたものを付け加えましょう。もし私が、「各々の実体はただ一つの属性を有するのみである」と言うとしたら、それは単なる主張であって証明がいります。しかし「私は実体をただ一つの属性から成るものであると解する」と言うとしたら、それはよい定義であり得るでしょう。ただ私は、以後、多数の属性から成る諸実有を実体という名前ではなく他の名前で呼ばねばならぬだけです。

さて、実体(或いは実有)が多くの属性を有し得ることを私が証明しなかったというお言葉について言えば、あなたたちは多分私の証明に十分注意しなかったのです。私は二つの証明を与えています。第一の証明は、「各実有は何らかの属性の下に我々から考えられるということ、そして或る実有が実在性或いは有性を有すること多ければ多いだけますます多くの属性がそれに帰せられるということ、こうしたことほど我々に明瞭なことはない」というのです。だから絶対に無限な実有は云々と定義されなくてはなりません。第二の証明(私はこちらの方が勝れていると思います)は、「私が或る実有に属性を帰すること多ければ多いだけ私はますます多くそれに存在を帰せざるを得なくなる、換言すれば私はますます多くそれを真実なものと考える」というのです。これは私が怪物《キマイラ》やその他それと類似のものを虚構する時はまるでその反対になるでしょう。

次に、観念を度外視すれば思惟は滅びてしまうから思惟は観念の形の下にしか考えられない、というお言葉について言えば、それはあなたたち自らが思惟する者としてそうする際あなたたちのすべての思惟内容・すべての概念を取りのけるからそういうことになるのだと思います。実際あなたたちがあなたたちのすべての思惟内容を取りのけた場合、その後あなたたちにとって思惟すべき何物も残らないのは何の不思議もありません。(6) しかし、私の当の主張に関して言えば、知性はたとえ無限のものでも能産的自然にではなく所産的自然に属するものであることを私は十分明瞭且つ判然と証明したと思います。(7)

しかしこのことが第三定義(8)を理解するのに何の関係があるのか私にはまだわかりません。のみならず、なぜその定義に疑問が起るのかも私には分りません。というのは、あなたたちにお伝えした定義そのものは確か次のようでした、「実体とはそれ自身においてありまたそれ自身によって考えられるもの、換言すればそれの概念が他物の概念を包含しないもの、と私は解する。私はまた属性をも同じことに解する。ただ、属性とは、実体に或る一定の本性を帰する知性に関連しての呼名であるという差異があるだけである」。この定義は私が実体や属性をどう解しようと思っているかを十分明瞭に説明しているはずです。しかしあなたたちはどうして同一事物が二つの名前で表わされ得るかを例を挙げて説明することを望むでしょうか。それは別に必要ではないのですけれども、私が説明を惜しむと思われませんように、その二つを挙げることにしましょう。第一の例。イスラエルと言えば第三番目のユダヤ族長のことと私は解します。そしてこの同一者を私はヤコブとも呼びます。彼は兄の踵を摑んで生まれたからヤコブという名がつけられたのです。(9) 第二の例。平滑とはすべての光線が何らの変化なしに反射するところのものと私は解します。私はまた白ということをも同じことに解します。ただ白という名称は平滑なるものを視る人間に連関しての呼名であるという相違があるだけです。(10)

〈(11)これであなたの御質問に十分お答えしたと思います。あなたの御批評を聞かせて下さい。もしうまく或いは十分明瞭に証明されていないと判断される個所がありましたら、御遠慮なくお知らせ下さい……〉

〔ラインスブルフ、一六六三年三月〕

書簡十(1) スピノザからフリースへ

愛する友よ、

あなたは或る属性の定義が真であるかどうかを知るのに経験を要するかどうかとお尋ねです。これに対してお答えします。我々が経験を要するのは、或る物の定義から結論され得ないようなことについてだけです。例えば、諸々の様態《モーディ》の存在の如きがそうです。こうした存在は物の定義からは結論出来ません。これに反して、その存在がその本質と区別されないようなもの、従ってその存在がその定義から結論されるようなもの、そうしたものを認識するには経験を要しないのです。実際、どんな経験も決して我々にそうした認識を与えてくれないでしょう。経験は何ら物の本質を説き明かしてはくれませんから。経験のなし得ることはせいぜい、物の一定本質を他の本質に先んじて考えるように我々の精神を決定するくらいなものです。ところで諸属性の存在はその本質と異なりませんから、我々はその存在をどんな経験によっても把握することが出来ないのです。

次にあなたは、物もしくは物の状態《アフェクチオ》も永遠の真理かどうかとお尋ねです。私はもとよりその通りと答えます。もしあなたが、それではなぜ私が普通それを永遠の真理と呼ばないかとお尋ねでしたら、私は答えます。それは一般の用語例に従って、そういうものを、一定の物や物の状態を表現しない真理例えば「無からは何物も生じない」というような真理と区別するためである、と。確かにこうした命題並びにこれと類似の諸命題は、絶対に永遠なる真理と呼ばれます。これによって人々は、この種のものは精神の中にのみ在って精神の外には存しないということを表わそうとしているにほかならぬのです。……

〔ラインスブルフ、一六六三年春〕

書簡十一(1)　オルデンブルクからスピノザへ

第六書簡への返事

卓越の士、親愛なる友よ、

長い間御無沙汰いたしました理由はいろいろとございます。しかしここには、その主なる二つだけを申し上げましょう。それは、尊敬するボイルの病気と私の多忙とです。前のことはボイルが硝石に関する貴下の御観察にもっと早く御返事することを妨げていましたし、後のことは、数ヵ月の間私をひまどらせて私にほとんど自由な時間を与えてくれませず、そのため私は貴下に対して感じている私の義務を果すことが出来ませんでした。幸なことに、この二つの障害とも、少くとも差し当りは取り除かれまして、私はまた貴下のようなすばらしい友との文通を始めることが出来ます。私は今これをこの上なく喜んでいるのでございまして、我々の文通が、神のお助けにより、再びあんなに長く杜絶えませんようにあらゆる努力をしようと固く決意しています。

貴下と私とにだけ関係する問題について語ります前に、私はまず、ボイル氏の名において貴下に申し上げねばならぬことを果しましょう。彼の化学的物理学的論文に対して貴下が書いて下さった御注意を、彼はあのいつもながらの好意を以て受け取り、貴下の御批評に対して深甚の謝意を表しています。しかし、彼の意図が、硝石に関する真に哲学的で完全な分析を与えることにあったのではなく、むしろスコラ学派で受け入れられている実体的形相やいろいろな性質[2]に関する通俗的学説は薄弱な基礎の上に立っていること、及び諸物の間にある所謂種差(specifica differentia)は部分の大いさ、運動、静止及び位置に帰せられることを示すにあったことを貴下に知っていただきたいと彼は思っています。これを前置きとして、彼は更に、硝石に関する彼の実験は、硝石の全部を化学分析することによって、硝石が、相互に異なりかつその全体とも異なる二つの成分に分解されること、しかし後でそれらの成分の再結合によって元の状態にもどり、その得られた重さは前の重さとあまり違わないこと、そうしたことを十二分に証明していると申しています。彼はまた付け加えて、彼はこの事実を確かめただけであって、貴下が推測の対象としておられるらしいその出来上りの手順について論じたのではなく、またそれについて何事をも決定しているのでない、そうしたことは彼の意図外のことであるから、と申しています。とにかく、これに関する貴下の御想定、即ち硝石の固形塩はいわば硝石の残滓であるとする御主張及びその他こうしたことどもは、貴下の一家言であって、証明された主張ではないと彼は考えています。これらの残滓即ちこの固形塩が硝石の粒子の大いさに釣り合う孔を持っているという貴言に関して申せば、この点について、ボイル氏は炭酸カリも硝石精と合すれば硝石精が自らの固形塩と合する時と同じく硝石を構成することを認めています。これからして、こうした物質には、硝石精がそれから追い出されないような同様の孔があることが明らかだと彼は考えています。またボイル氏は、貴下が主張される最も微細な物質の必然性は何らの現象からも証明されるとは考えず、それはただ真空は不可能であるという仮説からのみ採られたものだとしています。

硝石精と硝石自身の味の異なる原因について貴下の論じられることは、ボイル氏は承認出来ないとしています。また、硝石の可燃性と硝石精の不可燃性について貴下の言われることは、火に関するデカルトの学説を土台としているものであって、そのデカルトの学説にしてからが、彼にはまだ承服出来ないものだとしています。

貴下がこの現象に関する貴下の御説明を裏付けし得ると信じておられる諸〻の実験については、著者は第一に、硝石精は質料的には硝石であるが形相的には決してそうではなく、二者はその性質と働きにおいて、即ち味、匂い、蒸発性、金属を溶解し、植物の色を変化させる能力等において著しく異なっていると答えています。第二に、上に追いやられた若干の粒子が結合して硝石の結晶になるという貴言については、それは硝石の粒子が硝石精と同時に火によって押し出される(煤が付着する場合のように)ことから生ずると主張しています。第三に、精製の結果についての貴下の御観察に対しては、この精製によって硝石は一般の塩と類似する一種の塩から大部分遊離するのだと答えています。また上昇して滴を形成することは、この塩並びに他の諸〻の塩に共通であり、それは空気の圧力及び他の若干の理由に依存するものであるが、これらの理由は現在の問題にはかかわりないからここでは論じないと申しています。第四に、貴下が貴下の第三実験について言われていることに関しては、同じことが他の若干の塩の場合にも起ると彼は申しています。即ち、紙は現実に燃えると、塩を構成する堅い固形粒子をゆり動かし、かくしてそれに火花を発しさせると主張しています。

更に著者が第五節でデカルトを非難しているという貴下の御意見に関しては、その非難は貴下に返上せねばならぬと著者は考えています。そして自分は決してデカルトを指したのではなく、硝石の粒子が実際は角柱形であるのにこれを円筒形であると想定しているガッサンディ(3)やその他の人々を指しているのだと申しています。それに彼は可視的な形状(4)についてしか語っていないと申しています。

第十三――十八節への貴下の御注意に対しては、彼は、哲学の機械的諸原理《プリンキピア・メカニカ》を確かめるのに化学がどんなに必要であるかを明らかにする為に特にこれらのことを書いたのだと答えるに止めています。そしてこうしたことは、他のどんな著作家にもこれほど明瞭に叙述され論議されていなかったと申しています。我々のボイルは、理性が現象によって裏づけられようと裏づけられまいとかまわぬと思うほどあくまで理性にのみ信をおくといったような人ではありません。その上、実験と申しても、その際何が本来的要因であり何が外来的要因であるかの知られない普通の実験と、そこに働いている諸要因がはっきりわかっている実験との間には、大きな相違があると彼は申しています。木片は著者が取扱っている材料よりは遥かに複合的な物体であります。また普通の水の沸騰の際には外部に火というものがありますが、このことは著者の問題としている音響の成立の場合には当てはまりません。更に、なぜ緑の植物が多種多様の色に変化するかの原因はま

を失うのだと彼は申しています。

有せず、ただ熔融した時にのみ不快な臭いを得るのであり、それがまた元通り固まるとその臭い

注入によって色が変化したあの実験から明らかです。最後に、硝石は不快な臭いも快適な臭いも

だわかっておりません。しかし、それが諸〻の部分の変化から生ずるのであることは、硝石精の

第二十五節に関して貴下の言われたこと(その他のことは彼には大事なこととは思えぬと申していますに対して、彼は、粒子に本来固有の運動が内在していると主張するエピクロス派の原理にもとづいたのだと答えています。彼はあの現象を説明するために何らかの仮説を用いることが必要だったのです。しかし彼は、それだからとて、この仮説を自説としたのではなく、ただ化学者たちやスコラ学者たちに対して自己の見解を守る為にこれを適用したまでです。そして、上記の仮説から、事態が極めてよく説明され得ると申しているだけです。また、純粋な水は固形部分を溶解するのに無力だという貴下の御付言に対しては、我がボイルは、純粋な水は他のものより早くアルカリ塩を溶解することを化学者たちがしばしば観察し主張しているということを以てお答えとしています。

物体の流動性及び固定性に関して貴下の注意して下さったことに関しては、まだこれを熟考する余暇が著者にはないのです。私はただ、書簡による貴下との御交際と思想交換をこれ以上長く絶やしたくないと思って、ここに書いたものを貴下にお送りする次第です。

何の連絡もなく不完全に書きましたこの御返事をどうか悪くおとりにならないで下さい。そしてそれは卓越したボイルの才能とはかかわりがなく、只私の書き急ぎのせいであるとお思い下さい。私はこの主題に関するボイルとの懇談からこれをまとめ上げたのでありまして、それは彼か

ら指定された秩序立った返答というわけではありません。そのため私は、彼が申した多くのこと、恐らく私がここに書いたよりももっと正確なもっと美しい多くのことを書き残したに違いありません。罪はすべて私にあり、著者には全く責任がないのです。

これから貴下と私だけに関する問題に進みましょう。そしてまず始めに、事物の起源とその第一原因への依存、並びに我々の知性の改善について取り扱っている貴下のあの極めて重要な御著作(5)が完成されたかどうかをお伺いいたします。親愛なる友よ、真に学殖ある俊鋭の人々にとってそうした御論文の出版ほど喜ばしく望ましきものはあるまいと確信いたします。貴下のような性格、貴下のような才能を持たれている方はそうしたことをこそ念頭に置かるべきでありまして、現代の堕落した神学者たちの賛同などを顧慮なさるべきではございません。彼らが関心を持っているのは、真理ではなくて、彼ら自身の利益です。ですから私は、我々の友情のきずなにかけて、また真理を進捗し普及さすべきあらゆる責任にかけて、貴下に懇願いたします。どうかその主題に関する貴下の御著作を我々に見せ惜しんだり拒んだりなさらないで下さい。しかし、もし、私の予見し得ない何らかの重大な障害によってその御作品の出版が阻まれますような場合には、どうかその書の梗概をお手紙でお知らせ下さるように願って止みません。私はそれを深い友情と感謝を以てお受け取りいたすことでしょう。

近いうち、ボイル氏の手に成る他の諸書(6)が出版されるはずです。私はそれをお礼代りに貴下にお送りしたいと思います。私はその際我々の王立協会の全機構を明らかにする文書をも添えるつもりです。私は他の二十人の人々と共にこの協会の評議員をやっており、また他の一、二の人と共にその書記官をいたしております。このたびは時間がなくてほかのことに立ち入ることが出来ません。最後に私は、人が正しき心の人間から期待し得るあらゆる誠意と、私の如き非才な人間のなし得る奉仕へのあらゆる熱意とを貴下に捧げます。

貴下の最も忠実なる　ハインリッヒ・オルデンブルク

ロンドン、一六六三年四月三日

書簡十二(1)　スピノザからロデウェイク・マイエル(2)へ

〈無限なるものの本性について(3)〉

親しき友よ、

お手紙二通受け取りました。一通は一月十一日付で、我々の友人××(4)に托してよこされたもの、他の一通は三月二十六日付で未知の一友によってライデンからとどけられたものです。どちらのお手紙もうれしく拝見しました。ことに、お手紙の文面から、万事があなたに都合よく行っていること、またあなたが時々私を思い出して下さることを知ってうれしく存じました。それから私に対するあなたの御親切と、あなたが私に常に示して下さる敬意に対して、深甚の感謝を表さなくてはなりません。同時にまた私も、あなたに対して、あなたが私に対するに劣らず忠実な者であることをお信じ下さるように願い上げます。私はこのことを、機会さえあれば、微力の及ぶ限り実証いたすでしょう。その手始めとして私は、あなたがお手紙の中で尋ねておられることにお答えすることにいたします。

あなたは無限なるものに関する私の思索の結果を伝えてくれるように望んでいます。私は喜んでそれをいたしましょう。

無限なるものに関する問題は、すべての人にとって常に最もむつかしいもの、否解きがたいものにさえ思われて来ました。だがこれは次の理由によるものです。まず彼らは、同じ無限なるものと言っても、自己の本性によって或いは自己の定義の力によって無限であるものと、何ら限界を有しないがそれは自己の本質の力によるのではなく自己の原因の力によってそうなのであるものとを区別しなかったからです。次に彼らは、何ら限界を有しないがために無限であると言われるものと、たとえそれの最大限と最小限が我々にわかっていてもその物の部分がいかなる数を以てしても算定し説明することの出来ないものとを区別しなかったからです。最後にまた彼らは、単に我々が理解し得るのみで表象し得ないものと、我々が表象をもなし得るところのものとを区別しなかったからです。もし彼らがこれらのことによく注意していたのだったら、決してあのように、おびただしい困難に陥ることはなかったでしょう。といいますのは、その場合彼らは、いかなる無限なるものが何らの部分にも分たれ得ず、或いは何らの部分をも持ち得ないか、これと反対に、いかなる無限なるものが部分を有ししかも部分を有することによって一向に矛盾もひきおこすことがないかを理解し得たでしょう。さらにまた、いかなる無限なるものが何の困難もなしに他の無限なるものよりいっそう大であると考えられ得るか、反対に、いかなる無限なるものがそうはゆかないかをも理解し得たでしょう。今申したことは、私のこれから述べることから明瞭になると思います。

しかし、それに先立って、私はまず、実体、様態、永遠、持続の四概念を簡単に説明せねばなりません。

実体に関して私の注意したいのは、次のことです。第一に、実体の本質には存在が属すること、換言すれば実体の本質と定義だけからして実体の存在することが帰結されることです。これは、私の記憶に誤りがなければ、すでに以前あなたに対して口頭でそして他の諸定理の助けを借りずに証明したことです。第二には(これは第一のことから帰結されることですが)、同一本性の実体は多数存在せずただ一つだけだということです。最後に、第三に、すべての実体は無限なものとしてしか考えられないことです。それから私は、実体の状態《アフェクチオ》を様態《モードス》と呼びます。様態の定義は、実体の定義とわけが違って、何らの存在を含むことができません。ですから様態は、たとえ存在していても、我々はそれを存在しないものとして考えることが出来ます。これからさらに帰結されるのは、様態の本質だけを眼中に置いて全自然の秩序を眼中に置かない限り、我々は、様態が今存在しているからという理由でそれが未来においても存在するだろうとか存在しないだろうとか、或いは過去においても存在していたとか存在していなかったとか結論することが出来ないということです。これから、実体の存在は様態の存在と全然異なって考えねばならぬことが明白になります。そしてここから、永遠と持続の相違が生じます。即ち我々は、持続の概念の下に様態の存在のみを説明し得るのであり、これに反して、実体の存在は永遠の概念の下にのみ、換言すれば存在の、或いは——古典的なラテン語ではありませんが[5]—— essendi 〔有〕の、無限なる享受という概念の下にのみ説明され得るのです。

以上すべてから明瞭に分るのは、我々は、自然の秩序を眼中に置かずに様態の本質だけを眼中に置く(極めてしばしばやるように)限り、様態の存在と持続を任意に限定し、これをより大きくもより小さくも考え得るし、またこれを部分に分けることも出来るのであり、それでいて様態に関して我々の有する概念を決して破壊することがないということです。これに反し、永遠と実体は、無限なものとしてしか考えられないから、そうしたことは決して許されません。もしそういうことをすると、同時に、それらのものの概念も破壊されてしまうことになります。ですから、延長的実体を実在的に異なる諸部分或いは諸物体から成ると考える人々は、狂乱しているとは言えないまでも、全然空虚な饒舌をなしている者と言えます。これは恰かも、単に多くの円を寄せ集めたり積み重ねたりしただけで四角形や三角形を作り上げ、または全然本質を異にする他の或る物を作り上げようとつとめているのと同様です。これによって、哲学者たちが一般に延長的実体の有限性を示すために用いている諸論拠の全堆積もおのずから崩壊します。それらの論拠はいずれも、物体的実体が部分から成るという仮定の上に立っているからです。これと同じ流儀で、他の人々は線が点から成ると想像した上で、線は無限には分割され得ないということを示すための多くの論拠を見つけ出しているのです(6)。

しかし、もしあなたがなぜ我々は本来延長的実体を分割する傾向を有するかとお尋ねになるなら、私は次のようにお答えします。我々は量を二様の仕方で考えます。一は抽象的に即ち皮相的に考えるのであり、これは我々が量を感官の助けによって表象する場合です。もう一つは実体として考えるのであり、これは知性によってのみなされ得ることです。こんな次第で、もし我々が表象力によって解せられる限りの量を眼中に置く(これは最もしばしばそして極めて容易に行われることです)なら、量は可分的で、有限で、部分から成り、多様なものとして現われます。だがもし知性によって解せられる限りの量を眼中に置き、そしてこれをその本来の姿において理解する(これは極めて困難なことです)なら、量は、私が確か以前あなたに十分に証明したように、無限で、不可分的で、唯一のものとして現われます(7)。

さらに我々が持続と量を任意に限定し得るということから、即ち量を実体から抽象して考え、また持続をそれが永遠なる諸物から出て来る様式から分離するということから、時間及び大いさという概念が生じます。このうち、時間は持続を、また大いさは量を、出来るだけ容易に表象し得るように限定するのに役立ちます。次に、我々が実体の諸状態を実体自身から分離してこれを種類に分つということから数という概念が生じます。これも実体の諸状態を限定しこれを出来るだけ容易に表象し得るためのものであります。以上から明瞭にわかることは、大いさ、時間及び数は単に思惟の様式、否、或いはむしろ表象の様式にすぎないということです。だからこうした諸概念——しかも一般に正しく理解されていないこうした諸概念——によって自然の運行を理解しようとする人々が、皆ひどい混乱にまきこまれてそれから抜けきることが出来ず、ついに一切をめちゃめちゃにし、不条理なことども、不条理極まることどもを容認するようになったのも、不思議はないのです。なぜなら、世には、知性によってのみ把握されて表象力によっては決して把握されることのできぬ多くのもの、例えば実体とか、永遠とか、その他のものが存在するのですから、もし人がそうしたものを単に表象力の補助手段に過ぎないところの前述の諸概念によって説明しようとすれば、それは自らの表象力によって狂乱せんと力めるのと何の異なるところがありましょう。それに、実体の諸様態にしてからが、我々がもしこれをそうした理性の有《エンチア・ラチオニス》即ち表象力の補助手段と混同するなら、決して正しく理解されることは出来ないでしょう。というのは、このようにすれば、我々はそれらの様態を実体から、またそれらの様態が永遠から出て来る様式から分離することになりますが、様態は実体や永遠というものから離しては正しく理解されることが出来ないのです。

あなたにこれをもっと明瞭にわかってもらうように、次の例をとりましょう。人が持続を抽象的に考えてこれを時間と混同し、そしてこれを部分に分割し始めるとしたら、彼は例えば或る時間がどのようにして過ぎ去り得るかを決して理解し得ないでしょう。即ち、或る時間が過ぎ去るためには、まずその半分が過ぎ去らねばならず、次いでその残りの半分、さらにまた新しい残りの半分が過ぎ去らねばなりません。そしてもしこのようにつづけて、無限に残りから半分を引いてゆくとしたら、あなたは決して時間の終りに達し得ないでしょう。だから理性の有を実在的有から区別することに慣れない多くの人々は、敢えて持続が瞬間の集合から成ると主張し、このようにして一難点《カリュブディス》を避けようとして他の難点《スキュラ》に陥りました。事実、持続が瞬間から成るというのは、単なる零の寄せ集めだけから一定の数を得ようとするのと同一です。

更に今しがた申したことどもにより、数も大いさも時間も表象力の補助手段にすぎない故に無限であり得ないということが明らかになりますから(もし無限だとしたら、もはや数は数でなく、大いさは大いさでなく、時間は時間でなくなるでしょう)、これからしてまた、物の真の本性を知らないが故に物自身とこの三者を混同した多くの人々が実際に無限なるものの存在を否定した理由も明らかになります。しかし、彼らの推論がどんなに貧弱なものであるかは数学者たちが判断してくれるでしょう。数学者たちは、この種の推論によって、自らの明瞭判然と認識したことがらについての信念をゆるがされるようなことはあるはずもなかったのです。と申すのは、数学者たちは、いかなる数を以てしても説明され得ない多くのことを発見しており、これだけでも、数は一切を規定することが出来ないということが十分分るのですが、その上彼らは、いかなる数を以てしても算定され得ない、否、存在し得る限りのあらゆる数を超越する、多くのものを識っています。しかし彼らはそうしたものがあらゆる数を超越するということを、そうしたものの部分が極めて多いということから結論はしておりません。むしろそれは、そうしたものの本性が数なる概念と明白に矛盾するからだとしております。例えば二つの円ＡＢ及びＣＤ(8)の間にある不等な距離の総数及び、その中で運動する物質が受けねばならぬ変化の総数は、あらゆる数を超越します(9)。この結論は、間にある空間が過度に大であることなどから引き出されているのではありません。なぜなら、その空間をどんなに小さくしてもこの小さな空間の不等な距離の総数はあらゆる数を超越するでしょう。さらにまたこの結論は他の場合におけるように、その距離の最大限と最小限が我々に知られないということから引き出されているのでもありません。なぜなら、我々のこの例ではその両方とも知られております。即ち、最大限はＡＢで最小限はＣＤです。この結論はむしろ、異なった中心を有する二つの円の間にある空間の本性が不等な距離の一定数を許さないということからのみ出てくるのです。ですから、そのすべての不等な距離の和を或る一定の数で規定しようと思う者は、同時に、円が円でないようにしなくてはならぬでしょう。

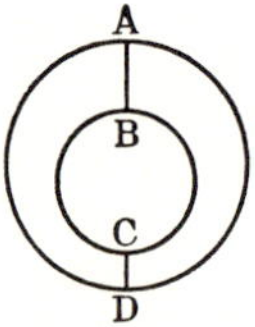

以上のような次第ですから(再び我々の主題にもどるとして)、もし人がこれまで起った物質のすべての運動を正確に規定しようとしてそれらすべての運動並びにそれらの運動の持続を一定の数と時間に還元しようと思うなら、それは確かに、存在するものとしてしか考えられない物体的

実体からその諸状態を奪い去り、物体的実体をその本来の姿とは全く異なる性質のものにしようと企てるのに異ならないでしょう。このことは、この手紙の中でふれた他の多くのことどもと同様、ここに明瞭に証明しようと思えば出来るのですが、それは必要ではないと思いますから割愛します。

今言ったすべてから次のことが明瞭にわかります。即ち、或るものはその本性上無限であり、いかにしても有限としては考えられません。しかし或るものは、それが依存している原因の力によってのみ無限であり、そしてそうしたものは、その原因から抽象される場合には部分に分割され、有限なものと見られます。最後に或るものは、どんな数を以てしても算定され得ないために無限或いは無限定――無限定と呼んだ方がいいでしょう――と言われるのでありますが、こうしたものはしかしその相互間で一が他より大であるとも考えられ得るのです。今挙げた例並びに他の多くのことから明白であるように、数で表現され得ないすべてのものが必然的に等しくなければならぬとは言えないからです。

これで以て私は、無限なるものの問題に関して起った誤謬と混乱の種々の原因を簡単にあなたの眼前に提示してそのすべてを十分説明したつもりですので、無限なるものに関しては、私がここにふれなかったような、或いは今言ったことにもとづいて容易に解決され得ないようなどんな問題ももはや残っていないと考えます。ですから、あなたをこれらのことでこれ以上引き止めて置く必要はないと存じます。

だがここになお、ついでを以て注意したいことがあります。それは私の見るところでは、近代の逍遥学派の人たちは神の存在に関する古人の証明を正しく理解しなかったということです(10)。というのはラブ・ヒヤスダイ(11)と呼ばれるユダヤの一著作家の書いたものにこの証明はあります(12)、「もし原因の無限なる進行があるなら、存在するすべての物は、何らかの原因の結果であろう。しかし、何らかの原因に依存するものは、自己の本性によって必然的に存在するとは言えない。ゆえに自然の中には必然的に存在することがその本質に属するような何物も存しないことになる。然るにこの結論は不条理である。ゆえに先の前提もまた不条理である」。この論証の真のねらいはつまり、無限なるものが実際に存することが不可能である、或いは原因の無限なる進行が不可能である、という点にあるのではなく、ただ、本性上必然的存在を含まないすべての物が本性上必然的存在を含む或るもの、〈即ち原因であって決して結果でない或るもの〉によって存在に決定されないと仮定する〔ことは不可能である〕という点にのみあるのです。

あまり時間がありませんので、あなたの第二のお手紙に移らねばなりません。しかし、あのお手紙にある御質問へのお答えは、むしろあなたに御来訪頂く折の方が好都合かと思います(13)。出来ますならばどうかなるべく早くお出で下さい。私の移転の日はもうすぐですから。

ではこれまで。御機嫌よう。そして私をお忘れなく……

〈ラインスブルフ、一六六三年四月二十日〉

書簡十三(1)　スピノザからオルデンブルクへ

書簡十一への返事

高貴の士よ、

久しくお待ちしていたお手紙ついに到着いたしました。そして、私もおくればせながら今それに御返事をしたためられる状況にあります。しかし御返事を書き出す前に、もっと早くこの手紙を上げることが出来なかった理由を手短かに申しましょう。

四月に、私のささやかな家財を当地へ運んでから私はアムステルダムへ旅立ったのです。アムステルダムでは、若干の友人が私の或る論文を読ませてくれるように申し出ました。その論文というのは、幾何学的方法で証明されたデカルトの哲学原理の第二部及び形而上学において取扱われている主要問題の簡単な叙述を内容としたもので、これは私がかつて、私自身の学説をはっきり教えるにはまだ早いと思った或る青年[2]に口授筆記させたものでした。次いで彼らは、私が出来るだけ早く第一部をも同じ方法でまとめてくれるように願いました。私は、友人たちの希望にさからうわけにもゆかぬので直ちにその仕事に取りかかり、これを二週間内に終えて友人たちに手渡しました。最後に彼らはこれら全部の出版を許してくれるようにと求めました。私はこのことをも喜んで聞き入れました。しかしそれにはは次の条件をつけました。それは彼らの誰かが私の滞在中にそれをもっと立派な文体に直すこと、その上簡単な序文を付しその序文の中で読者に、私がその論文に含まれているすべてを私自身の意見と認めているわけでないことを告げてくれること(事実私は私の抱いている意見と正反対のことを少からずその論文の中に書いたのです[3])、そしてまたそれを一、二の実例で示してくれることとです。この書物の出版の世話に当った一友人[4]がこれらすべてを引き受けることを約束してくれました。こんなわけで、私はしばらくの間アムステルダムに滞在していたのです。

私が、今住んでいるこの村へ帰りましてから(5)も、いろいろな友達が訪ねて来てくれるので、私にはほとんど自由な時間がありませんでした。それが今やっと、愛する友よ、いくらかの余暇が出来て、これまでのことを貴下にお伝えし、同時にまたなぜ私がこの論文を出版させるかの理由をもお知らせ出来る次第です。その理由というのはこの論文の出版を機として、おそらく私の祖国で指導的地位を占めている二、三の人々(6)が私自身の意見を記した私の他の書きものを見たいと望み、そのため私がそれを何らの煩雑と危険なしに出版し得るように配慮してくれるだろうと思うからです。もしそういうことになれば、私は疑いもなく直ちに若干のものを公表することが出来るでしょう。しかしそうならなければ、私は、自分の見解を祖国の意志に反して人々に押しつけて人々を私の敵とするよりも、むしろ沈黙を守っていたいと思います。ですから、尊敬する友よ、どうかそれまでお待ち下さい。その暁には私は印刷されたその書きもの自身をか、さもなくばあなたの御希望のようにその梗概をお送り出来るでしょう。なお、今印刷に付されている本を、一、二冊お望みなら、その旨とそれをお送りする適当な方法とをお知らせ下されば貴意に副いましょう。

さて貴下のお手紙にもどります。私にお寄せ下さった特別な御好意と御友情に対し、貴下並びに高貴なボイル氏に心からの謝意を表さなくてはなりません。貴下の携っておられる実にたくさんの重大な御用務も、貴下に貴下の友を忘れさせることは出来ませんでした。それどころか貴下は今後我々の文通があんなに長く中絶しないようにあらゆる配慮をなさることを約束して下さいました。博学のボイル氏に対しても私は深い感謝の念を捧げます。彼は私の注意に対し、あわただしいついでながらの返事であるとはいえ、とにかく返事を恵んでくれました。実は私の注意などはボイル氏が時間をつぶして返事を下さる程重要なものでないことを私は告白します。彼はそうした時間をもっと有意義な思索に当てることが出来るのですから。しかし私はボイル氏が硝石に関する彼の論文において、実体的形相やいろいろな性質(7)についてのスコラ派の幼稚浅薄な学説が極めて薄弱な基礎の上に立っていることを示すこと以外に何ら意図するところがなかったとは信じませんでした。いや、信ずることが出来ませんでした。彼は硝石の本性を即ち硝石は固形部分と揮発性部分とから成る不均一な物質であることを説明しようとしたのだと私は信じました。そこで私は私の説明の中で、硝石のすべての現象――少くも私の知っている――は、たとえ硝石が不均一《ヘテロゲネウム》な物質でなく均一《ホモゲネウム》な物質であると見なしても、極めて容易に説明され得ることを示そうとしたのです(この説明は私に十二分に成功したかと思います)。そのために私は固形塩が硝石の残滓であることを示す必要はなかったのです。ただそのことを仮定すればよかったのです。そしてボイル氏が、その塩は残滓でなくむしろ硝石の本質を構成するために必要欠くべからざる成分であり、これなくしては硝石は考えられ得ない、ということをどんな風に私に示すことができるかを見ようとしたのでした。今申したようにボイル氏はこのことを示そうとしたのだと私は考えたのですから。

しかし固形塩は硝石粒子の大いさに比例した孔を持っているということについて申せば、私はこれを硝石の再生の説明のために必要としたのではありません。というのは、私の言ったこと即ち硝石の再生は硝石精の凝結にのみ存するということからして、その孔が硝石粒子を収容し得るにはあまりに狭くその内壁が柔軟なすべての金属灰(Calx)は硝石粒子の運動を阻み、従って(私の仮説によれば)硝石自身を再生させるのに適当であることが明らかであります。従って人々が他の諸塩、例えば酒石や炭酸カリなどの助けで硝石を再生し得るのも不思議はないのです。しかし私が、硝石の固形塩は硝石粒子の大いさに比例する孔を持つと言ったのは、なぜ硝石の固形塩があまり前の重さを失うことなしに硝石を再生させるのにより多く適するかの理由を示すためにすぎませんでした。のみならず私は、他の諸塩を以てしても硝石が再生され得るという事実からして硝石灰《しょうせきばい》(Calx nitri)(8)は硝石の本質的成分でないことを示すつもりだったのです。尤もボイル氏が硝石ほど普遍的な塩はないこと、従ってそれはおそらく酒石や炭酸カリの中にも含まれてあり得ることを言っていますからその必要はありませんでしたけれども。

それから私が、硝石の粒子はより大なる孔においては極めて微細な物質によって包まれると申した時、私はそれをボイル氏も指摘しているように真空は不可能であるということから結論したのでした。しかし彼がなぜ真空の不可能性を仮説と呼んでいるのか私にはわかりません。このことは、「無はいかなる特質をも有し得ない」ということから明瞭に帰結されます。そして私は、ボイル氏がおよそ実在的な偶有性(9)なるものの存在しないことを主張しているように見えるのに真空の不可能性を疑っているのは不思議に思います。もし実体なき量というものが存在するとしたら、実在的な偶有性も存在することになるではありませんか。

硝石精と硝石自身の味の異なる原因に関して申せば、私は固形塩のことを全然考慮に入れずにただ私が硝石精と硝石自身の間に認めようとした相違だけからこの現象が極めて容易に説明され得ることを示すためにそれを挙げなくてはならなかったのです。

硝石の可燃性と硝石精の不可燃性とについて私の申しましたことは、或る物体の中に焔を生じさせるためにはその物体の諸部分を相互に分離し且つこれを運動させる或る物質が必要である、という前提のみから出ています。この二つの条件の必要なことは、私の考えによれば日常の経験と理性が十分に教えているところであります。

さて私の挙げた実験に移りますが、私がこれらの実験を挙げたのは、私の説明を絶対的に確かめようとしてではなく、私が明白に言ったように、これを或る程度確めようとしてでした。ところで私の第一の実験に対しては、ボイル氏は私自身が極めて明瞭な言葉で注意したこと以外の何ごとをも述べておりません。その他のこと即ちボイル氏と私の共通の観察事項をもっと根拠あるものにしようとする私の試みに対しては、彼は全然一語をも申してはおりません。次に第二の実験について彼の言っていること、即ち精製によって硝石は一般の塩と類似する一種の塩から大部分遊離するということは、単なる彼の立言であって証明ではありません。私はと言えばすでに明瞭に申した通り、私がこの実験を挙げたのは私の主張をそれによって絶対的に確かにしようとしてではなく、単にこれらの実験が、私の主張したそしてその合理性を私が示した事共を、或る程度確めるように思えたからにほかなりません。また彼は結晶に固まることはこの塩にも他の諸塩にも共通であると言っていますが、それがこの問題に何の関係があるのか私にはわかりません。というのは、私は他の諸塩も残滓を持ち、それがこの残滓から遊離するとより揮発性になることを認めております。それから第三の実験に対しても私の主張をゆるがす何ごとも述べられているとは認められません。ボイル氏が第五節においてデカルトを非難していると私の考えたのは、他の個所でもそうした非難を彼がしているからであって、彼はこれを何人にも許された哲学する自由にもとづき、自己とデカルトの双方の名誉を傷つけることなしにやっている次第です。ボイル氏の書いたものとデカルトの原理を読んだ人々なら、おそらく私と同様に考えるでしょう、これに対する明確な反証が示されません限りは。それに私の見る限りボイル氏は彼自らの意見を明瞭に説明していません。硝石はその可視的結晶——これについてのみ彼は語っているのだと彼は申しますが——が削られて平行六面体或いは他の形状をとるに至る場合硝石が硝石でなくなるかどうかをまだ述べていないのですから。

しかしこれらはさておいてボイル氏が十三乃至十八節の中で主張していることに移りましょう。この際私は、硝石のこの再生が硝石の本性そのものを探究するのにすぐれた実験であることを喜んで容認します。ただしそれは我々がまず哲学の機械的諸原理を知り、また物体におけるすべての変化は機械的諸法則に従って生ずることを知った場合においてです。しかしこのことは、通常の数多くの実験から証明されないと同様に今申した実験からも証明されません。ところでボイル氏が彼のこうした意見は他の著作家たちにはそう明瞭に取り扱われていないと言っているのは、おそらく彼はベーコンやデカルトの理論に対し、私の知り得ないそしてそれでその理論を駁し得ると彼の思っている或るものを持っているからでしょう。それらの理論をここにくりかえすことを私はいたしません。ボイル氏はそれを十分知っているはずですから。ただ私のここに申したいのは、彼らはやはり現象と彼らの理論との合致を欲しているということです。それでも何らかの点で彼らが誤っているとしたら彼らも人間であり、人間的などんなことも彼らから縁遠くなかったのだと思います(10)。

さらに彼は私の挙げた通常の不正確な実験、その際何が本来的要因であり何が外来的要因であるかを知り得ない実験と、そこに働いている諸要因が明白にわかっている実験との間に大きな相違があると申しています。しかし私はそれでもボイル氏がこの主題において用いられている資料の、即ち硝石灰《しょうせきばい》と硝石精の本性を我々に説明し得たとは思いません。従ってこの二つに関しては私の例に挙げたもの、即ち普通の石灰と水〈その混合によって熱が発生するところの〉に関してと同様不明瞭なものが残るように思われます。木片について申せば、それは硝石よりもっと複合した物体であることを私は認めます。しかしこの両者の本性を知らず、またいかにしてその両方に熱が生ずるかを知らない限り、それは我々の問題と何の関係があるでしょう。次に我々が語っているこの主題において、何が本来的要因であるかを知っているとボイル氏が敢えて主張するのは何にもとづくのか私は知りません。一体あの熱が何らかの極めて微細な物質から生じなかったことをいかにして我々に証明し得るのでしょうか。或いは始めの重さがほとんど減らなかったというためでもありましょうか。しかし全然減らなかったとしても、何らの結論もそれから出し得ないと私は考えます。現に物はごくわずかの物質によって極めて容易に或る色に染まることが出来、しかもそのため別に目立って重さが増しも減りもしないことを我々は見ているからです。だから私は当然こう疑い得るのです、何らの感覚によっても認められ得ないような何物かが加わったのではなかったかどうか、と。ことにボイル氏が実験に際して認めたあのすべての変化がどのようにして上述の諸物体から生じたか知られない限りはなおこの感じを深くします。のみならず私は、熱及びボイル氏が語っているあの沸騰は、外から来る物質によって起るのだと確信します。次に音響の原因は空気の振動の中に求めねばならぬことを示すことが必要とすれば、そのことはこの実験、そこに働いている諸力の本性が全然知られていないこの実験、その際に熱は認められるがどんな風にまたなぜそれが起ったか知られないこの実験からよりも、水の沸騰(水の運動については今は申しませんが)からいっそう容易に結論し得ると思います。最後に、それ自体は全然臭を発しないものでもその諸部分を刺戟しまた熱すると臭がただちに発し、またそれを冷すと再び臭がしなくなる(少くも人間の感覚には)多くのものが存在します。例えば琥珀《こはく》とかその他種々のものがそれであって、こうしたものはおそらく硝石と同様あまり複合したものではないのです。

二十四節に対して私が注意したことからわかる通り、硝石精は純粋の精ではなく硝石灰《しょうせきばい》やその他のものを含んでいます。従ってボイル氏が、滴下した硝石精の重さは爆発に際して失った硝石精の重さとほぼ等しいことを秤の助けで発見したと言っているのは、果して十分慎重な観察の結果であったかどうかを疑います。

最後に、純粋な水は一見したところではアルカリ塩をより早く溶解することが出来ますけれども、しかし水は空気よりもっと均一な物質でありますから、空気のようにはあらゆる種類の金属灰の孔に侵入し得る多くの種類の微粒子《コルプスクルム》を含むことが出来ません。即ち水は主として金属灰を一定の程度にまで溶解し得る同種の一定粒子から成っており、その点空気と異なりますから、従って水は金属灰を空気よりはるかに早く一定の程度にまで溶解させることになりますが、これに反して空気はより粗大な粒子からばかりでなく遥かに微細な粒子から、否あらゆる種類の粒子から成っていてそれが水の粒子には入れないいっそう狭い孔へもいろいろな仕方で侵入することが出来ますので、この結果空気は水ほどには早くないにしても(というのは空気は水ほど均一な多くの粒子から成っていないから)、しかし水より遥かによくまた遥かに細かく硝石灰《しょうせきばい》を溶解することが出来、これをいっそう柔軟にし、従ってこれを硝石精の粒子運動の阻止にいっそう適するようにさせることが出来ます。というのは実験の結果私は、硝石精と硝石自身との間には後者の粒子は静止しておりこれに反して前者の粒子は極めて激しく相互に運動し合っているという以外の相違は認められません。つまり硝石と硝石精の間には、氷と水との間にあると同じ相違があるのだと思うのです。

しかしこれらの主題についてこれ以上貴下をおひまどらせすることは敢えていたしません。私はもうあまり長くなってしまったことを心配しています、出来るだけ簡単にと努力したのですけれども。この努力にも拘らずもし貴下に煩いをおかけしたのでしたらどうぞお許し下さるようお願いします。そして同時に私が友人として自由に腹蔵なく申しましたことを悪くおとりにならないで下さい。貴下に御返事いたしますにあたりこれらの主題につき全然黙するのは適当でないと考えたのでした。自分のあまり気に入らないことを賞讃するのは純粋な阿諛であり、これは友人間にあって最も危険な最も有害なことと考えます。ですから私は私の意見を貴下に明らさまに申し上げようと決心したのでした。哲学者たちにとってこれにもまして喜んでもらえることはあるまいと私は判断したのです。しかしもしこれらの所見をボイル氏に手渡すよりは火中に投ずる方が至当と貴下が思われますなら、それは貴下の御随意です。どうかよろしきようにして下さい、ただ私が貴下とボイル氏に対し最も深き忠誠と友情を抱いていますことを貴下が信じて下さりさえするならば。私はこの友情を言葉でしか示すことの出来ない私の微力を悲しみます。しかし云々

〈フォールブルフ、一六六三年七月十七／二十七日〉

書簡十四(1)　オルデンブルクからスピノザへ

著名の士、尊敬する友よ、

我々の文通が再び始められましたことを非常な幸福と思います。七月二十七日付の貴書を私がどんな大きな喜びでお受け取りしましたかを御想像下さい。それにはとりわけ二重の理由がありました。一はそれが貴下の御健在を告げてくれたからです。他はそれが私に対するいつに変らぬ貴下の御友情を明らかにしてくれたからです。これに加えて貴下は、幾何学的方法で証明されたデカルトの哲学原理の第一部及び第二部を印刷に付されたことを知らせて下さいました。そして御親切にもその一、二冊を私に送って下さるとのことです。私は心から喜んでこの贈物を頂戴いたします。どうか目下印刷中だというその御本を、アムステルダム居住のピーテル・セラリウス氏(2)に宛てて私へお送り下さるようお願いします。私はもう彼に、そうした小包を受け取って、近く海を渡る一友に托して私に届けてくれるように依頼しておきました。

ところで遠慮なく申し上げますが、私は貴下が貴下御自身の著書と認められるお書き物を今なおお手許におさえておかれることをとても残念に思う者です。わけても貴国は、人々がその欲することを考えその考えることを言うことの出来る極めて自由な国ではございませんか。どうかそんな御心配はお捨てになるようお願いします。ことに貴下はお名前を秘することもお出来になるので、そうすることによって危険のあらゆる機会を避けることがお出来になるのです。

ボイル氏は旅行中で不在です。彼が当市に帰り次第、御示教に富む貴下のお手紙のうち彼に関する部分を彼に渡します。そして貴下の御所見に対する彼の見解は、それが私の手に入り次第、貴下にお送りいたすことにします。貴下はたぶんもう彼の「懐疑的化学者」(3)を御覧になったことと存じます。これは余程前ラテン語訳が出版されて外国にも広く普及されております。同書は化学及び物理学に関する多くの逆説を含み、また錬金術者たちのいわゆる基本的元素(4)(principia hypostatica)に厳しい批判を加えています。

彼は最近もう一冊の本を出版しました。これはたぶんまだ貴国の本屋にはまいっていないと思います。ですからここに同封してお送りします。どうかこのささやかな贈物を快くお受け取り下さい(5)。この書の内容は、御覧の通り空気の弾力性に対する弁護でありまして、それはボイル氏の「新しい物理機構学的実験」の中に叙べてある現象をあらゆる道理と思慮とに反するきわどいやり方で説明しようと騒いでいるフランシス・リヌスなる人への駁論です(6)。どうかこの書を読まれ御熟考の上これに関する貴下の御意見を私までお伝え下さい。

我々の王立協会は力の及ぶ限り熱心にその計画を遂行しています。我々は実験と観察の枠内に身を持し、いっさいの煩わしい論争を避けるようにしております。

最近一つのすぐれた実験が行われました。これは真空を信ずる人々を窮境に陥れるものであり、他面、空間の充実を信ずる人々には極めて満足を与えるものです。それは次のようなものです。フラスコAに水を一ぱい充たし、フラスコの口を下にして同じく水の入っているガラス器Bの中

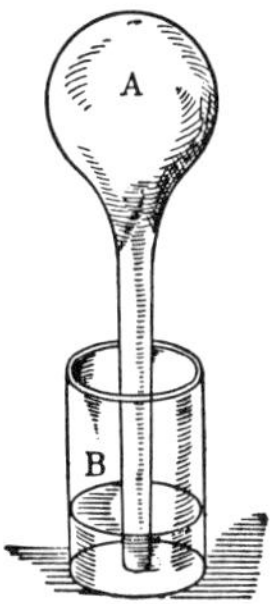

に立て、それをボイル氏の新しい空気ポンプの排気鐘の中に入れます。次に排気鐘から空気をポンプで抜きます。すると水からたくさんの泡がフラスコAへ昇り、やがてフラスコからすべての水をガラス器Bへ――つまりガラス器Bに入っている水の表面の下へ――追いやるのが見られます。二つの器をこの状態で一、二日間放置し、その間繰り返しポンプを動かして前述の排気鐘からしばしば空気を抜きます。それからこの両器を排気鐘から取り出し、そして空気を抜いたこの水をフラスコAに充たし、再び口を下にしてガラス器Bの中に置き、改めてこの両器を排気鐘の中に入れます。そしてまた排気鐘からポンプによって必要量の空気を吸い出すと、おそらくまだ小さな泡がフラスコAの首から立ち上り、それが次第に上昇し、引きつづいての排気によって膨脹して再び以前のようにすべての水をフラスコから追い下げるのが見られるでしょう。そこでフラスコをまた排気鐘から取り出し、そしてこれに空気を抜いた水を一ぱいに充たし、また初めのように口を下にしてこれを排気鐘の中に入れます。それから排気鐘から空気をすっかり除き、排気鐘が十分完全に空虚になるとフラスコの水は中途に止まって決して下降しません。この実験においてはトリチェリーの実験の場合水を支える――ボイルによれば――と信ぜられる原因(即ち容器Bの中の水を圧迫する空気)は明らかに除かれたように見えるのにフラスコの中の水は下降しないのです。

もっと多くのことを書くつもりでしたが友人たちといろいろな仕事とが私を待っています。私はただ次のことを付加するに止めましょう。〈貴下が印刷に付しておられるものをお送り下さいます場合には、貴下のお手紙と小包の宛名を次のようにして下さい云々〉

この手紙を終えるに当り、私は貴下御自身の思索の結果を出版されることを貴下に重ねて懇願しないわけにはまいりません。貴下が私の望みを叶えて下さるまでは、私はこのおすすめを止めますまい。もしさし当りその書の若干の要点を私にお伝え下さるのでしたら、私はどんなに大きな恩恵と義務を貴下に対して感じますことでしょう！　ではくれぐれもお元気で。どうか今後ともよろしく。

心からの誠実と友情を以て　ハインリッヒ・オルデンブルク

ロンドン、一六六三年七月三十一日

書簡十五(1)　スピノザからマイエルへ

親愛なる友よ、

我々の友ド・フリースを通してお届け下さった序文(2)をまた同人を通してお返しいたします。御覧の通り欄外にほんの少し注意を記しただけですが、手紙で申し上げる方がより好都合と思われることがまだ少々残っております。

第一に、どんな機会に私がこの第一部を書いたのかをあなたが読者に告げて下さっているあの第四頁で（或いはあなたが適当と思われる他の個所ででもいいです）、私がそれを二週間以内に書いたのだということをも併せて読者に告げていただきたいのです。そのことを予め告げておけば、誰も始めから私の叙述がこの上なく明瞭に出来ているとは期待しないでしょうし、またところどころで若干の不明確な言葉に出会ってもそれに煩わされることがないでしょう。

第二に、私が多くのことをデカルトの証明とは異なった仕方で証明していること、しかしそれはデカルトを是正しようとしてではなく、ただ私自身の立てた秩序をいっそうよく保ちたかったからであり、また公理の数をあまりふやしたくなかったからであること、さらに同じ理由から私はデカルトが何らの証明なしに単に主張しているにすぎない多くのことを証明し、またデカルトが省いている多くのことを付加せねばならなかったこと、これらのことを読者に告げていただきたいのです。

最後に、親愛なる友よ、あなたが終りに書いたあの男(homunculum)[3]に対する個所を割愛して全然これを除去して下さることを切にお願いいたします。このことをお願いする理由は多々ありますが、ここにその一つだけ述べましょう。私はすべての人が容易にこう信じてくれることを希望しています。即ち[4]この書物は万人の利益のために公表されるのであること、あなた自身このささやかな書を出版するに当り真理を拡めようとする願い以外の何物にも駆られていないこと、あなたはこの小著がすべての人々に喜ばれるように出来るだけ配慮していること、好意と善意を以て人々を真の哲学の研究へ促し万人の利益を眼中に置いていること、そうしたことを人々に信じてもらいたいのです。このことは、その中で誰かが傷けられていたり、何人かに少しでも衝撃を与えるようなことが書かれているとしたら、誰も容易に信じてくれないでしょう。このようにしてもなお且つ後であの人間なり他の人間なりがその悪意を現わそうとするのでしたら、その時こそあなたは彼の生活と性格を世に発表してよいのであり、世間もあなたに同意してくれるでしょう。ではどうか私の願いを聞いて下さり、その時まで待っていて下さい。

あらゆる愛情を以てあなたの　B・デ・スピノザ

フォールブルフ、一六六三年八月三日

友人ド・フリースはこの手紙を持ち帰ってくれることを約束していましたが、いつ帰るのか予定が立っていませんので他の人に托してお送りします。

これと同時に私は第七十五頁に始まる第二部定理二十七の備考の一部分をあなたにお送りします。これを印刷者に手渡して新しく印刷させて下さい。

ここにお送りするのはぜひ新しく印刷せねばならぬものでありまして、そのため十四乃至十五行ふえることになりますが、そのくらいなら容易に挿入出来ましょう。(5)

書簡十六(1)　オルデンブルクからスピノザへ

卓越の士、尊敬する友よ、

私がお手紙を普通便で貴下に差し出しましてからまだ三、四日しか立っていません。あの中で私はボイル氏の書いた或る本のことを述べ、それを貴下にお送りすると申しました。しかしあの時はこの本を貴下におとどけしてくれる友人をそう早く見付ける見込がなかったのでとりあえず手紙だけを出したのでした。ところがその後、そうした人が私の思いましたより早く現われました。どうか、あの時お送り出来なかったものを今お受け取り下さい。それと同時に、やっと田舎から当市に帰ってまいったボイル氏の恭敬なる御挨拶を御伝えいたします。彼は、硝石に関する彼の実験に付した序文を貴下がよく読んで下さって、その序文から彼が同作品に予定した本来の目的を理解していただきたいと願っています。即ち彼は、新しい堅実な哲学の原理は明瞭な実験によって解明され得ること、またそれらの原理はスコラ派で説かれている実体的形相とか隠れた性質とかのつまらない要素を離れて十分説明され得ることを示そうとしているのです。しかし彼は決して硝石の本性の何たるかを説こうと企てたのでもなく、或いは物質の均一性《ホモゲネイタス》についてまた運動や形状等のみから発生する物体の相違について人の言い得ることどもを反駁しようとしたのでもないのです。彼はただ物体の種々異なった組織は、当然それらのものの多様な相違をもたらし、またその結果として極めて異なった種々の作用が生ずること、従って第一物質への分析がまだなされない限り哲学者たちや他の学者たちは或る不均一性《ヘテロゲネイタス》をそれから当然推論し得ることを示そうとしたまでだと言っています。こうしてみれば根本的には貴下とボイル氏の間に意見の相違があるとは思われません。

それから、どんな金属灰《カルクス》でも硝石粒子を入れることが出来ぬほどその孔が狭くまたその内壁が柔軟なものは、すべて硝石粒子の運動を阻み、従って硝石を再生させるのに適当する、と貴下は言われていますが、これに対してボイルは硝石精を他種の金属灰と混ぜ合せても決して真の硝石は出来上らないと言っています。

貴下が真空の説を駁するに用いている議論に関して申せば、ボイルはそうした議論を知っておりまた自身予見していたと申します。しかし彼はこの議論に決して満足はしないのです。これについては別なところで述べる機会があるだろうと彼は言っています。

彼はまた臭を発する二つの物体が一つに融合して全く無臭な物体(硝石のような)を構成する他の一例を彼に示し得るかどうかを貴下に尋ねてくれるようにと私に申しました。彼によれば、硝石の部分はこの例です。即ち、硝石精は鋭い臭気を発しますが硝石の固形塩も臭を欠いてはいません。

それから彼は、氷と水、及び硝石と硝石精の間に立てた貴下の比較が正しいものであるかどうかよく考えて見られるように貴下に望んでいます。というのは、氷は全部水に溶解し、また無臭の氷は水に溶解しても依然無臭ですが、これに反し硝石精と硝石の固形塩の間には、印刷された彼の論文が十分説いている通り異なった諸性質が見出されます。

この主題についての話し合いに際し、私がボイル氏から聞いたのは大体こうしたことです。記憶力の悪い私といたしましては、その再現にあたり彼の論旨を強めるよりは弱めて貴下にお伝えしているに違いありません。しかし問題の根本において貴下たち御両人は意見が一致しておられるのですから、私はこれ以上これに立ち入ろうとは思いません。むしろ私は、御両人が純粋で健全な哲学のひたすらなる育成のためその御才能を合せられんことを忠告いたしたく存じます。私はボイル氏に対し、哲学を、正確になされたしばしばの実験と観察によって確立し解明するように絶えず促していますが、貴下に対しては、貴下の俊鋭な数学的才能を以て、物の諸原理《プリンキピア》を追求しつづけられんことを特にお勧めしたいと思います。敬愛する友よ、これで貴下は私が何に努力し何を意図しているかおわかり下さることと思います。私は我が国の哲学者たちが、この領域において実験論者としての彼等の職務を決しておろそかにしないことを知っていますが、私はこれと同様に貴下もまた世の哲学者輩や神学者輩が何を吠え立て何を非難しようとも、貴下のお仕事に専心されますことを確信しています。すでに前の数回の手紙で貴下にこのことをお勧めしたのですから、貴下にくどく思われませんように今は控えます。ただ私は貴下がすでに印刷に付せられている一切を、それがたとえデカルトへの解説であろうと貴下御自身の知性の宝庫からとり出されたものであろうと、出来るだけ早くセラリウス氏(2)を通して私に送って下さることをさらにお願いするのみです。そうしていただけばどんなにありがたいかわかりません。私としても、機会のあり次第、何なりと貴下のお役に立ち得ると思います。

貴下の最も忠実なる友　ハインリッヒ・オルデンブルク

ロンドン、一六六三年八月四日

書簡十七(1)　スピノザからピーテル・バリング(2)へ

愛する友よ、

こないだのお手紙(たしか先月二十六日付のもの)無事落手しました。あのお手紙は私に少からず悲しみと不安を与えました。尤も、あなたの聰明さと性格の強さを思い、あなたはそれによって身の上の不運を、いやむしろ世論の攻撃(3)を、それが最も激しくおそいかかってくる時でさえも、十分耐えることの出来る人であることを思って、その気持が一時和やいだのは事実です。しかし私の不安はまた日と共に増してくるようです。それで私は、我々の友情にかけてあなたにくれぐれもお願いします。どうかもっと詳しい事情を書いてよこして下さい。

お手紙にあった前兆について申しましょう。あなたはお子さんがその亡くなる少し前に病床で発したと同じような泣き声を、お子さんがまだ健康で元気でおられた時にも聞いたと言われます。

私の考えではそれは本当の泣き声ではなく、単にあなたの表象力の産物ではなかったかと思います。その証拠に、あなたが起き上ってそれを聞き定めようと身がまえた時、それは前ほどはっきりは聞えず、その後で眠りに入ったらまたはっきり聞えたというではありませんか。確かにこのことは、その泣き声があなたの単なる表象であったことを物語っています。表象力は、あなたが立ち上って耳を一定の場所に向けた時よりも、それが何の束縛も受けずに自由である時の方が、一定の泣き声をはっきり生き生きと表象し得たのです。

私の今言ったことを、この前の冬(4)ラインスブルフで経験した一つの出来事で確かめ、同時に説明することが出来ます。或る明け方のこと空が白みかけて来た頃、私は或る重苦しい夢から醒めました。すると夢の中で見た影像がとても生き生きと、まるで実在するもののように私の眼前に残っているのです。しかもそれは、私が以前に見たこともない、色の黒い癩病病みのブラジル人の像でした。この像は、私が気をそらそうとして目を本や他の物にじっと注いだ時大部分消失しました。しかし再び目をそうした物から離して漫然と何かの上へ置くと、その黒人の像はまたもとのように生き生きと、しかも再三現われ、そしてついにはだんだん視野から消え去って行きました。つまり私に対して視覚の内に起ったと同じことが、あなたの聴覚に起ったのだと思います。しかし両者の場合、その原因が非常に異なっていたので、あなたの場合は前兆となり、私の場合はそうでなかったのです。

我々の表象力の現れは、身体の状態《アフェクチオ》からも生じ、また精神の状態からも生じます。あまり長くならぬように、さし当り経験だけにもとづいてこのことを証明しましょう。我々は熱やその他身体の障害が妄想の原因になること、また濃い血を持つ者はとかく争闘・迫害・虐殺その他そうしたものを表象しがちなことを知っています。さらに我々は、表象力が単に精神の状態のみによっても生ずることを知っています。というのは、我々の経験によれば表象力はすべてのことに関して知性の跡を追い、知性がその証明を連絡し結合すると同様の秩序でその表象像や言葉を連絡し結合するものであって、[5] 知性が認識するほとんどすべてのことについて表象力は直ちに何らかの表象像を形成する有様です。以上にもとづき私はこう考えます。身体的原因から生ずる表象力のすべての現れは決して未来の物の前兆となり得ません。そうした現れの原因は何ら未来の物を含まないからです。これに反して精神の状態から生ずる表象力の現れ即ち表象像は、未来の物の前兆となり得ます、精神は未来に起る何らかの事柄を漠然とながら予感し得るからです。だから人はそうした物を恰かもそれが実際に現存しているかのようにはっきり生き生きと表象することが出来るのです。

今あなたの場合にあてはまる例を挙げることにしまして、ここに一人の父がその息子を非常に愛し、父と愛する子とは言わば一体になっているとします。ところで思惟の中には(私が他の機会にあなたに証明したところに従い)息子の本質の諸状態《アフエクチオ》及びそれから生ずる事柄について必然的に或る観念が存在せねばなりませんし、一方また父は息子との一体関係のゆえにその息子の一部分であるのですから、父の精神は必然的に息子の観念的本質とその諸状態並びにそれから生ずる事柄に関与せねばなりません。これは私が他のところでもっと詳細に証明したことです。[6] さて父の精神が息子の本質から生ずる事柄に観念的に関与するのですから、父は時折(すでに述べたように)息子の本質から生ずる事柄の中の或るものを、それが恰かも現在するかのように生き生きと表象することが出来るのです。但しこれには次の条件が具わらねばなりません。一、息子の生涯の経路において起るであろうその出来事が重大なものであること。二、それが容易に表象され得るようなものであること。三、その出来事の起る時がその時からあまり遠くないこと。四、最後に身体がよい状態に在ること、即ち健康であるばかりでなく、その上自由で、外部から感覚を乱すようないっさいの心配や煩雑のないこと。

なお、この問題のためには、これと似よりの観念が喚起される一般的場合について考えてみるのも参考になるでしょう。例えば我々が、この或いはかの人と話をしている間に或る泣き声を聞くとすれば、後でまたその人について考える場合、その人と話をしていた時耳で聞いたその泣き声が再び我々の記憶に上ってくるということがよくあるものです。

愛する友よ、以上があなたの御質問に関する私の見解です。あまりに簡単すぎたことは私も認めますが、これもあなたに出来るだけ早く書いてもらうきっかけになるようにと思ってなのです……

フォールブルフ、一六六四年七月二十日

書簡十八[1]　ウィルレム・ファン・ブレイエンベルフ[2]からスピノザへ

尊敬する未知の友よ、

最近出版されました貴下の御論文とその付録[3]を心をこめて繰り返し拝見しました。私がその中に見出した貴下の深い御学殖、私がそれからくみとった大きな満足、そうしたことについては貴下御自身に申し上げるよりも、他人に語るのが私のなすべきことでありましょう。だが私の中さずにおれませんのは、私がその御論文を注意して読めば読むほどそれはますます私に満足を与えてくれ、またそれを読む度毎に前には気づかなかった何ものかをいつもその中に見出すことです。しかし私は阿諛者と思われませんように、この手紙の中で著者をあまり讃美することはいたさぬでしょう。ただ神々が御労作に対しいっさいを与え賜うことを信じます。しかしこの手紙の書き主が何者であるか、またどんな理由で未知の者が貴下にこの手紙を差し上げるぶしつけを敢えていたすのかを貴下がいつまでも不審に思われませんように、私は自らを紹介申し上げます。この手紙の書き主は純粋な真理への愛に促されつつ、この短い儚ない人生において人間の精神に許される限り、学問の中に支柱を見出そうとしている者です。真理を探求するに当り、真理そのもの以外のどんな目的も抱いていない者です。学問によって名誉や富を求めようとしているのでなく、ただ真理そのものと真理の果実としての心の平安とをのみ得ようとしている者です。すべての真理と学問のうちで、形而上学に(その全領域に亙ってではないにしても少くもその若干領域において)最も多く興味を覚えている者です。そして自分に許された余暇をその研究に捧げることを人生の唯一の喜びとしている者です。しかし何人も貴下ほど幸福にまた貴下ほど熱心にこの道にいそしんでおられる方はなく、従ってまた何人も貴下がすでに貴下の著作の中で示しておられるような完全さの階段に到達していないことを知っている私です。要するにこの私という人間は貴下が御好意を以てその者の滞おりがちな思想を解きほぐしてこれを透徹させて下さるの労をおとりなさるにつれて段々よく理解していただけるような人間なのです。

それはそれといたしまして貴下の御論文にもどりましょう。私はその中で私の趣味に極めて叶う多くのことを発見しましたが、同時にまた私の十分消化し切れぬ若干のことにも出会っております。しかし貴下にとっての未知者である私といたしましては、これを貴下にとやかく申し立てますのはいかがかと思います。ことに、そうしたことが貴下のお気に召すか召さぬか私にはわかっていないのでありますから。そのため私は予めこの手紙を書いて貴下にお願いする次第です。もし貴下がこの冬の夜々、私が貴下の御著書に関して今も持っていますいろいろな疑点について私にお答え下さる時間と御意志とをお持ちならば、その疑点の若干を貴下に申し送ることを許していただけませんでしょうか。勿論私はそれによって貴下がもっと必要なまた貴下にもっと快心なお仕事をなさるのをお妨げしないという条件でそれをお願いするのです。と申すのは、私は貴下が御著書の中でなされた御約束[4]に従い、貴下の御見解をいっそう詳細に説明して下さることを何より望んでいるからです。私がついにここに手紙に書くに至りましたことを、私は、もともと貴下に直接お目にかかって口頭で申し上げるつもりだったのでした。しかし始めは貴下の滞在されている場所がわからず、次いでは伝染病[5]の流行のため、最後には私の商売の忙しさにとりまぎれ、その訪問を一日一日と延期してまいったのです。

　しかしこの手紙が全然無内容になりませんように、そしてまた貴下が私の願いを快よく御承知下さるだろうという気持もありまして、私はここに私の疑問をただ一つだけ書かせていただきます。貴下は貴下御自身の意見としてか、或いは貴下が祖述されたデカルト氏の哲学の解説としてかはわかりませんが、「原理」並びに「形而上学的思想」のところどころ[6]にこう主張しておられます。それは創造と維持は全く同一のものであること(これは問題を熟慮したほどの人々にとっては極めて自明であって、普遍概念といってもよいくらいでしょう)、さらにまた神は諸々の実体を創造したばかりでなく諸〻の実体における運動をも創造したということです。換言すれば、神は絶えざる創造によって諸〻の実体をその状態に維持するばかりでなく、その運動と努力をも維持すると貴下は言っておられるのです。例えば、神は自己の直接的意欲或いは作用(これはどちらの名称で呼んでも同じことでしょう)によって精神を持続させ且つその状態に固執させるばかりでなく、神はまた同様の仕方で精神の運動をも規定するというのです。つまり神の絶えざる創造が事物を持続させるように、事物の努力乃至運動も、同じ原因――神の外には運動のどんな原因も存しないのですから――によって事物の中に生ずるというのです。この帰結として、神は実体としての精神の原因であるばかりでなく、我々が意志と名づけている精神の各〻の運動・各〻の努力の原因でもあることになります。実際これは貴下が至るところ(7)で主張しておられることなのです。この御主張からして、精神の運動即ち意志の中にはどんな悪も存しないか、それとも神自身がその悪を直接的になすか、そのどちらかであるという帰結が必然的にでてくるように思います。我々が悪と名づけているものも精神によって生じ、従ってまた神のそうした直接的影響と協力によって生ずることになるからです。例えば、アダムの精神が禁ぜられた木の実を食べることを欲するとします。上に述べたことに従えば、この際アダムの意志は、アダムが意志するという点においてだけでなく、また(すぐわかるように)アダムが一定の仕方で意志するという点においても神の影響の結果として起るのです。このようにして、アダムに禁ぜられたあの行為は、神がアダムの意志を動かしたという点においてだけでなく、それを一定の仕方で動かしたという点においてもそれ自体何らの悪でないか、それとも神自身が我々の悪と名づけるところのものをなすのであるか、どちらかであることになります。そして貴下もデカルト氏もこの問題を解決しているとは思えません。悪は非有であって神はそれに関与しない(8)というだけでは何もならぬのです。なぜというに、木の実を食おうとする意志や悪魔の高慢な意志は一体どこから来るのでしょう？　意志は（貴下が正しく注意されているように）精神自身と異なった或る物ではなくて、単に精神のこの或いはかの運動、この或いはかの努力なのであってみれば、そのどちらの意志決定にも神の協力が必要なはずです(9)。しかし神の協力とは、貴下の御著書から理解するところでは(10)、物を神の意志により或る一定の仕方で決定することにほかなりません。従ってこれから、神は善い意志に対して協力するばかりでなく悪い意志に対しては悪い意志なりにこれに協力する、換言すればそうした意志を決定する、ということになります。というのは、存在するあらゆるものに関しその実体についても努力についても絶対的原因であるところの神の意志は、悪い意志に対しても悪い意志なりにやはりその第一原因であるように思われますから。

　さらにまた我々の内には、神が永遠この方認識しなかったようなどんな意志決定もありません。もしあるとしたら我々は神に或る不完全性を認めることになるでしょう。しかし神がそれを認識するのは神の決裁にもとづくのでなければなりません。だから神の決裁は我々の意志決定の原因であります。そしてこの結果からしてもまた、悪い意志は何ら悪でないか、それとも神がその悪の直接的原因であるか、そのどちらかであるという結論になります。世の神学者たちは行為と行為に付着する悪とを区別しますが、この区別はここには役立ちません。神は行為ばかりでなく行為の様式をも決裁したのですから。換言すれば、神はアダムが木の実を食うように決裁したばかりでなく、アダムが必然的に命令に背いてそれを食うように決裁したのです。これからもやはり、アダムが命令に背いて木の実を食うことは何ら悪でないか、それとも神自身がその悪を結果したのか、そのどちらかであるという結論になるように思われます。

敬愛する士よ、これが貴下の御論文の中で差し当り私の理解できないことです。この両仮定はどちらも受け入れることが困難なのです。しかし私は貴下の透徹した御判断と御究明によって私の満足出来ますようなお答をいただけることと思います。そして、私はそれに対する私の感謝を、今後の手紙の中で貴下にお示しすることが出来ますことを期待しています。敬愛する士よ、私はこの質問をただ真理への愛のゆえにのみいたすものでありますことを固くお信じ下さい。私は偏見のない自由な人間でありまして、どんな官職にも束縛されず公正な商売によって生計を立て、その余暇をこうした問題に献げている者でございます。どうか私の申し立てた異議を悪くおとり下さいませんようくれぐれもお願いします。そして御返事下さるお気持になられましたら(それは私の切なる願いでございますが)どうか宛名は……

貴下の忠実な下僕　W・v・B・

ドルドレヒト、一六六四年十二月十二日

書簡十九[1]　スピノザからブレイエンベルフへ

前書簡への返事

未知の友よ、

十二月十二日付で書かれ同月二十一日付の別のお手紙の中に同封されたお手紙、二十六日にな

って スピーダムで受け取りました。私はそのお手紙から、貴下の大きな真理愛を知り、また真理だけが貴下のすべての御努力の目的であることを了承しました。それで外ならぬ同じ目的を抱く私といたしましては貴下の御希望通り、貴下が今度送って来られた、また将来送って来られるであろう御質問に私の能力の及ぶ限りお答えするばかりでなく、さらにまた私の側からも我々相互の認識を深め真正な友情を育くむために出来るだけのことをいたそうと決心しました。実際私としましては自分で左右できない事柄のうちでは、真理を正しく愛する人々と友情を結ぶことを何にもまして尊重しております。思うにこの世において我々の自由に出来ないもののうちでは、こうした種類の人間ほど安心して愛し得るものはないと信ずるからです。そうした人々が相互に感じている愛は、各人の心を領する真理認識への愛にもとづいているのですから、この愛を解消することの不可能なことは恰かも我々が一たび真理を識った以上その真理を放棄することが不可能であるのと同様であります。その上真理にもとづくこの種の愛は、我々が我々の意のままにならない事柄に対して抱き得る愛のうちでは最もすぐれた最も望ましいものであります。我々の異なった感情、異なった精神を完全に結合し得るものは真理を措いて他にないのでありますから。更にこれから生ずるいろいろの大きな利益につきましてはここには申しますまい。貴下御自身が疑いもなく知っておられる事柄について貴下をこれ以上おひまどらせすることは本意でありませんから。私がこのことについてこれまで申し述べてきたのは、貴下に対してお役に立つ機会を持つことが私にどんなに喜ばしくまた今後も喜ばしいであろうことを貴下にいっそうよくわかってもらいたいためにほかなりませんでした。

そこでまず現在の機会を捉えて具体的な問題に入り、貴下の御質問にお答えしましょう。この御質問の要点は次のようでした。神の意志と神の摂理の同一であるということから、並びに神の協力と神による絶えざる物の創造ということからして、罪なるもの或いは悪なるものが何ら存在しないか、それとも神がそうした罪そうした悪を結果するか、そのどちらかであるという結論が明白にでてくるように思える、と。しかし貴下は悪ということをどう解するかを説明してはおりません。決定されたアダムの意志の例から判断すると、貴下は悪を一定の仕方で決定されたと見られる限りにおいての意志そのもの或いは神の命令に矛盾する限りにおいての意志そのものと解しておられるように思われます。そうした解釈に立った上で貴下は、神自身が自己の意志に反する事柄をなすということ、或いはそうした事柄は神の意志に反していても悪でないということ、その二者のどちらかをでも認めるのは大きな不条理だと言われるのです。もし悪をそう解せねばならぬとしたら私もまた貴下の言に賛成したでしょう。しかし私に関する限り、私は罪や悪が積極的な或る物であるとは認めることが出来ません。ましてや或る物が神の意志に反してあり或いは生ずるということは承認することができません。反対に私は罪が積極的な或る物でないと主張するばかりでなく、さらに我々が神に対して罪を犯すというのは人間が神を怒らすと言う場合と同じように人間的話法によってのみ言い得るのであって、本来的意味では言い得ないのであると主張するのです。

第一の点に関して申せば、存在する一切は他物と関係なしにそれ自体で見られる限り或る完全性を含んでいることを我々は知っています。この完全性はどんな物においてもその物の本質自身の及ぶ範囲まで及びます。本質と完全性とは実は同一のものなのだからです。私はここに禁ぜられた木の実を食おうとするアダムの決意、或いはそのように決定されたアダムの意志を例に取りましょう。この決意或いはこの決定された意志は、それ自体だけで見られる限りそれによって表現された実在性と同じなだけの完全性を含んでいます。このことは次のことから、即ち我々は或る事物よりもより多くの実在性を有する他の事物を眼中に置く時にのみその或る事物の中に不完全性を認め得るということからわかります。ですからアダムの決意をそれ自体で見、これをより完全な他の物或いはより完全な状態を示す他の物と比較しない限り、我々はその決意の中に何らの不完全性をも認めることが出来ないのです。否、我々はそれをそれよりも遥かに不完全な他の無限に多くの物、例えば石や棒切れのようなものと比較することも出来ます。そしてまたここに言ったことは、実際世人の広く承認するところです。なぜなら、ひとは人間についてなら呪詛しまた嫌悪を以て見る事柄を動物については驚嘆を以て眺めます。例えば蜂の戦いとか鳩の嫉妬のようなものであって、これらのことは人間においてなら軽蔑されますが、動物はそうしたことがあれば却ってより完全なものと判断されます。こんな次第とすれば単に不完全性の表示に過ぎないところの罪というものは、実在性を表現する或るものの中に、例えばアダムの決意とその遂行の如きものの中には存し得ないということが明瞭に帰結されます。

さらにまた我々はアダムの意志が神の律法に矛盾するとか、それは神に気に入らなかったがゆえに悪であるとか申すことも出来ません。なぜなら或ることが神の意志に反して起るとか、神が或ることを欲求しながらそれを実現させることが出来ないとか、神の本性が一般の被造物と同様に或る物には同情を他の物には反感を抱くように決定されるとかいうようなことがあるとしたら、それは神の中に大きな不完全性を認めることになるばかりでなく、それはまた神の意志の本性とも全然矛盾することになるからです。思うに神の意志は神の知性と異ならないものであるから、或ることが神の意志に反して生ずるというのは、それが神の知性に反して生ずるというのと同じく不可能なのです。即ち神の意志に反して起ることは本性上神の知性にも矛盾するのでありまして、それは例えば円い四角形のようなものであります。

さてアダムの意志乃至決意はそれ自体で見れば悪でなく、また本来的意味では神の意志に矛盾したと言えないのですから、この帰結として神はアダムの決意の原因であり得ること、否、貴下が正しく注意されたようにその原因でなければならぬことになります。しかしこれはアダムの決意が悪であったという観点から言っているのではありません。なぜというにその中に存した悪はアダムがあの行為のゆえに失わなければならなかったより完全な状態の欠如(privatio)にほかならなかったのです。そして確かに欠如は積極的な或るものではなく、またそれは我々の知性に関連してのみ欠如と呼ばれるのであって、神の知性に関連してはそう呼ばれ得ないのです。この名称は次のことから生じています。即ち、我々は同じ類に属するすべての個物を、例えば人間の外形を有するすべてのものを、同一の定義で表現し、そしてこのため我々はすべてのものがこの定義から導き出され得る最高完全性に同等に適当すると判断します。しかしその行為がこの完全性と矛盾する或る物を発見する時、我々はその物を以て、そうした完全性を欠如しまたそのもの自身の本性から逸脱していると判断するのです。もしそのものをそういう定義に関係させずまたそのものにそうした本性を帰しなかったとしたら、我々はそんなことをしなかったでしょう。ところで神は物を抽象的に認識することをせず、またこの種の一般的定義を形成することもしないのであり、また物には神の知性と能力によって許され且つ実際に与えられた以上の実在性が属しないのでありますから、これからしてかの欠如なるものは我々の知性に関してのみ言われ得るのであって、神の知性に関連しては言われ得ないということが明白に帰結されます。

これでもって問題は完全に解かれたと考えます。しかし貴下のために道をもっと平らかにしてすべての疑点をとり去るために私は更に次の二問題にも答えねばならぬと思います。第一に、なぜ神は背神者(improbi)の改心を要求すると聖書に書かれているのか、またなぜ神はアダムが必ず禁断の木の実を食うように決裁しておきながらアダムにそれを食うことを禁じたのかということです。第二に、私のこれまで言ったことからして、背神者も神の意志を遂行するものであるからには、敬神者(probi)がその寛仁、忍耐、愛等をもって神に仕えるように背神者もまたその高慢、貪慾、絶望をもって神に仕えるという結論になるように見えるということです。

第一のことに対するお答えとして私の申したいのは、聖書は主として民衆に順応し民衆を対象としているので常に人間的話法で語っているということです。これは民衆には崇高な事柄を理解する能力がないからです。救いに必要なものとして神が予言者たちに啓示した一切が律法の形をとっているのはこの理由によるものと信じます。また予言者たちが全くの譬え話を作り上げているのもこのためです。即ちまず彼等は神から啓示され賦与された救い及び破滅に対する手段を、王或いは立法者の意志を表わすものとして記述しました。また救いや破滅の原因にほかならないところのそうした手段を律法と名付けそれを法の形式で書きました。さらに、これらの手段から必然的に生ずる結果に他ならないところの救いと破滅を、報酬及び刑罰として表現しました。そして彼等は彼等のすべての言葉を真理に従って調節するよりもむしろこの譬え話に従って調節し、神を至る所人間として叙述し、時には怒り時には憐み時には未来のものを欲求し時には嫉妬や邪推に捉われ、否悪魔に欺かれさえする者としました。こんな次第ですから哲学者たち並びに律法を超越するすべての人々、即ち徳を律法として行うのでなく徳は最もよきものであるからこれを愛するという考えの下に行う人々はそうした言葉に煩わされる必要がないのです。

それから、アダムに対する命令はただその木の実を食べることが死を結果するということを神がアダムに啓示したという点にのみ存します。これは神が我々にも毒物は死をもたらすものであることを自然的知性を通して啓示しているのと同じであります。だがもし貴下が神は何の目的でそのことをアダムに啓示したのかとお尋ねなら、それは彼を認識においていっそう完全にするためであったと私は答えます。それならなぜ神はアダムにもっと完全な意志を与えなかったのかと神に問うのは、なぜ神が円に球のすべての特質を与えなかったのかと問うのと同じく不条理なことです。これは上記の私の言葉から明瞭にわかることですし、また私が「幾何学的方法で証明されたデカルトの哲学原理」の第一部定理十五の備考で証明したところです。

第二の難点に関して言えば、背神者たちも背神者なりに神の意志を表現しているというのは本当です。しかしだからとて、彼等を敬神者たちと同列に置くことは出来ません。物は完全性を多く有すればそれだけ多く神性に関与し、またそれだけ多く神の完全性を表現するのです。ところで敬神者は背神者と比較にならぬほど多くの完全性を有しますから、彼等の徳は背神者たちの徳と比較されることが出来ません。背神者たちには神への愛が欠けているからです。神の認識から生ずる神への愛、それのみが人間流に言って我々に神の下僕たる資格を与えてくれるところの神への愛、そうした神への愛が欠けているからです。否、それどころではない、彼等は神を識らないがゆえに造り主の手中にある一つの道具にすぎません。しかも意識せずにこれに奉仕し且つ奉仕することによって消耗してゆくところの道具にすぎません。これに反して敬神者たちは意識して奉仕し、且つ奉仕することによっていっそう完全になってゆくのです(2)。

貴下よ(3)、以上がさし当り貴下の御質問へのお答えとして私の申し上げ得るすべてです。これが貴下に満足をお与えしますことを願ってやみません。しかしまだ貴下に疑点がおありでしたらお知らせ下さい。それが私に解決できますかどうか見てみましょう。決して貴下の側から御遠慮なさるには及びません。まだ満足がゆかぬと思われます限りどうかその理由を書いて下さい。そのようにして結局真理は明らかになるでしょう。私はこの手紙を幼い頃から親しみ馴れた言語(4)で書けたのだったらよかったのです。そうしたらたぶんもっとよく私の思想を表現出来たことでしょう。しかし今はどうかこれで我慢して下さい。そして書き誤ったところがありましたら貴下の手でお直しになって下さい。

貴下の忠実なる友にして下僕　B・デ・スピノザ

ランゲ・ボーハールト(5)にて　一六六五年一月五日

私はこのボーハールトにまだ三、四週間滞在し、それからフォールブルフへ帰る予定です。その前に貴下の御返事がいただけるかと思います。もしお仕事の都合でそれが出来ませんでしたら、どうかフォールブルフの方へ書いて下さい。その時の宛名は、教会小路、画家ダニエル・テイデマン氏方です。

書簡二十[1]　ブレイエンベルフからスピノザへ

前書簡への返事

尊敬する友よ、

お手紙を頂戴して取急ぎ通読いたしました時、私はすぐ御返事を書こうと思ったばかりでなく、その中の多くの点について反駁しようと思ったのでした。しかし後でお手紙を再読三読するにつれて私には反駁の材料が少なくなってまいりました。そしてそれを読み出す前の期待が大きかっただけにそれを読んだ後の満足も大きいものでした。今幾つかの難点の解決をお願いする前に私はまず次のことを知っていただかねばなりません。

私は哲学する際常に準拠する二つの根本規則を持っております。第一の規則は私の知性の明瞭判然たる概念であり、第二の規則は啓示された神の言葉即ち神の意志であります。第一の規則に従って私は真理の愛好者たろうと努め、しかしその両規則に従って私はキリスト教徒的哲学者たろうと力めております。そして熟慮の結果私の自然的認識がこの神の言葉と矛盾し或いはそれと十分一致し得ないように見えます場合には、神の言葉の方に大きな権威を認めるのでありまして、私は自分に明瞭に思える諸〻の概念をまず疑ってかかり、これを聖書の中に規定されている――と私の信ずる――真理の上においたりそれと対立させたりすることはいたさぬようにしております。それは当然なことでありましょう。なぜと申すに私はかの言葉が神の言葉であることを固く信ずる者であります。換言すれば、かの言葉は私が理解し得るよりいっそう多くの完全性を含む最高最完全な神から来ています。そしてこの神は彼自身についてまた彼の活動について、私が私の有限な知性で今日理解し得るよりもいっそう多くの完全性を啓示しようとしたのかも知れません。私は「今日理解し得る」と申します。それは私は私の行為によってより大なる完全性を失っておるかもしれず、従ってまた私が私自身の行為のゆえに失ったその完全性をもし持っていたとしたら、私はかの言葉の中で我々に説かれ教えられているすべてが私の精神の最も健全な諸概念と一致することを理解し得たかもしれないからです。実際私は絶えざる誤謬によってよりよき状態を失っていないかどうかわかったものでありませんし、また貴下が「デカルトの哲学原理」第一部定理十五で述べておられるように、我々の認識は最も明白な場合でもなお不完全なものなのですから、私はたとえ理性的根拠のない場合でもかの言葉の方を信ずる気になります。これは単にその言葉は最完全な存在者から来ているのだ(このことを今は既証の事実と見做します、それを改めて証明することはここには適当しませんし又あまり長くなりますから)、従って私はそれを信ぜねばならぬのだ、という理由にもとづいてなのです。ところで貴下のお手紙を私の第一の規則のみを標準として判断し、第二の規則は恰かも私がそれを持たなかったかのように、或いはそれが存在しなかったかのようにこれを除外視しますれば私は極めて多くのことを容認せねばならぬし、また事実容認するのでありまして、貴下の明晰な御理論を讃美しないわけにはまいりません。しかし第二の規則は私を貴下と全く異なった見解へ強います。私は一個の書簡の枠におさまる範囲内で、貴下の御理論を第一並びに第二の規則の規準にもとづいて少し詳しく検討してみることにします。

まず初め私は第一に立てた規則に従って貴下にこうお尋ねしたのでした。貴下の御主張によれば創造と維持とは同一物であり、そして神は事物だけでなく事物の運動、事物のあり方をもその状態に固執させるのですから、換言すれば神はそうしたものに協力するのですから、これからして何らの悪が存在しないかそれとも神自身が悪を為すか、そのどちらかであるという結論になるではないかというのです。この際私はどんな物も神の意志に反しては生じ得ない(そうでなければ神は不完全性を含むことになります)という規則に、語を換えて申せば、神がなす事柄(そうした事柄の中には我々が悪と名づけるような物も明らかに含まれています)も時に悪でなければならぬという規則の上にもとづいているのです。しかしこの結論は矛盾を含み、そして私はどんなに考えて見てもこの矛盾から脱することが出来ませんので、私は、御自分の思想の最善の解釈者たるべき貴下にお頼りしたのです。貴下はそのお答えにおいて貴下の始めからの見解を固く執られ、何物も神の意志に反して生ぜずまた生じ得ないとされましたが、神はそれなら時に悪をもなすのでないかという問題にお答えになるに当っては、「罪は積極的な或る物でない」と言い、また「神に対して罪を犯すということは本来的意味では言われ得ない」と付加されました。また「デカルトの哲学原理」の「付録」の第一部第六章ではこう言っておられます「絶対的な悪は存在しない。これはそれ自体で明白である。[2] なぜなら存在するいっさいは他物と関連せずにそれ自身で見られる限り完全性を含み、そしてこの完全性は各物にあって常にその物の本質自身の及ぶ範囲まで及ぶ。これからして不完全性以外の何物をも示さないところの罪は凡そ何らかの本質を表現する物の中には存し得ないということが明白に帰結される」と。もし罪、悪、誤謬、その他いろいろな名前で呼ばれるそうしたものがより完全な状態の喪失或いは欠如に他ならないとすれば、存在すること自身は何ら悪でも不完全でもないにしても、存在する物の中に或る悪が起り得るということは認めねばならぬと思います。なぜというに、或る完全な者は同じく完全な行為によってより完全な状態を喪失したり欠如したりするということはなく、それがそうなるのは我々が我々に与えられた力を誤用して或る不完全なものになることによるのです。貴下はこう言われるもののようです「それは悪ではなく単により少い善と名付けらるべきだ。というのは事物はそれ自体で見れば完全性を含んでいるのである。また事物には神の知性と神の力がこれに割当て且つ実際に与えている以上の本質が帰属しない。そしてこのゆえに事物はその受けた本質に相当するよりも多くの存在をその行為において示すことが出来ないのだ」と。しかし私が私の本質に含まれているよりも多いまた少い活動をなし得ないとすれば、より完全な状態の欠如ということは考えられません。というのはもし何物も神の意志に反して起らずまた物の本質の中に含まれているだけのことしか起らないとすればどのような風にして悪が――貴下がよりよき状態の欠如と名づけられるその悪が存在し得るでしょうか。いかにして人は、そのように決定された依存的な行為によってより完全な状態を失うことができるでしょうか。そこで貴下は二者の内の一つを認めなければならぬと私は信じます、即ち悪なるものが存在するか或いは悪が存在しないとすればよりよき状態の欠如ということもあり得ないのでないか、そのどちらかです。悪が存在しないということとよりよき状態の欠如ということとは私には矛盾に思われるのです。

しかし貴下は言われるでしょう、我々はより完全な状態の欠如によってより少い善には陥るが絶対的な悪には陥らない、と。だが貴下は言葉について争ってはならないと私どもに教えられました（「付録」第一部第三章）。ですからそれが絶対的な悪と呼ばれるか否かを私はここに論争はしません。ただより善き状態からより悪しき状態に陥ることが我々においてより悪しき状態或いは悪しき状態と呼ばれないか、また当然そう呼ばるべきでないかということです。しかし貴下は反駁されるでしょう。この悪しき状態にはなお多くの善が含まれている、と。私はこれに対して問うのです。自己の無思慮な行為のためにより完全な状態を失い、従って以前にあったよりも劣った有様にある人間、そうした人間は悪と呼ばれ得ないかどうか、と。

しかし先の推論は貴下の目にもなお若干の難点が残るらしいので貴下はこれを避けようとしてこう主張されます、「なるほど悪は存在し、またアダムの中にも存在した。しかしそれは積極的な或る物ではない。それはただ我々の知性に関連してそう呼ばれるだけであって、神の知性に関してはそうでない。そしてそれは我々に関連しては(即ち我々がそれによって我々の本性に属し且つ我々の能力内にあるところの最善の自由を我々自身から失う限りでは)欠如であるが神に関連しては否定である」と。しかし貴下が悪と名づけるものは、もし我々に関連してのみ悪なのなら実際は何ら悪でないものかどうか、また貴下の意味において解された悪は、神に関連しては単に否定とのみ呼ばれねばならぬものかどうか、我々は一つこの点を検討して見ようと思います。

第一の点に対しては私は先に或る程度私の考えを申したと思います。即ち私が他の物に比べてより少く完全である場合、私は創造者からより善き状態を要求することが出来ないのであるしまたそれは私の状態を他と階段的に異なるものにするというだけのことにすぎないのであるから、それは私において別に悪を構成し得ないのだ、ということは私も認めます。しかし私が今以前にあったよりも不完全になり、そしてその不完全性を私自身の過失によってひき起したとするなら、私はそれだけ悪くなっているということを認めなくてはならぬと思います。つまり私が不完全に陥る前の私自身を観察し、その私を私より多くの完全性を有する他の人々と比較するなら、そのより少い完全性は何ら悪でなく、ただより低い段階の善であります。しかし完全な状態から逸脱した後での私、しかもその完全な状態を私自身の無思慮によって失った後での私を、創造者の手からより大なる完全性において出て来た私の最初の姿と比較するなら、私は前よりもより悪くなっていると判断せざるを得ません。そうしたのは創造者ではなくて私自身なのです。私の力は貴下自身もお認めのように私を誤謬から守るのに十分だったのですから。

第二の点に関して申しましょう。それは、悪——貴下の御見解によればアダムのみならず我々すべてが軽卒不法の行為によって失ったより善き状態の欠如にあるとされるその悪——そうした悪が神に関連しては純然たる否定にすぎないかどうかという問題です。しかしこれを合理的に検討するためには、貴下が誤謬前の人間をどのように解しどんな風に神に依存させておられるか、また誤謬後の同じ人間をどう解しておられるかを見なければなりません。

貴下の定義によれば、誤謬前には人間には神の知性と力が彼に割り当てまた実際に与えた以上の本質は属しないのです。つまり（私が貴下の御意見を誤解しない限り）人間は神から与えられた本質に相当するよりも多いまた少い完全性を持つことが出来ないのです。しかしこれは人間を諸々の元素や石や植物と同じような風に神に依存させることになります。もしこれが貴下の御意見でしたら、私は「原理」第一部定理十五に書かれてあるお言葉、「しかし意志は自己を決定することが自由であるから我々は同意能力を知性の限界内に保ち、従ってまた我々が誤謬に陥ることのないようにする力を有するわけである」というお言葉の意味がわからなくなります。意志は全く自由であって自らを誤謬から守り得るとなし、同時にまたそれは神に全く依存し神から受けた本質に相当するよりも多いまた少い完全性を示し得ないとするのは矛盾でないでしょうか。

他の点、即ち誤謬後の人間を貴下がどう見ておられるかについて申せば、貴下は人間が軽卒な行為によって、即ち意志を知性の限界内に保たないことによってより完全な状態を欠如するに至っていると言っています。しかし貴下はお手紙のこの個所で、また「原理」の中で、この欠如の両極を、即ち人間は欠如の前に何を所有していたかまたこの完全な状態の喪失(貴下のお言葉によれば)の後に何をなお保持しているかをもっと詳細に説明すべきだったと思います。なるほど我々が何を失ったかについては述べられていますが、我々がなお何を保持しているかについては述べられていません。「原理」第一部定理十五にはこうあります、「誤謬のすべての不完全性は単に最善の自由の欠如にのみ存する。この欠如が誤謬と呼ばれる」と。我々はこれを貴下が解された意味において吟味して見ましょう。貴下は我々の中には異なった思惟様式があってその一を意志様式と名づけ、他の一を認識様式と名づけると主張しているばかりでなく、さらにまたそれらの間には一定の秩序があり、我々は物を明瞭に認識しない間はその物を意志してはならないと主張しておられます。それからもし我々が意志を知性の限界内に保つなら我々は決して誤謬に陥らないであろうこと、最後にまた意志を知性の限界内に保つことが我々の力の内にあることを主張しておられます。

私がこれらのことを真剣に考慮するとき次の二つのうちの一つのみが真でなければなりません。即ちここに述べられていることは単なる空想であるかそれとも神が我々にこの秩序を印刻したかどちらかです。しかし神が我々にその秩序を印刻したとすれば、神がそれを何等目的なしにしたとか、我々がその秩序を遵守することを神が要求しないとかいうのは不合理ではないでしょうか。それは神の中に矛盾を置くことになります。そしてもし我々が我々に規定された秩序を守らねばならぬとするなら、我々はどうして神にそのように依存しかつ依存し続けるということがあり得ましょうか。というのは、もし神にそのように依存していて何人も自分の受けた本質に相当するよりも多いまたより少い完全性を示すことが出来ないとすれば、そしてもしこの力は結果から知られねばならぬとすれば、自己の意志を知性の限界を越えて伸ばす者は神からそれだけ多くの力を受けていないのです(受けていたとしたら彼はそれを結果にも現わしたでしょう)。従って誤る者は誤らない完全性を神から受けなかったのです(もし受けたとしたら彼は決して誤らなかったでしょう)。貴下の主張によれば各人は完全性を示しているに相当するだけの本質を与えられているのですから。

第二に、神が我々にこの秩序を守り得るだけ多くの本質を与えたとすれば(貴下の主張によれば我々はそれを守り得るのです)、そして我々が我々の受けた本質に相当するだけ多くの完全性を示すとすれば、我々がその秩序を踏み越えるということがどうして起るでしょうか。我々がそれを踏み越え得て意志を必ずしも知性の限界内に保たないということがどうして起るでしょうか。

第三に、もし私が貴下の主張されるような風に神に依存していて、私は神が私に初からそれに十分なだけの本質を与えたのでない限り、或いは神が初から彼の意志によってどちらかに決定したのでない限り、意志を知性の限界内に保つことも限界外に伸ばすことも出来ないのだとしたら、意志の自由を行使する余地がどこにあり得ましょうか。神が我々の意志を我々の知性の限界内に保つように命令を与えそれでいて我々にそれを守り得るだけ多くの本質乃至完全性を与えないというのは神の中に矛盾を置くものではないでしょうか。また神が我々に貴下の御主張のようにそれだけ多くの完全性を与えたとすれば、我々は決して誤り得ないことが確かです。我々は本質を持つに相当するだけ多くの完全性を現わさねばならず、そしてその与えられた力を常に我々の行いの中に示さねばなりませんから。しかし我々の誤謬は、我々が貴下の主張されるような神へ依存するそうした種類の力を持っていない証処です。そこで次の二つの中の一つが真でなければなりません。即ち我々はそのような風に神に依存しないか、それとも我々は誤りを防ぐ能力を我々の中に持たないかどちらかです。ですから我々はそのような風に神に依存してはいないのです。しかるに我々は、貴下の御主張によれば誤りを防ぐ能力を有していないのです。

以上述べたことから悪即ちより善き状態の欠如が神に関連しては単なる否定であるということはあり得ないことが明瞭になると思います。一体より善き状態を欠如する或いは喪失するとは何を意味するでしょうか。それはより大なる完全性からより小なる完全性へ、従ってより大なる本質からより小なる本質へ移行する、即ち神によって完全性と本質の或る一定段階に限定されるという意味ではありませんか。それはつまり、我々は神がそれについての完全な認識を持たずにはいかなる他の状態へも達し得ない、他の状態に達するには神が別なように決定し意志しなくてはならぬ、というのと同じではありませんか。全知にして完全なる神から造られた或る物、神がそれを或る本質状態に保つことを欲したその或る物、否神がそれをそうした本質に止らせるように絶えずそれと協力しているその或る物、そうした或る物が神がそれについて認識することなしに本質において下降する、即ち完全性において減少するということが可能でありましょうか。私にはそこに矛盾が含まれているように思われます。まったく、アダムがより完全なる状態を喪失し、従って彼は神が彼の精神の中に立てた秩序を守る能力が無くなり、しかも神がその喪失や不完全性について、即ちアダムがどの程度に又どれだけ多くの完全性を喪失したかについて何ら認識を

持たない、というのは矛盾ではありませんか。神が或る物を全然自分に依存するように創り、そ

れが或る一定の行為しかなし得ないようにしていて、その物がそうした行為によりより完全な状

態を喪失した場合(神がそのことの絶対的原因であることは今は言わないとしても)、神がそのこ

とについて何ら認識を持たないというのは理解出来ることでしょうか。

私も行為と行為の中にある悪との間に区別のあることは認めます。しかし「悪は神に関連して

は否定である」ということが私には理解ゆかないのです。神がこの行為を知り、これを決定し、

これに協力し、しかもその行為の中にある悪やその行為の結果を知らぬというのは神の場合不可

能なように思われます。ここに神が私と私の妻との同衾行為に協力すると考えてみましょう。実

際この行為は積極的な或るものであり、従って神はそれについて明瞭な認識を有します。しかし

私がこの行為を濫用し、私の貞節の誓いに反して他の女と関係するや否やその行為は悪を伴いま

す。この際神に関連して否定だというのは何にあるでありましょう。それは私がその同衾行為を

なすということにはありません。それは積極的なものである限り神はそれに協力しているのです。

従ってその行為に伴う悪は、私が私自身の誓約或いは神の命令に反して私の許されない女と関係

するという点にのみあります。しかし神が我々の行為を知り、我々の行為に協力し、しかも我々

が誰とこの行為をなすかを知らないというのは理解出来ることでしょうか。ことに神は私が関係

した女の行為にも協力しているのですから。そうしたことを神について考えるのは困難に思われ

ます。次に殺人行為について考えてみましょう。それがある積極的な行為である限り神はそれに

協力します。しかし貴下によればその行為の結果について、即ち或る物の滅失或いは神の一創造

物の破壊について神は知らないのです、まるで神は自己自身の行為を知らないかのように!（私

はここで貴下の御意見を正しく解していないのではないかと恐れます。貴下の御思想はもともと極めて俊鋭なものであり、貴下がそうした粗雑な誤りを犯しそうには思えません)。しかし貴下は多分これに対してこう言われるでしょう。私がここにあげたような行為は全くの善であって何らの悪をも伴わない、と。しかしそれでは私は貴下が悪と名付けている物、より完全な状態の欠如を結果するその悪なるものが何であるかを理解することが出来ません。その上それでは全世界は永遠の絶えざる混乱に置かれることになり、我々人間は動物と同じことになるでしょう。一体そうした意見がどんな利益を世の中にもたらすか一つ考えてごらんなさい。

貴下は人間に関する世間一般の解釈を排斥し、各々の人間に対し神が実際に彼に行うべく与えただけ多くの完全性のみを帰しておいでです。しかしそれでは背神者はその行為を以って敬神者と同じく善く神に仕えていると見なければなりません。彼等は共に彼等に与えられ且つ彼らが彼らの行いの中に示しているもの以上の善い行いを為し得ないからです。私には貴下の第二のお答がこの問題を十分解決しているとは思われません。貴下はこう言われます、「物は完全性を多く有すればそれだけ多く神性に関与し、またそれだけ多く神の完全性を表現する。ところで敬神者は背神者と比較にならぬほど多くの完全性を有するから、彼らの徳は背神者たちの徳と比較されることが出来ない。なぜなら背神者たちは造り主の手中にある一つの道具にすぎぬ。しかも意識せずにこれに奉仕し且つ奉仕することによって消耗してゆくところの道具に過ぎぬ。これに反して敬神者たちは意識して奉仕し且つ奉仕することによって一層完全になってゆく」。しかしそれ以上多くのことをなし得ないということはどちらの場合にもあてはまるのです。或る者が他の者よりいっそう多くの完全性を現せば現すだけその者は他の者よりそれだけ多くの本質を受けているのですから。それだから背神者たちは彼らのわずかの完全性を以て敬神者たちと同じく善く神に仕えることになりはしませんか。貴下の御主張によれば、神は背神者からより多くのことを要求しません、もし要求するとすれば神は彼らにもっと多くの本質を与えていたでしょう。実際神は彼らにその行いに現れているよりも多くの本質を与えなかったのですから神は彼らからより多くのことを要求するわけがありません。そして各人が自己のやり方で神の欲するところをより多くもなくより少くもなくなすのだとしたら、より少くはなすがやはり神から要求されるだけのことはなしている者は、敬神者たちと同様に善く神を喜ばせることになるのではないでしょうか。

その上、貴下は我々が我々の無思慮のゆえに我々の行為に伴う悪によってより完全な状態を失うと主張されているように、貴下はまたここでも我々は我々の意志を知性の限界内に保つことによって現にあるがままの完全な状態を保つばかりでなく、さらにまた神への奉仕によっていっそう完全になると主張されているようです。これは私には矛盾を含んでいるように思われます。もし我々が全然神に依存し、我々が受けた本質に相当する以上の乃至以下の、即ち神が欲した以上の乃至以下の完全性を現わし得ないのなら、我々が無思慮によってより悪くなったり分別によってより善くなったりするというのは矛盾ではありませんか。むしろ私の見るところでは次のようにならざるを得ません。もし人間が貴下の規定するようなものでありますなら、背神者たちは彼らの行為を以て敬神者がその行為を以てすると同じように善く神に仕えることになり、このようにして我々は恰かも諸元素、草木、石等と同様な工合に神に依存させられることになる、と。そうであるとしたら我々の知性は何の役に立つでしょうか。我々の意志を我々の知性の限界内に保つ能力は何の意味を持つでしょうか。あの秩序は何のために我々に印刻されるのでしょうか。

さらにまた一方において、我々は貴下のお説により自分から何を失うことになるかを考えてごらんなさい。我々は神の完全性の規範と神から印刻された秩序とに従って自己完成のためにやっているあるゆる敬虔で真剣な心づかいを失うことになります。我々にしばしば非常な慰めをもたらしてくれた祈りと神への歎願とを失うことになります。我々は全宗教を、また祈りと宗教から期待するあらゆる希望あらゆる平安を失うことになります。

思うに、神が悪について何の認識も持たないとすれば、神が悪を罰するということはなおさらありそうもないことになります。その場合私には(私が審判者の宣告を逃れることとさえ出来るなら)あらゆる種類の非行を思う存分行わない何の理由が残りましょう。なぜ私はいとうべき手段によって富を求めてならないでしょうか。なぜ私は自分のしたいことを手当り次第肉のいざなうままになしてはならないでしょうか。貴下は言われるでしょう、それは我々は徳を徳自身のゆえに愛せねばならぬからだ、と。しかしどうして私は徳を愛し得ましょう。私にはそれほど多くの本質と完全性が与えられていないのです。そしてもし私が正しい行いをしてもしなくても同じだけの満足を得られるとしたら、なぜ私は自分に無理をしてまで私の意志を知性の限界内に保たねばならぬでしょうか。なぜ私は私の欲望の誘う行為をしてはならないでしょうか。なぜ自分の邪魔になるような人間を私かに殺してならないでしょうか。このようにして我々はすべての背神者と背神的行為にどんな機会を提供することになるかをお考え下さい。我々は我々自身を棒切れと同じようなものにし、また我々のあらゆる行為を時計の動きと異ならないものにしてしまいます。

これまで述べたことからして、我々が神に対して罪を犯すということは本来的意味では言われないというのはとても承認しかねるように思われます。なぜならその場合、意志を知性の限界内に保つ力が我々に与えられていること、その力を踏み越えるとこの秩序に対して罪を犯すことになるということは一体何を意味するでしょうか。貴下は恐らく言われるでしょう。それは神に対する罪ではなくて我々自身に対する罪だ、と。というのは我々が本来的意味で神に対して罪を犯すと言われ得るものなら何らかのことが神の意志に反して起り得るということも言われねばならず、しかしこれは貴下の御意見によれば不可能であり、従ってまた罪というものも不可能なことになるからです。しかしそれはとにかく、次の二つの中の一つは真でなければなりません。神がそれを欲するかそれともそれを欲しないかです。もし神がそれを欲するならどうしてそれが我々に関連しても悪であり得ましょう。またもし神がそれを欲しないならそれは貴下の御意見に従えば起るはずはないのです。たとえこの結論が貴下の御意見では或る矛盾を含むといたしましても、そのゆえにさきに挙げた諸〻の不条理を容認することは私には非常に危険に思われます。我々が十分熟考すればこれらの矛盾をどうにか調和する手段を見出すことが出来るとは誰が言い得ましょう。

これで私は私の最初の根本規則の標準による貴下のお手紙の検討を終えます。しかし二番目の規則による検討に移る前、ここで貴下のお手紙の中のこの思想に関する二つの事柄について述べたいと思います。その二つとも貴下が「原理」第一部定理十五の中で書いておられることです。

第一は「我々は、意志し判断する力を知性の限界内に保ち得る」という主張です。私はこれに対してというのはもしそれが本当だとしたら無数に多くの人々の間にはそうした力を有することを実際に示し得る人が一人位はあるはずです。しかし、人はどんなに努力してみてもこの目標に到達出来ないことを、自らの経験から明瞭に見出すでしょう。これについて疑う人があるならその人は自分自身を検討してみるとよいです。そして彼の正しい認識にもかかわらずどんなにしばしば彼の感情が彼の理性の上に君臨したかということ、たとえ彼が最大の力を尽す場合でもそうであることを知るでしょう。しかし貴下は言われるかもしれません。我々がそれをしないのは、我々に不可能なためではなくて我々が十分努力しないからだ、と。私は再び答えます。もしそれが可能なら、数千人のうち一人ぐらいはそうした人が見つかるはずです。しかし誤謬に陥らなかったことを誇り得る人は、すべての人間の中に一人も存在しなかったしまた存在していないのです。そしてこのことについて我々は事実以上に確実な証明を示し得るでしょうか。もし数人でもあったら証明はなされ得るでしょう。しかし一人もいないのだから何の証明もあり得ないのです。しかし貴下は反駁してこう言い得るでしょう、判断を抑制し意志を知性の限界内に保つことによって一度でも誤らないようにすることが可能なら、どうして同じ努力を以てこの結果を常に来たし得ることが出来ないだろうか、と。私は答えます、我々は今日それを常に続け得るだけ多くの力を有するとは思われません。私は私の力を尽す場合、一度位は一時間に二マイル歩くことが出来ます[3]。しかしそれをいつでもやることは出来ません。同様に私は一度位は努力によって誤謬を避けることが出来ます。しかし常にそれをなし得るだけ多くの力は持っていないのです。私の確信するところによればかの完全な創造者の手から出て来た時の最初の人間はこの力を有していました。しかし(この点で私は貴下の御意見と一致します)彼はこの力を十分利用せず、或いはむしろ濫用して自己の完全な状態を失い、以前はなし得たことをなし得なくなったのでした。私はこれをいろいろな論拠で証明することが出来ますが、あまり長くなりますから割愛しましょう。とにかく聖書の根幹はこの点に存すると私は思います。ですから我々は聖書を尊重しなければなりません。聖書は、我々の自然的知性によって極めて明瞭に確証されるところのこと、即ち我々の最初の完全性からの堕落は我々の無思慮のために到来し結果したのだということを我々に教えてくれるからです。そんなら、我々にとってこの堕落を出来得るだけ改善することと以上に必要なことがありましょうか。そしてまた堕落した人間を再び神にまで立ちもどらせるというのが聖書の唯一目的なのです。

第二の件は「原理」第一部定理十五にある「物を明瞭判然と理解することは人間の本性に矛盾する」(4)という御主張に関するものでありまして、貴下は最後にこれからこう結論しておられます、「たとえ混乱した事柄でも、それに同意して自由を行使することが常に無関心であることより、即ち最低段階の自由に止まるより遥かに善い」と。この結論は私には十分はっきりしないので賛成することは出来ません。なぜというに、判断の抑制は我々を我々が創造者から造られた状態に保たせることですが、混乱して理解したことがらに同意するのは理解しない事柄に同意することであり、こうすることによって我々は容易に偽を真として同意することになります。そしてもし(デカルト氏が我々にどこかで教えているように(5))我々が同意に際して我々の知性と意志の間に神の立てた秩序を、即ち我々は明瞭に理解することのみに同意すべきであるという秩序を守らないならば、たとえ我々が偶然に真理につき当ったとしても、我々はやはり誤り或いは罪を犯しているのです。我々は神から命ぜられた秩序によって真理に達しているのではありませんから。従って、同意の抑制ということは我々を神から置かれた状態に保ち置くのであり、これに反して混乱した同意は我々を我々があるよりも、より悪い条件に置くものです。それは誤謬に基礎を与え、我々に結局我々の完全な状態を失わせることになります。しかし、貴下はこう言われるのです、たとえ混乱した事柄でもこれに同意することによって我々をより完全ならしめることの方が、同意しないことによって我々を常に完全性と自由の最低段階に止め置くより善くはないか、と。私はそれを否定し、そして我々がそれによって善くならず却って悪くなることを或る程度説明しましたが、その上さらにまた、神が自らの決定した諸〻の事柄の認識を、彼が我々に与えた認識の限界より遠くに置くということは不可能でもあり矛盾でもあると思われます。それでは神が我々の誤謬の絶対原因であることになるではありませんか。そしてこのことは何も「神は我々に与えたよりもっと多く与うべきだったと我々が神に対して非難することは出来ない。神は何らそうする義務はなかったのだ」ということと両立しなくはありません。神が我々に与えたよりも多く与える義務がなかったというのは確かですが、最高完全な神ともある以上、神は彼によって創られた我々人間が貴下の御主張から生ずるような矛盾を含まないようにしているはずです。いったい自然広しといえども我々の知性の中以外のどこにも認識なるものは存しません。我々にこの知性が与えられたのは神の御業《みわざ》を観想し認識するため以外の何の目的からでありましょうか。そしてこれからして認識さるべき事柄と我々の知性との間に一致がなければならぬということ以上明瞭に何が帰結されるでしょうか。

さて、貴下のお手紙を私の第二の根本規則の標準に従って検討しますなら、我々は第一の規則でやった場合よりもいっそう多く意見の相違を見ねばならぬでしょう。貴下は聖書に対して私の信じているような絶対的真理性と神聖性を認めておられないように思われます(この点もし私の誤解でしたらおっしゃって下さい)。なるほど貴下は神が聖書に書かれてあることを予言者たちに啓示したということは信ずる、と言われます。しかし貴下によればそれは極めて不完全なやり方で啓示したのであり、もし事態が貴下の主張される通りだとしたら、それは神の中に矛盾を認めることになります。というのは、神が彼の言葉と意志を人々に啓示したとしたら、神はそれを彼らに一定の目的を以て且つ明瞭に啓示したことでしょう。ところで予言者たちがその受け取った言葉を一つの譬え話に作り上げたのなら、神はそれを欲したか或いは欲しなかったかそのどちらかに違いありません。もし、彼らが神の言葉を一つの譬え話に作り上げることを、即ち彼らが神の言葉の意味から離れることを神が欲したとしたら、神はこの誤謬の原因であり、そして神は自己に矛盾する或ることを欲したことになります。またもし神が譬え話を作り上げることを欲しなかったとしたら、予言者たちがそれを一つの譬え話に作り上げるということは不可能でありますす。その上、神が彼の言葉を予言者たちに与えたと認められる限り、神は予言者たちがそれを受け取るに当り誤らないような風に与えたと見るのが自然でありましょう。なぜなら、神は彼の言葉を与えるに際し一定の目的を持っていたはずですが、しかし神の目的が人間をそれによって誤謬に陥らせるようにするにあるわけはありません。そんなことは神にあっては矛盾でありますから。また、神の意志に反しては人間は誤ることが出来ません。それは貴下の御意見によれば不可能なのですから。これらすべてに加えて最完全者たる神は、自分の言葉を予言者たちに与えてこれを民衆に説明させるにあたり、その言葉を自分が欲したとは異なった意味に予言者たちにとられるようにしておくとは信じられません。実際もし神が予言者たちに彼の言葉を与えたと我々が言う場合、我々はそれと共に神が或る異常な仕方で予言者たちに現われ或いは予言者たちと語ったことを認めているのです。ところでもし予言者たちがこの与えられた言葉から一つの譬え話を作り上げたのなら、即ち予言者たちが神の欲したとは異なった意味を言葉に与えたのなら、神は彼等に確かにそう指令したのでありましょう。これで見るに、神が彼等に理解させるように欲したとは異なったことを予言者たちが理解し得たというのは予言者たちに関しては不可能であり、神に関しては矛盾であります。

神がその言葉を貴下が述べておられるような風に啓示したということについても、ほとんど貴下は証明しておられません。私が今指摘しているのは彼らに救いと破滅のみを啓示したとか、神はこれに達するための一定の手段を示したとか、救いと破滅はその示された手段の結果にほかならないとかいう貴言についてです。実際もし予言者たちが神の言葉をこの意味に受け取ったのだとしたら、彼らがこれにほかの意味を与えるどんな理由があったでしょうか。

貴下はまた貴下の御意見が予言者たちの意見の上に置かれねばならぬことを我々に説得し得る何らの証明をも与えておられません。もし貴下と異なった解釈をした場合神のその言葉は多くの不完全性と矛盾を含むことになるということがとりもなおさずその証明だと貴下が考えられるなら敢えて言いますが、それは貴下の単なる主張であって証明ではありません。そしてまた貴下と予言者たちの両解釈を吟味して見る場合、どちらがより多くの不完全性を含んでいるかを誰が知りましょう。最後に、かの最高完全な実有は民衆が何を理解し得るかをよく知っており、従ってまたそれを民衆に教えるための最善の手段が何であるかを十分心得ています。

貴下が出された第一の問題[6]の後の部分に関して申せば、貴下は神が実際にはその反対を裁決していながらなぜアダムに木の実を食うことを禁じたのかと自ら問い、そして貴下はこう答えています。アダムへの禁令は、その木の実を食べることが死を来たすことをアダムに啓示した点にのみ存したのであって、これは恰かも神が毒物は我々に死をもたらすものであるということを自然的知性を通して啓示しているのに異ならない、と。もし神がアダムに何かを禁じたということが確かだとすれば、私は貴下が述べておられる禁止の仕方を、神から啓示された予言者たちによって述べられている禁止の仕方より以上に信ぜねばならぬ何の理由があるでしょう。しかし貴下は言うでしょう、自分の述べている禁止の仕方はより自然的であり、従って真理に多く叶い、また神とより良く一致する、と。しかし私はそれらを一切認めることが出来ません。私はまた、毒物が死をもたらすものであることを神が我々に自然的知性を通して啓示したということも理解出来ません。また私は、毒物の悪い結果を他人について見たり聞いたりしなかったならば、或る物が有毒であることをどうして知り得るかも説明出来ません。実に多くの人々が毒物を知らないばかりにうっかりそれを食べて死ぬことを日常の経験は我々に教えています。貴下は言うでしょう。人々はそれが有毒であることを知るとしたらそれが悪であることをも知るであろう、と。しかし私は答えます、誰かがそれを用いることによって身に害を受けたことを見たり聞いたりしない限りは何人も毒物の知識を持たないしまた持ち得ない、と。そして我々は今日まで誰かがそれを用いることによって害を受けたことを聞いたり見たりしなかったとしたら、我々は今も毒物について知識を持たぬばかりでなく、さらに自ら何の恐れもなくそれを用いて自分の身に害を蒙っているでしょう。こうした事実は毎日我々の目撃しているところです。

およそ正しい知性にとって完全な神性の観想以上に大きな喜びを与えてくれるものがこの世にありましょうか。我々はこの場合、最も完全なものにたずさわるのですから、その中には我々の有限な知性の中に来り得る最も完全なものが含まれているはずです。私はこの世においてこの喜びと引き換えてもいいと思うような何物をも持ちません。この中にこそ私は天上的歓喜を以て長い間留まることが出来ます。もちろん同時に私は私の有限な知性にあまりに多くのものが欠けているのを見て心から悲しみます。しかしこの悲しみを私は私の抱いている希望で、私には生命よりも大事な希望で慰めています。私はこの世の後でも引きつづいて存在しこの神性を今日よりもっと完全な状態で観想し得るという希望で慰めているのです。

いつ死がやってくるかわからない短くあわただしいこの人生を想う時、もし私が自分に終りのあることや自分の生が終ればあの神聖ですばらしい観想を失うことを信じなければならないとしたら、私は自分の生が終ることについて何の認識を持たない他のあらゆる生き物に較べて最も惨めなものでありましょう。この場合私は死の前には死への恐れのゆえに不幸になり、また死の後では、全然何物でもなくなり従ってかの神聖な観想を失うゆえに不幸になるでしょう。しかるに貴下の御意見は、私をこうした立場へ導くように思われます。私がこの世の生を終えたなら永遠に生を終えるのだという結論に導くように思われます。これに反して神のかの言葉と意志とは、私がこの世の後には、より完全な状態になって最も完全な神性の観想を楽しみ得ることを私の魂に確信させて私を力づけてくれます。もしこの希望がいつか仇なものであることが判るようなことがあったとしても、少くも私が希望を抱く間それは私を幸福にしてくれます。この肉体に呼吸の通う限り、私が祈りと歎願と熱烈な願望を以て神に欲求しまた欲求するであろう唯一のこと(ああ私がこれを得るためにもっと多くをなし得ますならば!)は、神がどうかその神性を以て私に幸福を与え給い、この肉体が解消した後に私がなお精神的存在者として存続し、かの完全な神性の観想をつづけてゆけるということです。そしてこれさえ得られますなら、人々が地上で何を信じようと、人々が地上で相互に何を説得し合おうと、また自然的知性の上に築かれ自然的知性によって理解され得ることが何か存在しようとしまいと、それは私にはどうでもよいことです。神が私の魂の中にこの確実性を強化してくれますこと、これが、そしてこれのみが私の願望、私の欲求、私の絶えざる祈なのです。私がこれを獲得する時(ああこれが得られないとしたら私は世にも惨めな者です)私の魂は憧憬にみちてこう叫ぶでしょう、「鹿の谷水をしたい喘ぐ如く我が魂も汝を、汝生ける神をぞしたう。ああ我いずれの時にか汝の御前に出で汝を観ることを得ん」(7)。これをさえ得ることが出来れば私は私の魂の目的と欲求のいっさいをかち得ることになります。しかし貴下の御意見は私にこうした希望を抱かせてくれません。貴下の御意見によれば我々の奉仕は神を喜ばせるわけでないのです。しかしもし神が我々の奉仕と我々の讃美に何らの喜びをも感じない(神について人間的言葉で語ることが許されるとして)としたら、何のため神が我々を創り且つ維持しているのかも私にはわからなくなります。私がこれらの点に関し貴下の御意見を誤解しているとしたらどうか説明して下さい。

私としてもあまり長くなりましたし、貴下にも御迷惑と思います。時間と紙も尽きましたままにこれで筆を止めます。以上書きましたのが貴下のお手紙の中で私のなお解明して頂きたいことです。私は貴下の御意見に合致しないかもしれない結論をあちこちで貴下のお手紙から引き出したかと思います。しかしこれについてこそ私は貴下の御説明をお聞きしたいのです。

私は最近神の若干属性の研究に携わっております。これにつき貴下の「付録」が私に少からず役立ってくれました。事実私は貴下の御意見を敷衍したまでです。貴下のは単に証明を与えただけであるように私には思われますので。それにつけても私は、L・マイエルが序文の中で言っていることが不思議でなりません。その序文によれば、これは貴下の本当の御意見ではなく、貴下はデカルトの哲学を教えることを約束した貴下の一弟子にそのように教えざるを得なかったのであって、貴下は神並びに精神についてことに意志について全然異なった意見を持っておられるというのです。その上この序文の中には貴下がこの「形而上学的思想」を近く増補して出版されるだろうことが書かれてあります。この二つの記述に対して私は大きな期待を持っております。それは私に或る特別な希望を抱かせてくれます。しかし人を面と向って賞めそやすのは私の流儀ではありません。

私は貴下がお手紙で言って下さったところに従い、また真理をもっとよく知りたいために、以上を真正な友情の念を以て書きました。思わずもあまり長くなりましたことをお許し下さい。もしこれに御返事が頂けますならどんなに貴下を御恩に着ることでしょう。貴下が幼い頃から親しみなれたお言葉(8)で書かれるということに関しては私は異議を申しません。それが少くもラテン語かフランス語でありますならば。しかし私はやはり御返事をこの同じ言葉〔オランダ語〕で頂戴したいと思います。今度の貴下の御意見はこの言葉で書かれてあったためよく理解出来ました。ラテン語ではたぶんそう明瞭に理解は出来ぬでしょう。このお願いを叶えて下さればどんなに有りがたいでしょう。

貴下の最も忠実な下僕　ウィルレム・ファン・ブレイエンベルフ

ドルドレヒト、一六六五年一月十六日

貴下が「神に於ける否定」ということを本来どう解されるかを御返事の中でもっと詳しく教えて下さるよう御願いいたします。

〔表書〕スヒーダム郊外　ランゲ・ボーハールトにて

ベネディクトゥス・デ・スピノザ様

書簡二十一(1)　スピノザからブレイエンベルフへ

前書簡への返事

敬愛する友よ、

貴下の最初のお手紙を拝見した時、我々の意見は大体一致していると思いました。しかし今月二十一日着の二番目のお手紙を拝見して、なかなかそうではないことを覚りました。そして我々は根本的原理から引き出される遠い結論についてだけでなく、根本的原理そのものについても考えの異なることがわかりました。それで私は、我々が文通によって相互に裨益し得るとはほとんど信じられなくなりました。実際どんな証明も——たとえ証明の諸法則に照して最も確実なものであっても——それが貴下なり貴下の知合の神学者たちなりが聖書に与えている説明と一致しない限りは、貴下に通用しないことが明らかになったからです。

尤も貴下が、神は自然的知性の光明——神が我々にも等しく与え且つ絶えず彼の神的叡智を以て確固且つ完全に保っていてくれるところの——を通してよりも聖書を通していっそう明瞭にいっそう有効に語っているとお認めになるなら、貴下は知性を、貴下が聖書に帰している意見の前に屈従させる十分の理由をお持ちです。そうした前提に立ったら、私自身といえどもそうせざるを得ないでしょう。だが私に関して申せば、私は聖書の研究に数年携って来たとはいえ、聖書について明白な認識を有しないことを卒直に腹蔵なく告白いたします。一方また私が物事に関し一たび確固たる証明を得た場合は、その証明について疑いを抱かせられるような思いに陥ることのないことを知っております。このため私は知性が私に示すところのものに全く安住し、私がその点において誤っていまいかとか、聖書がそれと矛盾しはしまいかとかいう疑惑を持つことはありません。これは私が聖書を十分究めていなくてもそう言えるのです。なぜなら、すでに以前私の「付録」の中で明瞭に示した通り(この田舎にあの本を持って来てませんのでどの章でだったかははっきり申せませんが)[2]、真理は真理と矛盾することがないからです。そして仮に自然的知性から得た教えが真でないことがいつかわかるようなことがあったとしても、その教えが私を幸福にしてくれることに変りはないでしょう[3]。私は現にその教えに満足し、私の生を悲しみや歎きの中にでなく平安、喜び、快活の中に送ることにつとめ、それによって段々と向上して行くからです。とにかく私はいっさいが最高完全な実有の力とその絶対不変な決裁によって生起していることを認識しています。そしてこれが私に最高の満足と精神の平和をもたらしてくれるのです。

貴下のお手紙にもどりましょう。貴下が折よく貴下の哲学する方法を打ち明けてくれたことに対し心から感謝します。しかし貴下が私の手紙から引き出そうと欲しているすべての事柄を実際に私の意見としていることに対してはお礼申し上げるわけにゆきません。貴下は人間が動物と同様だとか、人間は動物と同じ工合に死滅するとか、我々の行為は神を喜ばせないとか等々の意見を私の意見としていますが、それはいったい私の手紙のどこにもとづいて言っているのでしょうか(この最後の点で我々の意見は完全に相違するようです。自分の目的を達した人間が物事が自分の希望通りになっているゆえに喜ぶように神は我々の行為を喜ぶものと貴下が考えているとしか私には思われませんから)。私に関して申せば、私は敬神者が神に奉仕すること、そしてその絶えざる奉仕によって神への愛に関しいっそう完全になることを極めて明瞭に主張しています。これが、彼らを動物と同じようにするとか、彼らを動物のように死滅させるとか、彼らの行為は神を喜ばせないとか主張することになるでしょうか。

貴下が私の手紙をもっと注意して読んで下さったとしたら、我々の意見の相違が次の一点に存することを明白に知られたでしょう。即ち敬神者が得ている完全性は、神としての神によって、つまり何ら人間的属性を帰せられることのない絶対的な神によって彼らに与えられたのか(これは私の見解)、それとも審判者としての神によって与えられたのか(これは貴下の見解)という点です。貴下は貴下のこの見解の上に立って背神者を弁護し、背神者もそのなし得るすべてを神の決裁に従ってなすのだから敬神者と同等に神に奉仕するのだと言っているのです。だが私の見解からはそうした結論は決して出て来ません。私は神を審判者として認めていず、従って私は行為の性質によって評価し、その行為をなす人間の能力如何によって評価しはしないのです。そして私の考えでは行為に伴う報酬は恰かも三角形の本性からその三つの角の和が二直角に等しいことが生ずると同じ必然性を以てその行為から生ずるのです。このことは我々の最高の福祉が神への愛に存し、またこの愛は神への認識——これこそ我々にとって最もたいせつなものです——から必然的に生ずることを念頭に置きさえするなら誰にも理解出来ることです。このことは私が「付録」の中で説明したような風(4)に神の決裁の本性を考えさえすれば一般的仕方で極めて容易に証明されるのです。しかしおよそ神の本性と人間の本性を混同するような人はとてもこれを理解し得ぬことを私は認めます。

私はこの手紙をここで終りにするつもりでした。ただ冗談と笑いにだけ役立って何人をも益するところのない事柄(これは貴下のお手紙の終りにわざわざ付した追記からも明瞭です)についてこれ以上貴下を悩ましてもいたし方がありませんから。しかし貴下のお願いに全然お答えしないのもどうかと思いますので、これから否定(negatio)と欠如(privatio)なる概念を説明しまた私の前の手紙の意味をもっとはっきりさせるのに必要なことを簡単に述べてみましょう。

まず私は言います、欠如とは欠如をもたらす行動ではなくて只単に或ることがらが欠けている状態であり、これはそれ自体では無なのです。即ち欠如とは我々が物を相互に比較する時に形成する理性の有或いは思惟の様態にすぎないのです。例えば我々は、盲目者を目して彼は視力を欠如していると言います。これは我々がとかく彼を視る者として表象するからです。この表象は、彼を目の見える他の人と比較することから、或いは彼の現在の状態をまだ目の見えた彼の過去の状態と比較することから起ります。そして我々がこの人間をこのようなふうにして考察する時、即ち彼の本性を他の人々の本性と比較するか或いは彼の過去の本性と比較して考察する時、視力が彼の本性に属すると考え、そしてそのため我々は彼が視力を欠如していると言うのです。しかし神の決裁とその決裁の本性を考察する時、その人間が視力を欠如していると言い得ないのは石が視力を欠如していると言い得ないのと同様です。なぜならその時期にはその人間には石に視力が属していないと同様の当然さで視力が属していないのですから。つまり、その人間には神の知性と意志に依って賦与された以上の何物も属せず又それ以上の何物も彼のものでないのです。ですから神は石が見えないことの原因でないと同じようにその人間が見えないことの原因ではないのです。この場合、見えないということは単なる否定にすぎないのです。我々が快楽の欲望に導かれる人間の本性を眼中に置き、且つ彼の現在の欲望と敬神者たちの有する欲望とを、或いはその人間が別な時期に有した欲望とを比較する時にも同じことがあてはまります。即ち我々にはそうした場合その人間がより善き欲望を欠如していると主張するのです。これは我々がその人間にその時期にも徳への欲望が属していると判断するからです。しかし神の知性の本性を眼中に置くならばそうしたことは出来なくなります。なぜなら神の本性に関連しては、このより善き欲望は、その時期に於てこの人間の本性に属しないこと恰かもそれが悪魔の本性や石の本性に属しないのと同様だからです。従って、神の本性に関連しては、より善き欲望は欠如〔喪失〕ではなくて否定〔不存在〕なのです。これから見て結局欠如とは或る物の本性に属すると我々の判断することをその物について否定することにほかならないし、否定とは或る物の本性に属しないところのことをその物について否定することにほかならぬのです。このことからして、地上的事物に対するアダムの欲望がなぜ我々の知性に関連してのみ悪であって、神の知性に関連してはそうでないのかが明らかになります。即ち神がアダムの以前の状態及び現在の状態を知っていたとしても、神はそのゆえにアダムが以前の状態を欠如したとは考えないでしょう、換言すればアダムの以前の状態がアダムの〔現在の〕本性に属するとは考えないでしょう。考えるとすれば神は自己の意志に反することを、換言すれば自己自身の知性に反することを考えることになります。

このことを貴下が正しく理解し同時にまたデカルトが精神に帰しているような自由を私は認めていない（これはL・マイエルが序文の中で私の名前において証言しています）ことを理解したならば、貴下は私の言葉の中に少しの矛盾も発見しないでしょう。尤も私は私の最初の手紙において、貴下にデカルトの言葉を以てお答えした方がかえってよかったかもしれぬと気付き出しました。即ちデカルトによれば、我々は我々の自由並びに我々の自由から生ずるいっさいが神の摂理及び自由といかにして調和するかを知ることが出来ない（これは私が「〈デカルトの哲学原理への〉付録」の中[5]のあちこちで述べたところです）、つまり我々は神がいかにして事物を創造したかまた（同じことだが）いかにしてそれを維持するかを理解し得ない、従って我々は神の創造と我々の自由が矛盾すると言い切ることはできない、とそういう風に説明した方がかえってよかったかもしれません。しかし貴下はあの序文を読んだものと私は思いました。そしてもし私が自分の本当の信念通りにお答えしなかったとしたら私は貴下に心から申し出た友情の義務に背くことになるだろうと考えたのでした。だがこれはあまり大したことではありません。

　しかし、私の見るところ貴下はこれまでデカルトの見解を十分よく理解しておられないようですからどうか次の二点に注意して下さい。

　第一に、私もデカルトも我々の意志を知性の限界内に抑制することが我々の本性に属するとは決して言っていないのです。言っているのはただ神が我々に限定された知性と限定されざる意志を与えたこと、しかし我々は神がいかなる目的のために我々を創造したか知らないこと、さらにそうした限定されざる意志乃至完全な意志は我々をより完全にするばかりでなく、さらにまたそれは私が以下で示すように、我々にとって極めて必要なものだということだけです。

　第二に、我々の自由は何らかの任意《コンティンゲンチア》または何らかの無差別《インディフェレンチア》には存せず、むしろ肯定し否定する様式に存するということ、従って我々が物を非無差別的《ミスス・インディフェレンテル》に〔必然的に〕肯定し否定するにつれて我々はそれだけ多く自由なのだということです。例えば神の本性が我々に認識されたとするなら、神が存在するという肯定は恰かも三角形の本性からその三角の和が二直角に等しいということが生ずると同じ必然性を以て我々の本性から生ずるのであり、しかも我々は物をそのような仕方で肯定する時に最も自由であるのです。だがこの必然性は、私が「〈デカルトの原理への〉付録」[6]の中で明瞭に示した通り神の決裁以外の何物でもないから、これからして我々は物を神の決裁に従って必然的になしていながらもいかにしてなおかつ我々はそれを自由になし且つそれの原因であるかを或る程度理解することが出来ます。敢えて言いますが、我々は明瞭判然と知覚する事柄を肯定する時に或る程度このことを理解し得るのです。しかし我々が明瞭判然と把握しない事柄を主張する場合、換言すれば我々が意志をして知性の限界外へさまよい出ることを許す場合、我々はこの必然性と神の決裁をそのようには理解することが出来ず、ただ常に我々の意志の中に含まれる我々の自由のみを理解し得るのです(この点に関連してのみ我々の行為は善或いは悪と呼ばれます)。そして我々がこの場合我々の自由を神の決裁及び絶えざる創造と調和させようと努力するなら、我々は我々の明瞭判然と理解するものを我々の理解しないものと混同し、このようにして我々の努力は徒労になります。ですから我々にとっては我々が自由であること、また我々は神の決裁にもかかわらず自由であり得ること、また各〻の行為は我々の自由に関連してのみ悪と呼ばれ得るのだから我々は悪の原因であること、これらのことを知るだけで十分なのです。以上はデカルトに関してですが、彼の見解がこの方面では何等の矛盾を含まないことはこれで明らかになります。

さて今度は私に関することに移り、まず私の見解から来る効益について簡単に述べましょう。それは主として次の点にあります。即ちこの見解の下に我々の知性はあらゆる迷信を離れて神に心身を委ねることになるのです。私はまた祈りも我々にとって極めて有用であることを否定はしません。なぜなら我々の知性は、神が人間を神への愛へ換言すれば福祉へ導くために有するすべての手段を認識するにはあまりに小さいからであります。こう見てくれれば私の見解が有害であるなどということは全くないのであり、反対にそれは何らの先入見や小児的迷信に捉われない人々にとっては福祉の最高段階に達するための唯一の手段なのであります。

ところで、人間を神にそのように依存させるのは人間を諸〻の元素や草木や石と同じからしめるものではないかと貴下が言っているのは、貴下が私の意見をまるで取り違えて解し、また知性に関することを表象力に関することと混同している十分な証拠です。というのは、もし貴下が神に依存するとは何を意味するかを純粋な知性で理解したなら、貴下は確かに、物は神に依存する限り生命を失ったり物質的であったり不完全であったりすると考えはしなかったでしょう(誰がかつて最高完全な実有についてそのように卑俗な語り方を敢えてしたでしょう?)。反対に貴下は、物は正に神に依存するゆえに、また神に依存する限り、完全であることを認識したでしょう。このようなわけでもし我々が棒切れや草木をでなく最も知性に恵まれた最も完全な被造物を観察の対象とするなら、この依存性及び必然的行動は神の決裁の結果として最もよく理解されるのです。これは私が前にデカルトの見解に関して第二番目に述べたことから明瞭に出てくるところであります。貴下はこの点よく注意すべきだったのです。

なおまた、貴下の次のような言い分が私には不思議でなりません。貴下は言います。もし神が罪を罰しなかったとしたら(換言すれば神が審判者として罪をその罪自身から直接出てくる罰以外の罰で罰しなかったら、という意味です、今我々の問題はこの点にのみあるのですから)、我々があらゆる非行を意のままに行わないどんな理由があるであろうか、と。しかし罪を罰への恐れのゆえにのみ避ける者（貴下がそうでないことを私は希望します）は決して愛にもとづいて行動しているのでなく、また全然徳を有しない者であります。私に関して申せば、私が不正な行いをなさずまたなさぬように努めるのは、それが私固有の本性とまともに矛盾し、私を神への愛と認識から離れさせるからです。

なおもし貴下が人間の本性について多少でも熟考し、また神の決裁の本性を私が「付録」の中で説明した(7)ように理解し、その上さらに人は何らかの結論に達する前にどんな風に推理をすすめねばならぬかを知ったとしたら、貴下は、この見解が我々を棒切れと同じからしめるなどという無思慮なことは言わなかったでしょうし、また貴下の空想から出たあんなに多くの不条理なことを私に帰することはしなかったでしょう。

貴下は貴下の第二の規則に進む前に、貴下のよく納得がゆかないという二つの事柄を挙げました。そのうち私はまず第一の点にお答えしますが、貴下の引用した結論に到達するためにはデカルトの説明で十分なのです。即ち貴下は貴下自身の本性を眼中に置きさえすれば、貴下の判断を抑制し得ることを自ら経験するでしょう。だがもし「我々がこれを常になし得るだけ多くの力を現在有していることを我々は自ら経験しない」と貴下が言うとしたら、これはデカルトにとって(8)は「我々が存在する限り、我々が常に思惟する物であるだろうこと或いは常に思惟する物の本性を保持するだろうことを我々は現在知ることが出来ない」と言うのと同じであって明らかに矛盾を含んでいます。

第二の点に対しては私はデカルトと共にこう言います。もし我々の意志を我々の極めて制限された知性の限界を超えて延ばすことが出来ないとしたら我々は甚だ惨めなものになり、一片のパンを食うことも一歩前へ進むこともまたは立ち止まっていることも我々の力の中にないことになりましょう。すべてのことは不確実で危険に満ちているのですから。

さて貴下の第二の規則に移り、私はこう言明します。なるほど私は貴下が聖書の中に見出しているような種類の真理を聖書に認め得るとは思いません。それでも私は聖書に対し他の人々と同じ位多くの——より多くのとは言えないにしても——権威を認めていると信じます。しかしそれと同時に、他の人々よりは聖書に小児的な或いは不条理な見解を入れないように極力用心しています。これをなし得るには哲学の何たるかをよく理解するか、或いは神の啓示を受けるかすることを必要とします。こんな次第で、世の普通の神学者たちが聖書について与えている諸種の説明は私にほとんど感銘を与えません。ことに彼らが聖書を常に文字と外面的意味に従って解するような類の人間である時にはなおさらです。(9) しかも私は、ソチニ派(10)の或る人々を除いては、聖書が極めてしばしば神を人間風に語っていることや、その言おうとするところを譬え話で表現していることを覚らないほど鈍感な神学者にまだ出合ったことがありません。貴下が明らかにしようと虚《むな》しく(少くも私にはそう思われます)つとめている矛盾に関して言えば、貴下は譬え話ということを普通一般とは全然異なった風に解しているようです。というのは、自己の思想を譬え話で表現する者は自己の見解から離れるということを誰がかつて聞いたでしょうか。ミカヤ(11)がアハブ王に、「神がその位に座していて天の万軍がその右に左に立っているのを見た」こと、そして「神は彼らの誰がアハブを欺こうとしているのかと彼らに問うた」ことを物語った時、それは確かに譬え話であり、この譬え話によって予言者ミカヤは彼がその機会(それは崇高な神学上の教理を説くような機会ではありませんでした)に神の名において告げねばならなかった要件を十分表現したのであり、従って彼は決して彼の見解から離れなどはしなかったのです。同様にして他の予言者たちも神の言葉を神の命令にもとづき、こうした仕方で人々に告げました。これは神がこうした手段を用いるように要求したわけではないが、彼らにはそれが人々を聖書の主要目的(それはキリスト自身の言葉によれば神を何物にもまして愛し、また隣人を自分自身のように愛することに存します)[12]へ導くための最上の手段であると思えたからです。崇高な思索は私の信ずるところでは聖書の中には全然出て来ません。少くも私は神の永遠なる諸属性の一つをも聖書から学びはしなかったし、また学ぶことが出来ませんでした。

第五の議論[13](即ち予言者たちは神の言葉を私が言ったような仕方で示したということ)について言えば、真理に二通りはないから[14]、このことはただ現に残っている聖書が啓示された神の真の言葉であるということを証明することによってのみ証明されます(このことは証明の方法がどんなものであるかを理解している人なら誰でも承認するでしょう)。しかしこのことを数学的に確実に証明することは、神の啓示によることなしには出来ません。だから私は「神が予言者たちに啓示したいっさいが云々であるということを信ずる」とは言ったが[15]、「数学的確実性を以て知っている」とは言いませんでした。私は予言者たちが神の信任厚い相談役でありその忠実な伝達者であったことを固く信じはするが、数学的に確実には知らないからです。以上により私の主張の中には全然何らの矛盾がありませんが、しかし反対の主張の中には矛盾が少からず発見されるのです。

貴下のお手紙のその他の部分、即ち「最後にかの最高完全な実有は民衆が何を理解し得るかを知っていた」[16]と貴下が言ってる個所、つづいて毒物の例に対しての貴下の駁論、最後に「付録」に関すること及びその以下に書かれてあることは、私の見解によればここに取り扱われている問題とは何らかかわりがありません。L・マイエルの序文に関して言えば、あの序文の中には意志の自由についての確実な証明を与えるためにはデカルトが何をもっと証明せねばならなかったかということも確かに示されているし、さらに私が反対意見であること、またいかなる工合に反対意見であるかも付言されています。私はこの私の意見をたぶん適当な折に示すでしょうが、今はその気にはなっておりません。

デカルトに関するあの著作がオランダ語訳で出版された以後は、[17]私はあの著作について考えもしないし配慮もしておりません。[18]これには理由がなくはないのですが、ここでそれに立ち入ると長くなりますからやめましょう。従って私に言うべく残るのはただ私が云々

〔スヒーダム、一六六五年一月二十八日〕

書簡二十二[1]　ブレイエンベルフからスピノザへ

前書簡への返事

敬愛する友よ、

一月二十八日付のお手紙はとどこおりなく到着したのですが、私は勉強以外のいろいろな用務のために、もっと早く御返事いたすことが出来ないでおりました。お手紙は至るところかなり手きびしいお叱りの言葉が入り交っていましたので、私はそれをどう判断したらよいか見当がつかないくらいでした。一月五日付の最初のお手紙では、貴下は、はっきりした態度で心からの友情

を披瀝され、それと共に、私のあの時の手紙ばかりでなく以後に差し上げる手紙も喜んで受け取って下さることを確言されました。いや貴下は私に、まだ何らかの駁論があるならば遠慮なく申し出るようにと、親しく勧告されました。それで私は、私の十六日付の手紙の中で、やや詳しく駁論を書いてあげたのです。これに対して私は、貴下の御勧告とお約束に鑑み、御示教に満ちた親切なお答えを期待していました。ところが反対に、あまり友情の感ぜられない御返事をいただいたのです。その中で貴下は、証明がどんなに明瞭なものであっても私には通用しないとか、私がデカルトの見解を理解していないとか、私は精神的な事柄をよく物体的な事柄と混同しているとか言われ、結局我々は書簡の往復によって相互にもはや得るところはないだろうと言っておられます。

これに対して私は、心からなる友情の念を以てこうお答えします。貴下が上述のような事柄を私よりも深く理解されていること、また貴下が物体的な事柄を精神的な事柄から区別することにいっそう多く慣れていられることを私は確かに信じます。貴下は、私がまだ初心者である形而上学において既に高い段階に達しておられる方でありますから。そしてだからこそ私は貴下に礼をつくして御示教を受けようとしたのです。だが私は、遠慮のない反駁によって、貴下に立腹の動機をお与えしようとは決して考えませんでした。私は貴下が二通のお手紙、特に第二のお手紙を書くために払われた御労苦に対して心底から御礼申し上げます。この第二のお手紙から私は、貴下の御意見を、第一の御手紙からよりももっと明瞭に理解しました。しかし私はその中に依然として残っていると思われるいろいろの難点を取り除いて頂かない限り、それにもまだ御同意申すことは出来ません。そしてこのことは、貴下に不快の理由をお与えしないでしょうし、またお与えするはずもありません。というのは、我々が或る真理に対し、必要なだけの同意理由を持たないのに同意するとしたら、それは我々の知性の大なる欠陥を示すものではありませんか。たとえ貴下の御思想が真であったとしても、私にまだ不明瞭感や疑惑の念を与える理由がある限り、私はそれに同意しないでよいのです。これは私の疑念が、貴下の叙述からではなくて、私の知性の不完全さから来るものであっても、やはりそうなのです。そして貴下はそのことを、十二分に御承知なのですから、私が再び若干の反駁をいたすとしましても、それを悪くおとり下さってはなりません。私は、事態を明瞭に理解し得ない間は、そうしないわけにはゆかないのです。私がこれをするのは、真理を求めるためでありまして、貴下の御見解を貴下の御意向に反して曲解しようとしてではありません。ですからどうか、次のわずかの問いに対して、快よい御返事をお聞かせ下さい。

貴下はお言いです、「いかなる物も、神の意志と力によって定められかつ実際に与えられた以上の本質を有しない。そして我々が、快楽への欲望に導かれる一人の人間の本性を眼中に置き、その上彼の現在の欲望を敬神者たちの欲望或いは彼自身が別の時期に有した欲望と比較する時、我々はその人間がより善き欲望を欠如していると言う。これは我々が、その場合、徳への欲望は彼に属するものと判断するからである。そうしたことは、我々が神の決意や知性の本性を眼中に置くならば、もはや出来なくなる。なぜなら、神に関連しては、より善き欲望が、その時期においてこの人間の本性に属しないこと恰かもそれが悪魔の本性や石の本性に属しないのと同様だからである……。というのは、神がアダムの以前の状態及び現在の状態を知っていたとしても、神はそのゆえにアダムが彼の以前の状態を欠如したとは考えないであろう。換言すれば、アダムの以前の状態がアダムの現在の本性に属するとは考えないであろう云々」。これらのお言葉からして、私には明らかに次のような帰結になるように思われます(もし違っていたら教えて下さい)。即ち、貴下の御見解によれば或る物の本質にはその物が考えられている瞬間にその物が有しているもの以外の何ものも属しないのです。換言すれば、もし私が快楽への欲望を有するなら、この欲望はその時期には私の本質に属し、また私が快楽への欲望を有しないなら、その「欲望しないこと」が私がそれを欲望していない時期には私の本質に属するのです。従ってまたこれから、次のことが確実に出て来ねばなりません。即ち私は、神に関連しては、私が快楽への欲望を有する時にも快楽への欲望を有しない時と同様に、また私があらゆる邪悪をなす時にも私が徳や正義を行う時と同様に、私の行為の中に完全性(只程度において異なるだけの)を含有しているのです。思うに私の本質には、その時期においては、私が行うだけ多くのことしか属していません。貴下の御主張によれば、私は私が実際に本質を受けたに相当するより多くのことも少くのこともなし得ないのですから。即ち快楽や邪悪への欲望は私がそれを行う時期には私の本質に属しているのであり、また私はその時期には神の力からそれだけの本質を受けそれより多くの本質を受けていないのですから。従って神の力は私からそうした行いのみを要求していることになります。だから貴下の御主張からは、神は徳と名づけられる行為を欲すると同一の仕方で邪悪を欲するということが明瞭に帰結されるように思われます。さて神が神として——審判者としてでなく——敬神者にも背神者にもそうした本質を、即ち神が彼らにそうさせようと思うだけ多くの本質のみを与えているということが容認されるなら、神が背神者の行為を敬神者の行為と同じように欲しないどんな理由があるでしょうか。神は各人に対し、その行為をなすに適合する素質を与えているのであるから、確かに神は、より多く与えた人々からより多く要求すると同じ割合で、より少く与えた人々からはより少く要求するということになるではありませんか。この結果神は、自分自身に関連しては、我々の行為におけるより大なる完全性をもより小なる完全性をも同じように要求することになります。即ち快楽への欲望と徳への欲望とを同一の仕方で要求することになります。従って、邪悪を行う人は、必然的にその邪悪を行わざるを得ないのです。彼の本質にはその時期にはそれ以外のものが属しないのですから。これは恰かも、徳を行う人は徳を行うことがその時期に彼の本質に属することを神が欲したればこそ徳を行うのであると同様です。だから私は、神が邪悪を徳と同一の仕方で欲することを改めて認めずにはおられません。しかし、神がこの両方を欲する限り、神はその両方の原因であり、またその限り両方とも同じく神にとって喜ばしいものでなければなりません。だがこれを神について考えるのは私には困難です。

私は貴下が「敬神者は神に奉仕する」と言っておられるのを知ってはいます。しかし、私が貴書から理解し得ることは、神に奉仕するとは神が我々になさせたいと思う行為を我々が行うことに外ならないということだけです。ところが貴下はこうしたことを背神者や淫楽者にも認めています。そんなら、神に関連して、敬神者の奉仕と背神者の奉仕とにどんな違いがあるのでしょうか。貴下はまた言います。敬神者は神に奉仕し、そして奉仕することによって絶えずより完全になる、と。しかし私は貴下が「より完全になる」ということをどう解しておいでか理解出来ません。「絶えずより完全になる」ということが何を意味するかも理解出来ません。なぜなら背神者も敬神者も共に彼らの本質を、また彼らの本質の維持乃至その絶えざる創造を神から——審判者としての神でなく神としての神から——受けており、そして彼らは共に神の意志を神の決意に従って同一の仕方で遂行しているのではありませんか。そうとしたら、両者の本質の間に、神に関連してどんな相違があり得るでしょう。「絶えずより完全になる」ということは彼らの行為から来るのではなく、神の意志から来るのです。従ってもし背神者が彼らの行為によってより不完全になるとすれば、それは彼らの行為から来るのではなく、神の意志から来るのであり、そして彼らは共に神の意志を遂行しているにすぎないのです。だからこの両者には、神に関連しては、何らの区別もあり得ないのです。そんなら一はその行為によって絶えずより完全になり、他はその奉仕にも拘わらず滅びてゆくという理由がどこにあるでしょう。

しかし、貴下は、敬神者の行為と背神者の行為との相違を、前者の行為は後者の行為より多くの完全性を含んでいるという点に置かれているように見えます。私の確信するところでは、この点に私の側か貴下の側に誤りが潜んでいるのです。というのは、私は貴書の中に物の完全性の大小を定める標準としてただその物の有する実在性の大小という標準しか見出すことが出来ません。もしこれが完全性の標準だとすれば、邪悪は神の意志に関連しては敬神者の行為と同じく神に喜ばしいことになります。背神者の行為も敬神者の行為も共に神の決裁から発生するのである以上、神は神として、換言すれば自己自身に関連して、この両方を同一の仕方で欲するということになるからです。もしこれが完全性の唯一の標準だとするなら、誤謬なるものは非本来的意味においてだけ誤謬と呼ばれるのであって、実際には何らの誤謬も何らの邪悪もないことになります。いっさいは神から与えられたこのそうした本質をのみ抱懐し、そしてこの本質はそれがたとえどんなものであっても、常に完全性を含んでいるということになります。私はこうしたことを明瞭に理解し得ぬことを告白しないわけにはまいりません。そこで私は貴下にお尋ねしますが、人を殺すことは慈善をするのと同じように神に気に入ることなのですか。また盗みをすることは、神に関連しては、正義であることと同様によいことなのですか。もし貴下が否とされるならそれはどんな理由からですか。またもし然りとされるなら、貴下の徳と名付けられる行為を他のことより多くなすように私を動かすべきどんな理由が存するでしょうか。どんな法則、どんな規則が私に一のことを他のことより多く禁ずるのでしょうか。それは徳自らの法則だと貴下が言われるなら、確かに私は貴下の言っておられることの中に、徳を規定し徳を認識するための標準となる何らの法則をも発見しないことを告白せざるを得ません。いっさいは極めて緊密に神の意志に依存し、従って一のことは他のことと同様に有徳的なのですから。また私は、貴下が徳とか徳の法則とかいうことをどう解しておいでかわからないので、人は徳への愛から行動せねばならぬという貴下の御主張をも理解することが出来ません。なるほど貴下は、悪徳や邪悪が貴下固有の本性に矛盾しまた貴下を神への認識と愛とから離れさすからこれをやらないと言っておられます。しかし私は貴下のこの生活様式を正当化する何らかの規則、何らかの証明を貴書のどこにも見出しません。失礼を省みず申しますなら、貴書からはむしろそれと反対のことが帰結されるように思われます。貴下は、私が悪徳と名づける行いを、それが貴下固有の本性に矛盾するから避けるのであって、それが自らの中に悪徳を含んでいるから避けるのではありません。貴下がそれを避けるのは、人が自分の本性に合わない食物を食べることを避けるのと同じ次第です。確かに、悪が自分の本性に合わないためにのみ悪を避ける人は己れの徳について多くを誇るわけにはまいりません。

さてここにまた次のような問題が出されます。もし快楽や邪悪の追求が自己固有の本性に矛盾せず却って調和するような人間があるとしたら、善をなし悪を避けるようにその人を動かし得る理由があるでしょうか。快楽への欲望がその時期においてその人の本質に属し、彼はそれを実際に神から受け、それを避けることが出来ないというのであればその人がそうした欲望を避けることはどうして可能でしょうか。

私はまた、私の邪悪と名付ける行為が、貴下を神への認識と愛からそれさせるという前記の結論をも、貴書から引き出すことが出来ません。なぜなら貴下は、神が欲したことをなしたまでであって、貴下はそれより多くをなすことが出来なかったのです。即ち貴下の本質には、その時期にはそれより多くのことが神の力と意志に依って与えられてはいなかったのです。このように決定されこのように依存した行為が、どうして貴下を神への愛から離れ迷わすということがあり得ましょう。離れ迷うということは混乱すること、依存しないことであり、そして神からそうなることは、貴下の御主張によれば、不可能なはずです。というのは、我々がこのことをしようと、かのことをしようと、またより大なる完全性を示そうと、より小なる完全性を示そうと、我々はそれをその時期において、我々の本質として神から直接受けているのではありませんか。かかる立場にあって我々は、どうして離れ迷うことが出来るでしょう。それとも私は、迷うということをどう解すべきかを理解していないのでしょうか。とにかくこの点に、そしてこの点にのみ私かそれとも貴下の誤解の原因がひそんでいるに違いありません。

私はここにまだ申したいこと、お尋ねしたいことがたくさんあります。第一に、知性を具えた実体は、生命のない事物と異なった仕方で神に依存するのでしょうか。というのは、知性を具えた実有は、生命のない事物より多くの本質性を含んでいるとはいえ、この両者はやはり共に彼等の一般的運動及び彼等の個的特殊的運動を維持するために神並びに神の決意を要するのであり、従ってまた彼らは、神に依存している限り、共に同一の仕方で依存しているのではありませんか、第二に、貴下はデカルトが人間の精神に認めた自由をお認めにならないのですが、知性を具えた実体の依存と精神を欠く実体の依存の間にどんな相違が存すると思われるのですか。また前者が意志の自由を持たないのなら、貴下は神へのその依存をいかなる風に解し、また精神はいかに神に依存しているのですか。第三に、我々の精神がこうした自由を有しないとすれば、我々の行為は本来神の行為であり、我々の意志は本来神の意志ではないですか。

このようにして私は、もっと多くの質問をいたすことが出来るのですが、そうたくさん貴下に御要求申しあげることは止めることにしましょう。私はただ、前に申した事どもにのみ早速御返事いただくことをお待ちいたしております。私はたぶんそれによって貴下の御意見をもっとはっきり理解が出来、そしてそうなれば、これらの問題について、そのうちもっと詳しく直接貴下と論議いたすことが出来るでしょう。こう申すのは、私は数週間後ライデンに参らねばなりませんので、御返事をいただいた上で貴下にお差支えないことがわかりましたら、旅の途中貴下に御挨拶いたしたいと思います。この希望を抱きつつ、私は心から貴下の御健康を祈り上げます。

貴下の忠実なる下僕　W・v・ブレイエンベルフ

ドルドレヒト、一六六五年二月十九日(2)

もし貴下が御返事を直接便で下さるのでしたら宛名はどうか大教会付近、穀物仲買人ウィルレム・ファン・ブレイエンベルフとして下さい。

あまり急ぎましたため次の質問を入れるのを忘れました。元来なら起るはずの事柄を、我々の用心によって起らないようにすることが出来ますかどうか。

書簡二十三[1]　スピノザからブレイエンベルフへ

前書簡への返事

敬愛する友よ、

今週貴下から二通のお手紙を受け取りました。その一通は三月九日付のもので、これは単に二月十九日付の他の一通(これはスヒーダムから送られて来ました)の発信を告げる目的で書かれたものでした。この二月十九日のお手紙の中で貴下は、私が先に「どんな証明も貴下には通用しない云々」と言ったのを不平に思っておいでのようです。貴下はこの言葉を私の論証に関連して取り、私の論証が貴下を直ちに承服させなかったため私がそう言ったものと解しておられるらしいですが、それは私の言おうとしたところとはまるで違います。私はむしろ、貴下自身のお言葉を念頭に置いていたのです。それはこういうのでした。「そして熟慮の結果、私の自然的認識が神の言葉と矛盾し或いはそれと十分一致し得ないように見えるような場合には、私は神の言葉の方に大きな権威を認めるのでありまして、私は私に明瞭と思える諸概念をまず疑ってかかり云々」。つまり私はただ、貴下のお言葉を簡単に繰り返したに過ぎません。ですからこれにより、少しでも貴下に御不満の原因を与えたとは信じません。ことに私は、我々の間の意見の相違がどんなに大きいかを示す証拠としてのみあのお言葉を挙げたのですから。

次に貴下は、貴下の第二書簡の終りに、貴下の唯一の願いが信仰と希望の中に留まることにあること、そして我々が我々の自然的知性に関して相互に啓発し合うことどもは貴下にとって重大な問題ではないことを書いていました。ですから私の手紙は貴下に何の益にもならぬわけであり、従って私は、そうした何の実も結ぶあてのない議論のために自分の仕事をなおざりにするのは賢明でないと考えるに至ったのでした(手紙をつづければ私の仕事は長い間中断せざるを得ません)。また今もそう考えています。このことは、私の最初の手紙と矛盾するものではありません。あの時には貴下を一個の純粋な哲学者と思ったのです。哲学者なら、真理に対し、自然的知性以外のどんな試金石をも有せず、神学を以て試金石とするようなことはないでしょう(このことは自らキリスト教徒と名のる人々の多くも認めるところです)。しかしこの点について、貴下は私に全然別個のことを明らかにしましたし、またそれと同時に、我々の友情をその上に築こうと思っていたその基礎が、私の信じたようには与えられていなかったことを貴下は明らかにしました。

またその他のことどもについて言えばそうしたことどもは論争の際には得てあり勝ちなことであって、これを以て礼譲の限界を越えるとはされません。ですから、貴下の第二のお手紙及び今回のお手紙の中にあるこの種の表現は、気づかなかったものとして看過しましょう。ここにはただ貴下の御不快の念についてだけ申しました。これは、私が貴下に何らそうした原因を与えなかったこと、ましてや私は人に反対されることに堪えない者ではないことをわかってもらうために書いたのでした。今は再び貴下の駁論にお答えすることに移りましょう。

私はまず第一にこう主張します、神は本質を有する一切物——それがどんなものであろうとも——の絶対的かつ実際的原因です。もし今貴下が悪、誤謬、犯罪等は本質を表現する或る物であることを証明し得るとしたら、私は神が犯罪、悪、誤謬等の原因であることを貴下に対し全く容認するでしょう。しかし私としては、悪、誤謬、犯罪の形相《フォルマ》を構成するものが、本質を表現する何らかのものの中には存しないこと、従って神はそうしたものの原因と言われ得ないことを十分に示したと思っております。例えば、ネロの母親殺しは、それが積極的な或るものを含んでいた限りにおいて犯罪ではありませんでした。なぜなら、オレステスも外見的には同じ行為をし、同じ母親殺しの意図を持ちましたが、しかしオレステスは少くともネロほどには非難を受けておりません。そんならネロの犯罪はどんな点に存するでしょうか。ほかでもありません、ネロがこの行為によって自らを忘恩、無慈悲、不幸の徒として示した点にのみあるのです。ところで、たしかにこれらのことは、どれも、何らかの本質を表現したものではありません。ですから神は、ネロの行為及び意図の原因だったとしても、そうしたことの原因ではなかったのです。

更にこの機会に注意したいのは、我々は哲学的に語る時には神学的表現を用いてはならないということです。というのは神学は神を通常――そしてそれも理由のないことではありませんが――一個の完全な人間として表現しておりますから、神学では神が或る事を欲求するとか、神が背神者の行為を嫌悪し敬神者の行為を喜ぶとか言っているのは許されるのです。しかし、哲学の領域においては――人間を完全ならしめる諸属性を神に帰することは象や驢馬を完全ならしめる諸属性を人間に帰しようとするのと同様に不当であることが明瞭に認識されている哲学の領域においては――これらの、またこれと類似の表現は全然適用の余地がなく、またこの領域ではそうした表現は我々の概念の大なる混乱を招くことなしには用いることが出来ないのです。だから、哲学的に語る場合には、神が或る人に何かを要求するとか、或ることが神に嫌悪され或いは喜ばれるとかいうようなことは言われ得ません。こうしたことは皆人間的属性であって、神にはあてはまらないのです。

最後に注意したいのは敬神者(換言すれば神の明瞭なる観念を有し、これに従って自己のいっさいの行為及び思想を律する人々)の行為と背神者たち(換言すれば神の観念を有せずにただ地上物の観念のみを有し、これに従って自己の行為及び思想を律する人々)の行為、及び最後におよそ存在する一切物の行為は、神の永遠なる法則と決裁から必然的に発生し絶えず神に依存するのであるとは言え、しかしそれらの行為は、単に程度においてばかりでなく、本質においても相違しているということです。二十日ねずみは天使と同様に神に依存し、また悲しみも喜びと同様に神に依存しているけれども、二十日ねずみは天使の一種ではあり得ず、また悲しみは喜びの一種ではあり得ません。これを以て私は、貴下の駁論に答えたと信じます(もし私が貴下の駁論を正しく理解したとしたらです。というのは、貴下が引き出している諸結論は、貴下が証明しようと企てている主題そのものと無関係ではないかという疑いを私は時折持つものですから)。

このことはしかし、貴下の提出した諸質問に対し上述の基礎的概念にもとづいてお答えするならいっそう明瞭になるでしょう。第一の質問は、人を殺すことが慈善をすることと同様に神に気に入るかどうかということです。第二は、盗みをすることが神に関連しては正義を行うことと同様に善であるかどうかということです。最後に第三に、快楽にふけり犯罪をなすことがその人固有の本性に矛盾せず却って調和するような人間があるとしたら、その人間には善をなし悪を避けるように説得さるべき理由が存在するかどうかということです。

第一の質問に対しては、私は(哲学的に語る限り)「神に気に入る」という言葉を貴下がどんな意味で言っているかを知らぬと答えます。もし貴下が、神は前者を憎み後者を愛するのでないのかどうか、前者は神に不快を与え後者は神に好感を与えるのではないかどうかと問うのなら、私は否と答えます。またもし質問が、人殺しをする人間と慈善を為す人間とは同じく善で完全であるかどうかというのであるとしたら、私は再び否と答えます。

　第二の質問に対してはこう言わねばなりません。もし「神に関連して善である」ということが正義者(justus)は神に何らかの善をなし盗者は何らかの悪をなすという意味だとしたら、私は正義者も盗者も神の中に喜びも嫌悪をももたらし得ないと答えます。しかしもし質問が、両方の行為は、それが何らかの実際的なもの、神から生ぜられたものである限り、同様に完全でないのかどうかというにあるとしたら、私はもし我々が単に行為自体をそうした観点において考える限り両方の行為は同様に完全であり得ると答えます。だがもし盗者と正義者は同様に完全で幸福であるかどうかと尋ねるのなら、私は否と答えます。というのは、私は正義者を「各人に対し各人のものを認めようとする恒常的願望を有する者」と解します。この願望は、私がわが倫理学《エチカ》(まだ出版されていませんが)の中で[2]証明している通り、敬神者にあっては、彼が自己自身と神とについて有する明瞭な認識から必然的に発生するのです。そしてこうした願望を盗者は持っていませんから、盗者は必然的に神及び自己自身の認識を、換言すれば我々を人間たらしめる所以の最も重要なものを欠いているのです。しかし貴下がさらに、何が徳と名づけるこの行為を他のことにましてなすように貴下を動かし得るかとお尋ねなら、私は神が貴下をこの行為に決定するのに有する無限に多くの手段のうちどの手段を用いるかは知ることが出来ないと答えます。だが例えば、神が貴下の心にはっきり神の観念を印刻し、その結果貴下は神への愛から世界を忘れ、他のすべての人々を自分自身を愛する如く愛するに至るというような場合もあり得るでしょう。そしてこうした精神状態は悪と呼ばれるほかのいっさいの精神状態と矛盾し、従ってそれは同一主体の中に共存し得ないこと明らかです。だがしかし、倫理学の根本的諸問題を説明しまた私の言うすべてを証明することはここには適当しません。私の現在の意図は、ただ貴下の質問にお答えしてその責任から離れることにのみあります。

最後に第三の問題に関して言えば、この問題は或る矛盾の上に立っております。そして私には次のような質問を受けたと同じ感じがします。「もし首を縊ることが或る人の本性によりよく調和するとしたら、その人にとって、首をくくらない理由があるかどうか」と。しかし、そんな本性の存在することが可能であると仮定したら、私は(私が意志の自由を認めると認めないとに拘わらず)こう主張します。食卓に就くよりも絞首台に立つことによってより善く生き得ることがわかってるような人なら、自ら首を縊らないのは甚だ愚かでしょうし、また徳を追求するよりも犯罪を遂行することによって実際により完全なより善い生活なり本質なりを享受し得ることがはっきりわかっているような人なら、犯罪をなさないのはやはり愚かでしょう、と。なぜなら、犯罪は、そうしたあべこべな人間本性にとっては、徳であるでしょうから。

貴下がお手紙の最後に付加した他の諸質問について言えば、我々はそんな風になら一時間に百も質問をすることが出来ましょうが、それではその一問の解決にも達することが出来ないでしょう。また貴下自身もその答弁を強いて要求しているわけでもないのです。ですから私はそれにはお答えしないでおきましょう。このたびはただ、私が貴下の申し出られた日頃に貴下をお待ちしていることをお伝えし、貴下のお出でが私にとって極めて喜ばしいことを申すだけに止めましょう。しかし、なるべく早いうちにお出で下さるよう願います。私は今に、一、二週間の予定でアムステルダムへ行ってくるつもりでいますから。では御機嫌よう。

貴下の忠実なる下僕　B・デ・スピノザ

フォールブルフ、一六六五年三月十三日

書簡二十四(1)　ブレイエンベルフからスピノザへ

前書簡への返事

敬愛する友よ、

貴下をお訪ね申しました折は、時間がなくてゆっくりお邪魔していることが出来ませんでした。その上私の記憶力は、当時のお話の内容全部を憶えているにはあまりに不十分なものでした。貴下からおいとまするとすぐ、私のお聞きしたことを頭に留めておこうとして私のすべての記憶力を集中してみましたが駄目でした。そこで私は、次の宿駅につくと一人で貴下の御見解を紙に書いて見ようとしました。しかし実際にはお話の内容の四分の一も憶えていないことがわかりました。それで私は貴下の御意見をはっきり理解しなかった点や、よく憶えていなかった点について、貴下にもう一度質問させて頂くことをお許し願わねばなりません。貴下のお骨折に対しては何かのお礼をしたいと思っております。質問の条項は次の通りです。

第一に、貴下の「原理」及び「形而上学的思想」を読みます際、貴下がデカルトの意見を祖述しておられる個所と、貴下自身の御意見を述べておられる個所とを、どのようにして区別することが出来るでしょうか。

第二に、誤謬なるものが本来存在するでしょうか。また存在するとすれば、それはどんな点にあるのでしょうか。

第三に、なぜ貴下は我々の意志が自由でないと主張されるのですか。

第四に、なぜ貴下は序文の中でマイエルにこう言わせておいでなのでしょうか、「著者は自然界に思惟する実体があることは認めるが、そうした実体が人間精神の本質を構成することは否定している。彼はむしろ、延長が限定されざるものであると同じように、思惟もまた限定されざるものであることを主張する。従って、人間身体が絶対的なものでなくて、むしろ単に、延長的な自然の法則に従い運動と静止によって一定の仕方で限定された延長であるように、人間精神もまた絶対的なものでなくて、むしろ単に思惟的な自然の法則に従い観念によって一定の仕方で限定された思惟であると彼は主張する。そしてこの思惟は、人間身体が存在し始めるや否や、必然的に存在するものであると結論する」と。これらの言葉から推せば、人間身体が無数の小さな物体から成っていると同じように、人間精神もまた無数の思惟から成っていることになるように思われます。また人間身体が破滅すればそれが合成されている無数の物体に還元し分解するように、我々の精神もまた、我々の身体を離れると、それが合成されている無数の思惟に分解することになるように思われます。また分解された我々の人間身体の諸部分がもも早や相互に結合しておらず、他の諸物体がその間に入りこむように、我々の精神が分解すると、それが合成されていた無数の思惟もも早や結合しておらず、離ればなれになるように思われます。そして、分解した我々の身体が依然物体ではあるがもはや人間身体でないように、我々の思惟的実体は、死によって全く解消し、思惟乃至思惟的実体は依然存在するとしても、その本質は、それが人間精神と呼ばれていた当時とは同一でなくなるように思われます。これから見て貴下は、人間の思惟的実体が物体的実体と同様に変化し解消することを、いや、さらにそれらの或るものは、貴下が(私の記憶にして誤りがなければ)背神者について主張されたと同様に、全然滅び去って何らの思惟を留めないようになることを主張しておられるかのように私には印象づけられます。マイエルの言によれば、デカルトは、精神が絶対に思惟する実体であることを単に仮定したに過ぎないとのことですが、貴下やマイエルだって大部分は単なる仮定にのみ立って論じているように思われます。このため私はこれらの点に関し、貴下の御意見をはっきり把握することが出来ないのです。

第五に、貴下はこないだの会談の中でも、また三月十三日付のお手紙の中でも、我々が神及び我々自身について有する明瞭な認識からして、各人に対し各人のものを認めようとする恒常的欲望が我々の中に生ずると主張しました。しかし、どのようにして神及び我々自身の認識が各人に各人のものを認めようとする恒常的欲望を我々に生じさせるかを説明することがまだ残っています。つまり、どのようにして神の認識が、徳を愛しまた我々の邪悪と名づける行為を避けるように我々を誘導し乃至強制するか、また人殺しが慈善をなすことと同様に多くの完全性、福祉、満足を含まないということはどこから出てくるか(貴下の御意見では、人殺しや盗みは、慈善をなすことと同様に積極的なものを包含するというのですから)を説明することです。尤も貴下は、三月十三日付のお手紙で言われたと同様に、この問題は倫理学に属し、それは倫理学の中で論ぜられていると言うかもしれません。しかし、この問題及び前述諸問題の解明のない限りは、貴下の御意見を明瞭に理解出来ないのですし、また私の調和し得ない多くの不条理が常に残るのですから、どうかこれについてもっと詳しくお答えして下さるよう折り入ってお願いします。とくに、貴下の倫理学の、そして何よりもこの問題の、基礎となっている貴下の主要な定義、要請、公理の若干を陳述し説明して下さるようお願いします。おそらく貴下は、その労苦を厭われて、これをお断りになるかもしれません。しかし私は、このたびだけは私の懇願を聞いて下さることを切にお願い申します。何しろこの最後の問題の解決なしには、貴下の真の御見解が決して理解出来ないのですから。私は貴下に何かの御礼をいたしたいと思っております。私は何も貴下のお答えに、一、二週間の期限をつけることはいたしません。ただ貴下がアムステルダムに出立される前に、これに対する御返事を下さることをお願いするのみであります。これを叶えて下されば誠に幸甚の至りです。では御機嫌よう。

貴下の忠実なる下僕　ウィルレム・ファン・ブレイエンベルフ

ドルドレヒト、一六六五年三月二十七日

〔表書〕フォールブルフ在住

ベネディクトゥス・デ・スピノザ様　委託便にて

書簡二十五(1)　オルデンブルクからスピノザへ

高名の士、敬愛する友よ、

貴下がお元気にお暮しのこと、そして貴下のオルデンブルクをお忘れになっていないことをセラリウス氏(2)の最近の手紙で知り、大変嬉しく思いました。しかし同時に私は、以前貴下と交していたあの楽しい文通を、実に長い間に亙って杜絶えさせていた私の運命(もしそうした言葉を用いることが許されますなら)をひどく恨まずにはおれませんでした。用務の集積と家庭上の大きな不幸とが(3)、その原因なのです。貴下に対する私の深い愛着と忠実な友情とは、常に確固たる足場の上に立っていて、ゆらぐことなく続くものなのですから。ボイル氏と私は、しばしば貴下について、また貴下の御学殖と深遠な御思想について語り合いました。私どもは、貴下の御才能の成果が世に出て、学者たちの用に供せられることをひたすら望んでおります。そしてまた貴下が、この点において我々の期待に副うて下さるであろうことを固く信じております。

ボイル氏の、硝石並びに物体の固定性と流動性に関する論文(4)が貴国で出版さるべき理由はありません。当地ではそれがもうラテン語で出ており、ただ機会がないため貴国にこれを発送することが出来ないでいるまでです。ですから、誰か印刷人が貴国でそうしたことを企だてることは許さないようにお願い(5)いたします。ボイルはまた色彩に関するすぐれた論文を英語とラテン語の両方で出版しました。同時に彼は、寒さと温度計に関する実験報告(6)をも出版しました。これらの中には多くの卓見と多くの新説が含まれております。ただ、この不幸な戦争(7)に妨げられて、これらの書を貴下へお送りすることが出来ません。さらにまた、〔ロバート・フックの〕顕微鏡による六十の観察に関する注目すべき一論文(8)も出ました。この中では多くのことが、大胆にしかし哲学的に(と言っても機械的諸原理によって)論ぜられています。我が国の書籍業者たちがこれらすべての書を貴国へ送り出す方法を見つけてくれるといいのですが。私は貴下が最近どんなお仕事をなされたか、また今何をなされつつあるかを貴下自身のお手で書いて頂くことを切に望んでいます。

貴下に最も忠実にして貴下を最も愛する　ハインリッヒ・オルデンブルク

ロンドン、一六六五年四月二十八日

書簡二十六[1]　スピノザからオルデンブルクへ

誠実なる友よ、

数日前、或る友人が、四月二十八日付の貴下のお手紙を、アムステルダムの一書籍商から手渡されたと言って渡してくれました。その書籍商は、それを、きっとセラリウス氏から受け取ったものと思います。私は貴下がお元気に暮しておられ、また私に対する貴下の御厚情が昔と変らないことを遂に貴下御自身からお聞きすることが出来まして大変嬉しく思いました。私としても、機会のあります度毎に、いつもセラリウス氏や、ゼールヘムの郷士クリスチャン・ホイヘンス氏[2]（彼も貴下とお識り合いなそうですね）に、貴下について、また貴下の御健康について尋ねていました。このホイヘンス氏から、私はまた、学識高きボイル氏が依然健在で色彩に関するあの有名な論文を英語で出版されたことを聞いていました。もし私が英語に通じているのでしたら、ホイヘンス氏は同書を私に貸してくれもしたでしょう。ですから、この論文が、寒さと温度計に関する他の論文（この論文のことは私には初耳でした）と共にラテン語に移植されて出版されたことを貴下からお聞きして喜ばしく思います。顕微鏡による観察に関する書もホイヘンス氏の許にありましたが、これは私の思い違いでなければ、英語で書かれたものでした。ホイヘンス氏は私に、これらの顕微鏡についていろいろ不思議なことを話してくれ、同時にまたイタリヤで製作された若干の望遠鏡についても話してくれました。(3) この望遠鏡によって人々は、木星の上にその衛星の介在によって生じた蝕を観察することが出来たと言いますし、また土星の上に環のため出来たと思われる一種の影をも認めることが出来たと言います。それにつけても私は、デカルトの性急さをいぶかしむ念に耐えません。彼は土星の側の諸遊星(というのは彼は土星の環を遊星と考えたのです。これは多分環が土星と接触しているのに気づかなかったためでしょう)の動かない原因は、土星が自転しないことにあるらしいと主張しました。(4) 実際この主張は彼の諸原理と殆ど調和しないのです。また彼は先入見に捉われていなかったとしたら、環の原因を彼の諸原理から極めて容易に説明し得たはずなのです……。

〔フォールブルフ、一六六五年五月〕

書簡二十七(1)　スピノザからブレイエンベルフへ

書簡二十四への返事

敬愛する友よ、

三月二十七日付のお手紙を受け取りました時、私は丁度アムステルダムへ出立しようとしているところでした。それで、帰宅の上御返事するつもりで、お手紙は半分読んだだけで家へ置いてゆきました。お手紙にはまた我々の最初の論争に関する問題が繰り返されているだけだろうと考えたからです。ところが、帰宅した後でそれを通読してみて、全く異なった内容であることがわかりました。お手紙の中で貴下はデカルトの「原理」の幾何学的証明の序文の中に私が書いてもらった事柄（私がこれを書いてもらったのは、単に私の見解を読者各位に告げるためであって、これを証明したり人々に説きつけたりするためではありませんでした）の証明を要求されたばかりでなく、倫理学の大部分の証明をも要求されました。しかし、倫理学は、一般に知られているように、形而上学と物理学の基礎の上に立たねばならぬものです。[2] ですから私は貴下の御質問に十分な答をあげるようにすることは出来ませんでした。むしろ私は、貴下の要求を放棄されるよう貴下に口頭で穏便にお願いする機会の来るのを望んでいました。そしてその機会に私はお断りの理由を述べ、さらにまた今度の問題の解決が我々の最初の論争の解決に何ら資するところがないこと、いや逆に、今度の問題は大部分先の論争の解決に依存することを示そうと思ったのです。万物の必然性に関する私の見解が今度の問題の解決なしには理解出来ないなどということは全然ないのです。むしろ、万物の必然性がまずもって理解されないうちは、今度の問題は実際理解され得ないのです。[3] しかし私の望んだ機会が到来する前に、今週さらに他のお手紙[4]を受け取りました。それには長く御返事しないことのための御不満が窺われました。そこで私は、この数行を貴下にお書きして、御覧のように私の意図と決意をお告げせざるを得なくなったのです。貴下が事態をよくお考えになった上、自ら進んで貴下の願いを放棄され、しかもなお私に対する友情を失われざらんことを希望します。私としては微力に応じて……

貴下[5]の忠実なる友にして下僕　B・デ・スピノザ

フォールブルフ、一六六五年六月三日
〔表書〕ドルドレヒト、大教会付近、穀物仲買人
ウィルレム・ファン・ブレイエンベルフ様

書簡二十八[1]　スピノザからヨハネス・バウメーステル[2]へ

親しき友よ、
あなたが私をすっかりお忘れになったのかどうかは知りません。しかし、この推測を裏づける多くのことが重なっています。第一に私は御地を立つ際、あなたにお別れをしようと思い、それにあなた御自身から招待されてもいたので、間違いなくあなたに、お宅で会えると思っていました。ところがあなたはハーグに旅立たれたというのでした。それから私はフォールブルフへ帰ったのですが、あなたが少くも旅行の途中私をお訪ね下さることを疑いませんでした[3]。それなのにあなたは、残念ながらあなたの友に挨拶しないで帰宅されました。最後に私は三週間もお手紙をお待ちしましたが、その間に一通のお手紙ももらうことが出来ませんでした。それで、もしあなたが私にこうした推測をやめてもらいたいというのでしたら、お手紙を下さることによってわけなくそれが出来るでしょう。そしてその手紙の中であなたは、我々が一度あなたの御宅で話し合った、我々の文通をどんな方法でやったらいいかについても書いてくれることが出来るでしょう。
それにしても私は、あなたが真理の探究に心を打ちこみ、知性と精神の啓発にあなたの生涯のよ

き部分を捧げられることを切にお願いします。我々の友情にかけて幾重にも懇願します。私はまだ時日のある間にこれを申すのです。時日が過ぎ去ったことを、いやあなたがおくれてしまったことを歎かなければならなくなってからでは遅いのです。

それからまた我々の文通を始めることに話をもどすとして、あなたが私にもっと気やすく手紙を書いてくれることが出来るように次のことを申し上げておきます。あなたは御自分の才能について不当なほど不信の念を持っており、また学問ある人に似あわしくないようなことを質問したり主張したりしはしまいかと恐れているように私には以前から感ぜられていました。そして今ではそれが殆ど間違いないことに思えます。しかし、あなたを前にしてあなたを賞讃したり、あなたの才能を数え上げたりすることはどうかと思いますからここではそうしたことはいたしません。だがもし私があなたのお手紙を他の人々に見せてその人々が後であなたを笑うかもしれぬというようなことをあなたが恐れているとしたら、これからはあなたのお手紙を注意ぶかくしまって置いて、あなたのお許しがない限りどんな人にも見せないことをお約束します。こうした条件でならあなたも安心して文通を始めることが出来るでしょう。尤もあなたが私の約束を当てに出来ないとでも思うなら別ですが、まさかそんなことはないでしょう。とにかく、これについてあなたのお考えをあなたの最初の手紙に書いて下さるのをお待ちしています。それから、あなたが言って下さった赤ばらの砂糖漬(4)を少々送って下さいませんか。と申しても私の健康は今はずっとよくなってはいますけれども。実は御地から帰ってから一度瀉血を受けたのですが熱は下りませんでした(だがその時も瀉血の前よりはいくらか元気になったのです。これは空気が変ったためでしょう)、そして二、三度隔日熱に苦しみました。しかし十分の養生によってとうとう熱の奴を追い出して悪魔へやってしまったのです。彼がどこへ行ったか私は知りません。ただ彼が再びもどって来ないように気をつけるばかりです。

我々の哲学の第三部に関して言えば、私は近日中その一部分をあなた——もしあなたが訳者になってくれるなら——なり、我々の友人ド・フリースになりへ送ろうと思います。実はすっかり完成しないうちは何もおくらないつもりでいたのですが、思いのほか長くなったので、あなたたちをあまりお待たせしたくありません。定理八十あたりまでお送りすることにします。(5)

英国関係のことについては、いろいろ聞いていますが、確かなことはわかりません。国民はあらゆる悪い推量をすることを止めません。それに、なぜ我が艦隊が出港しないのか誰もその理由を知らないのです。(6) とにかく事態はまだ安全な域に入っていないようです。私は軍の主脳者たちがあまり賢明にまたあまり慎重にしているのではないかと思います。(7) しかし、今後の情勢の推移を見れば、彼らが何を計画し何を企図しているのか判明するでしょう。どうかすべてがうまく行ってくれますように。これについて御地の友人たちが考えていること、聞いていることを知らせていただきたく思います。しかしそれよりも一番望ましいのはあなたが私に……

〔フォールブルフ、一六六五年六月〕

書簡二十九(1)　オルデンブルクからスピノザへ

卓越の士、敬愛する友よ、

九月四日付で書かれたお手紙(2)により、貴下が我々のことを一方ならずお心にかけておられることを知りました。貴下は私にばかりでなく、我々の高貴なボイルにもいろいろとつくして下さいました。これに対し、ボイルは私と共に貴下に深甚の謝意を表しております。彼は、貴下の御親切と御好意に対し機会があれば、彼のなし得るあらゆる種類の奉仕を以てお報いするでしょう。同じことが私からも期待していただけることを固くお信じ下さい。ところで、色彩に関する論文のラテン訳が当地ですでに出来上っている(3)に拘わらず別の訳を企てようとするあの物好きな人間のことですが、おそらく今に彼はその偏屈な熱心さのため自己の利益を計りそこねたことをさとるでしょう。と申すのは、もし著者自身が当英国で出来たあのラテン訳を、英語の本の方にも出ていない多数の実験で増補するとしましたら、彼の訳はどうなるでしょう。近く出されるはずの我々の増補されたその訳の方が、あらゆる点で彼の訳に勝り、思慮あるすべての人々の間で遥かに高く評価されるであろうことは必定です。しかし、彼には彼のやりたいようにさせておきましょう。我々は、我々のことを我々に最も適当なようにやってゆくばかりです。

キルヘルの「地下の世界」(4)はまだ我が英国には参っておりません。これはペストの流行で、ほとんどすべての交通が杜絶しているためです。それに加えてこの恐ろしい戦争でしょう。この戦争は無数の禍害を伴い来り、すべての文化を大方地上から掃蕩しようとしています。

一方、しかし、我々の哲学協会は、この危険な時期にあって、公の会合こそは開きませんが、会員の誰彼は自分の職責を忘れていません。或る者は液体静力学の面で、他の者は解剖学の面で、他の者は動力学の面で、さらにまた他の者は他の面で、それぞれ黙々と仕事にいそしんでおります。ボイル氏も、これまでスコラ学派や教壇の先生方の取り扱って来た形相と諸〻の性質との起源を研究の対象とし、これについて一論文(これは確かに勝れたものです)を作成し、[5] これは間もなく印刷に付せられるでしょう。

貴下は、哲学しておられるというよりは、神学しておられる(そうした表現が許されますなら)御様子ですね。[6] 天使や予言や奇蹟に関する御思索の結果を貴下は書いておられるのですから。しかしおそらく貴下はそれを、哲学的方法でおやりのことでしょう。それはともかくとして、そのお作は貴下にふさわしい、そして私にとっては極めて望ましいものであることを確信いたします。目下のむずかしい御時勢では自由に交通することも叶わぬのですから、私は貴下にそのお作における貴下の御計画と御目的とを次便でお知らせ下さいますようお願いするのみです。

当地で人々は、毎日、第二の海戦[7]の報告が入るのを心待ちにしております。尤も貴国の艦隊が再び港に逃避でもしたのなら別ですけれども。お手紙によれば、貴国では軍隊の勇気についていろいろ取り沙汰しているらしいですが、そうした勇気は動物的勇気であって人間的勇気ではありません。実際もし人間が理性の指導に従って行動するとしましたら、あのようにお互いに殺し合うことはなかったでしょう。これは明白な事実です。しかしそれを歎いて何になりましょう。人間の存在する限り悪徳も存在するのですもの。しかしそうしたこともいつまでも続くわけではありますまい。より善きものの到来でその埋合せがつけられるに違いありません。

この手紙を書いている間に、ダンチヒの著名な星学者ヨハネス・ヘヴェリウス氏[8]から私に宛てた手紙が届きました。その中で彼は、いろいろなことに交えて、十二巻から成る彼の彗星図誌[9]がまる一年の間印刷にかけられていて、その始めの九巻四百頁がすでに出来上ったことを告げてくれました。そのほかに彼は、彼の彗星学序論[10]を数部私に送ってくれたと言っています。この書の中で彼は、最近現われた二つの彗星の一つについて詳しく叙述しているのです。しかしこれはまだ私の許に届いておりません。それから彼はもう一つの方の彗星についても一書を著わして識者の批判に委ねるつもりだと言っています。(11)

貴国ではホイヘンスの振子時計についてどんな批評をしているでしょうか。ことにその振子時計の或るものは時間の表示が極めて正確なのでこれを用いて海上で経度を計ることが出来るそうですが、それについてどう評価されていますか。それからまた彼の光線屈折学及び運動に関する論文はどうなっていますか。この二つとも我々は長らく待っているのですけれども。彼が一生懸命やっていることは疑いありません。ただどこまで進んでいるのか私は知りたいのです。では御機嫌よう。今後ともよろしく。

貴下の最も忠実なる　H・O・

ロンドン、一六六五年九月

〔表書〕ハーグ、(12)バヘイネ街、「アダムとイヴの家」内の画家ダニエル氏気付、ベネディクトゥス・スピノザ様

書簡三十(1)　スピノザからオルデンブルクへ

〔前書簡への返事〕

……貴下の囲周の方々が哲学者としての生活をつづけ、自らの本分と国家の利益を忘れないで

いることを喜びます。それらの方々の最近の御業績は、交戦国同士が血に飽いて新しい力を蓄積するためしばらく休息する時になったら拝見させていただけると思います。もしあの有名な嘲笑家(2)が現代に生きていたとしたらきっと笑いのため窒息したことでしょう。しかしこの戦乱は私を笑いにも涙にも誘いはしません。むしろただ哲学することに、そして人間の本性をいっそうよく観察することに駆るばかりです。実際、人間が残余の諸物と同様に自然の一部分に過ぎないことを思い、またどのように自然の各部分がその全体と調和しどのようにそれが残余の諸部分と連結しているかは私に知られていないことを思う時に、人間の本性を嘲笑することは私に許されず、ましてやこれを悲嘆することは許されないと考えるのです。自然の中の或るものがかつて私にとって空虚で無秩序で不条理であるように見えたのはこうした認識の欠陥からのみ来ているのです。つまり私は、自然の中の或るものを全体との関連を離れて部分的にのみ把握し、そのためそれは我々の哲学的見解に全然合致しなくなっているのです。しかし今は私は、各人を各人の意向通りに生活させておきましょう。また欲する者は自らの善と信ずることのために死んだらよいでしょう、ただ私が真理のために生きることを許されさえするならば。

　私は目下聖書に関する私の解釈について一つの論文を草しています。(3)私にこれを草させるに至った動機は、第一には、神学者たちの諸偏見です。この偏見は私の見るところによれば、人々の心を哲学へ向わせるのに最大の障害となっています。ですから私はそれらの偏見を摘発して、それをより賢明な人々の精神から取り除くように努力しているのです。第二には、民衆が私について抱いている意見です。民衆は私に絶えず無神論者という非難を浴びせているのです。私はこの意見をも出来るだけ排撃せねばなりません。第三には、哲学することの自由並びに思考することを言う自由です。この自由を私はあらゆる手段で擁護したいと思います。当地では説教僧たちの過度の勢力と厚かましさのために、この自由がいろいろな風に抑圧されているのです。

デカルト学徒の中の誰かが最近における彗星の現象をデカルトの仮説にもとづいて説明しているということについては、私はまだ何も聞いておりません。また果たしてデカルトの仮説からそれが正しく説明されるかどうかについても私は疑いを持っています……

〔フォールブルフ、一六六五年九月(または十月)〕

書簡三十一[1]　オルデンブルクからスピノザへ

〔前書簡への返事〕

卓越の士、尊敬する友よ、

貴下は智者、哲学者にふさわしく、正しい人々を愛しておいでです。彼らの方でも貴下を愛し返し、貴下の御業績を正当に評価いたすでありましょうことは私の信じて疑わぬところであります。ボイル氏は私と共に心からの御挨拶を貴下に送り、また貴下が哲学的思索を熱心に且つ徹底的に続けて行かれますことを念じております。ことにお手紙にあったあの困難な問題、自然の各部分はどのようにその全体と調和しまたどのように残余の諸部分と連結するかの認識に関する問題につきましては、もし貴下に解決の曙光が見えてきましたらどうか我々にお伝え下さるよう切に御願い申し上げます。

貴下は、聖書に関する論文を草するように貴下を動かした理由を挙げておられますが、それらの理由については私も全く同感です。そして貴下がこの主題に関して研究された成果を私は早く私自身の目で見たくてたまりません。セラリウス氏は近いうち私に一つの小包を送るはずですから、もし貴下がそうして下さるお気持がおありになれば、その主題に関してこれまで貴下の書かれたものを彼へ托して安全に私にとどけて下さることが出来るでしょう。そうしていただけば私どもといたしましても貴下のためにあらゆる奉仕を辞しませんことを固くお誓いいたします。

キルヘルの「地下の世界」(2)は半分ほど読みました。彼の推理と理論は特にすぐれた才能を示しているわけではありませんが、その中に見られるいろいろな観察と実験は、著者の努力を、また哲学界のために十分貢献したいという著者の意志を物語っています。貴下も御推察下さるであろうように、私は単なる敬神とは異なる或るものを彼に認めております。そして彼を敬神家としてのみ取り扱っている人々が彼についてどう考えているかは貴下も容易に判断がお出来になると思います。

貴下は、運動に関するホイヘンスの論文について言及なさった際、運動に関するデカルトの諸規則がほとんど皆誤りであることを暗示しておいでです。私は今、貴下が以前デカルトの哲学原理を幾何学的に証明して出されたあの御本を手許に持っておりません。それで貴下があの御本の中でその誤りを指示しておられたのだったか、それとも他の人々のことを考慮(3)してどこまでもデカルトに追従しておられたのだったか忘れました。どうか貴下がいつまでも貴下御自身の精神の果実を埋らせておかないで哲学界に提示して哲学界を教化し育成されますことを祈って止みません。私は、デカルト自身が人間の把握力を越えると言った事柄のうちの多くが、否さらにいっそう崇高でいっそう微妙な事柄が、人間によって判然と理解され明瞭に説明され得ることを、貴下がどこかで指摘された(4)のを覚えております。友よ、何を躊躇し何を恐れておられるのですか。一つやって見て下さい。こんなに重大な意義のあるお仕事をどんどん進めてやりとげて下さい。そうすれば真の哲学者の一団は皆貴下を守ってくれるにちがいありません。私は敢えてそれを保証いたします。もし私がこの保証通りにならせることに確信を持たなかったのでしたら、私はこんなことは申さないでしょう。私は貴下が神の存在と摂理を無視するようなことを発表しようと企てておられるとは決して信じられません。この二つの支柱さえ損なわなければ、宗教は固い基礎の上に立ち、そしてどんな哲学的考察も容易に擁護され容認され得るのです。ですから貴下の巡逡をお捨て下さい。どうか貴下のお仕事が中絶させられることのないようにして下さい。

まもなく貴下は最近の彗星について我々がどう考え(5)なくてはならぬかをお聞きになれると思います。ダンチヒのヘヴェリウスとフランスのオーズー(二人ともすぐれた学者で数学家です)は彼らのやった観察について意見が一致しておりません。この論争は目下検討に付されています。そしてこの争いに判定が下されましたら、全事態が私に通達されることになっております。そしたら私から貴下にお伝えいたしましょう。今私の確言できますことは、少くも私の知るすべての星学者は彗星が一つでなく二つであったという意見なこと、また私は今までのところ、この彗星現象をデカルトの仮説にもとづいて説明しようとしたどんな人にもあっていないということだけです。

ホイヘンス氏の研究と製作について、また〈経度の決定に関する〉振子時計の成果について、並びに同氏のフランスへの移住(6)について、何かもっとお聞きのことがありましたなら、なるべく早くお知らせ下さるようにお願いします。次に平和交渉について、またドイツへ送られたスエーデン軍勢(7)の目的について、それからミュンスターの司教の進撃(8)について、貴国でどんな取沙汰をしていますかも書き加えて下さい。私の信ずるところでは、全ヨーロッパが来年の夏には戦争に巻きこまれるでしょう。そしていっさいは異常な変化を受けようとしているように見えます。

しかし我々は敬虔な精神を以て最高の神に奉仕し、真正で確実で有益な哲学を育成してゆきたいと思います。我が国の哲学者中の或る人々は、王に従ってオックスフォードにまいり、そこで時折会合を開き、物理学研究の進歩のために尽しております。なかんずく彼らは最近、音響の本質の究明に手をつけ出しました。そして或る実験をやろうとしているようです。それは、単に絃を緊張させただけで、絃が今出している音と一定の諧和音をなす次の高音を出すには、どんな割合で絃の分銅を増加せねばならぬかをきめる実験です。これについてはまた他日いろいろ申し上げましょう。

最善の友よ、ではご機嫌よう。どうか今後ともよろしく。

貴下の最も忠実なる　ハインリッヒ・オルデンブルク

ロンドン、一六六五年十月十二日

書簡三十二(1)　スピノザからオルデンブルクへ

前書簡への返事

高名の士よ、

貴下並びに高貴なるボイル氏が、私を哲学することへ励まして下さいました御厚志に対し、深甚なる謝意を表します。私は貴下たちの御援助と御好意に頼りながら、私の微力の及びます限り、実際それをやりつづけております。

貴下は、自然の各部分がどのようにその全体と調和し、またどのように残余の諸部分と連結するかの認識に関する問題について私の意見をお求めになっていますが、それは、私がどんな理由で自然の各部分がその全体と調和しまた残余の諸部分と連結していると信じているかをお尋ねになっているものと思います。なぜと申すに、どんな風にそれらの部分が実際において連結し、また各部分がその全体と調和するかは私も知らないことをすでに私の前書簡で申しているのですから。事実、これを知るには、全自然とそのすべての部分とを知らなければならないでしょう。

そこで私は、私をそうした主張へ促している理由を貴下に説明いたすことにしましょう。しかしまず御注意申し上げたいのは、私は自然に対して美も醜も、秩序も混乱も認めていないということです。物は、我々の表象力に関連してでなくては、美しいとも醜いとも秩序立っているとも混乱しているとも言われないのであります。

それから私は諸部分の連結ということを、単に或る一つの部分の法則や本性が他の部分の法則や本性と適合していてそれが出来るだけ相互に反撥しないようになっているということとのみ解しています。また全体と部分の関係について申せば、諸物の本性が相互に和合していてそれらが出来るだけ互に一致する限り、私はその諸物を或る全体の部分と見做し、これに反して、諸物が相互に調和しない限り、その各〻はそれぞれ異なる観念を我々の精神の中に形成し、従ってそれは部分ではなく全体と見做されるのです。例えば、淋巴や乳糜の粒子《パルティクラ》の運動がその大いさや形状に関して相互に適合して、それらの粒子が相互に全く調和し、すべてが一緒に血液という一の流体を組成する限り、その限りにおいてのみ淋巴や乳糜は血液の部分として考察されます。しかし淋巴の粒子がその形状や運動に関して乳糜の粒子と調和せぬと考えられる限り、我々はこれらを部分としてでなく全体として考察するのです。

今我々は、血液の中に一つの微小な虫が住んでいると想像しましょう。そしてこの虫は淋巴や乳糜の粒子を見分ける視力を持ち、また各々の粒子が他の粒子との衝突によって或いは反撥したり或いはこれに自己の運動の一部分を伝えたりすることを観察し得る分別力を持っているとしましょう。この虫は、ちょうど我々が宇宙のこの部分に住んでいるようにこの血液の中に住んでいるでしょう。そして血液の各粒子を部分としてではなく全体として考察するでしょう。そしてこの虫は、すべての部分が血液の一般的本性によって規定されることや、すべての部分が血液の一般的本性が要求する通りに相互に適合し合うように強制されて一定の仕方でたがいに調和するようになっていることを知り得ないでしょう。ところでもし我々が、血液の外部には血液に新しい運動を伝えるどんな原因も存在せずまた血液の外部には血液の粒子が自己の運動を伝え得る何らの空間、何ら他の物体が存在しないと想像するなら、血液は常に同じ状態に止まることになり、その粒子は血液の本性だけから、換言すれば、淋巴や乳糜の運動の一定割合から考え得られる以外のどんな変化をも受けないことが確かであり、そしてこのようにして血液は常に部分としてでなく全体として考察されねばならなくなるでしょう。しかし実際には、血液の本性の諸法則を一定の仕方で規定する極めて多くの他の原因が存在するのであり、またそれらは逆に血液によって規定されるのでありますから、この結果として、血液の諸部分の運動の相互的関係から結果される運動や変化だけでなく、血液の運動と外部の諸原因との相互関係から結果される他の運動・他の変化も血液の中に生ずることになります。この点からすれば、血液は全体としての意味を失い、部分としての意味を持つのです。以上私は全体と部分について述べました。

ところで、自然におけるすべての物体は、我々がここで血液について考えたと同じ仕方で考えられることが出来るし、また考えられなければなりません。即ち、すべての物体は他の諸物体によって取り囲まれ、かつ相互に一定の様式で存在し作用するように決定されます。しかもこの際、その全体においては、換言すれば全宇宙においては常に運動と静止の同じ割合が保持されているのです。この帰結として、すべての物体はそれが一定の仕方で規定されて存在する限り、全宇宙の一部分であって、それはその全体と調和し、また残余の諸物体と連結するものと見られねばなりません。そして、宇宙の本性は血液の本性と異なり、有限ではなくて絶対に無限でありますから、宇宙の諸部分は、この無限な力の本性(hac infinitae potentiae natura)によって無限の仕方で規定され、かつ無限の変化を受けなければなりません。しかもこれを実体という観点から見れば、各〻の部分はその全体といっそう緊密な合一を持つものと私は考えます。私が、以前まだラインスブルフ居住中、貴下にお書きした私の最初の手紙の中で証明しようとつとめたように(2)、実体は本性上無限であるという事実から、各〻の部分は全く物体的実体の本性に属し、前者は後者なしには在ることも考えられることが出来ないということになるからです。

これで貴下は、私がどんな理由で人間の身体を自然の一部であると考えているかがお分りでしょう。ところで人間の精神について申せば、それもまた自然の一部分であると考えます。即ち、私の見解によれば、自然の中には思惟する無限な力(potentia infinita cogitandi)が存在し、この力は無限である限りにおいて全自然を想念的(3)(objective)に自己の内に含みます。そしてこの力の形成する〔個々の〕思想は、自然〔の中の個々物〕と同じ仕方で進行するのです。自然はこの力によって観念されたもの(ejus ideatum)に外ならぬのですから。そして人間の精神はこの同じ力であると私は主張します。但しそれは、この力が無限で全自然を認識している限りにおいてでなく、有限で人間の身体をのみ認識している限りにおいてです。そしてこの点からして、私は人間の精神を或る無限な知性の一部分であると主張します。

しかしこれらすべて及びこれにつながりのあるすべてをここで正確に説明し証明するとしたらあまりに長くなるでしょう。それにまた貴下は現在のところ私からそれを求めておられるとは思いません。いや私は、貴下の言われた御趣旨を十分理解したかどうか、また貴下が問われたこととは違ったお答えをしたのでないかどうかさえ確かでないのです。この点貴下にお伺いしてみたく思います。

次に、運動に関するデカルトの諸規則がほとんど皆誤りであることを私が暗示したとお手紙にありましたが、私の記憶する限り、私はホイヘンス氏がそうした意見であると申しただけです。私自身は、デカルトの第六規則だけを誤りだと言ったのです。そしてこの規則に関しては、ホイヘンス氏も誤りを犯していると私は申したのです。なお貴下たちがこの仮説にもとづいて王立協会で試みた実験につき私に知らせて下さることをあの折私はお願いしたのでしたが、これに対しては何の御返事もないところを見れば、それは貴下の御自由にはならぬ事項であるかと察しております。

上記ホイヘンス氏は、これまで望遠鏡用のレンズ磨きに熱心に従事していましたし、今も従事しています。この目的のために彼は磨き皿(patina)を廻転させる一つの機械を作りました。それはかなり見事なものです。しかし彼がこの機械でどんな成果を得たか私はまだ知りません。またうちあけて申しますれば私はそれを特に知りたくも思いません。というのは球面レンズの場合は、どんな機械を使うよりも直接手で磨いた方がもっと安全でもっとうまくゆくことを私は経験でよく存じております。それから彼の振子時計の結果及びフランス移住の時期についてはまだ何も確実なことを貴下にお書きすることが出来ません。

ミュンステルの司教は、イソップにある井戸の中に入ったあの山羊のように、うかうかとフリースランドに入りこんだ後は、全く動きがとれずにおります。もし冬がかなり早く始まらないならば彼はひどい損害を蒙ってフリースランドを撤退するよりほかなくなるでしょう。彼がこの冒険を敢行したのは一、二の裏切り者の勧告によったものであること疑いありません。しかしこれらのことは皆旧聞に属し、ニュースとしてお伝えするほどのことではありません。実際この一、二週間の間には、お知らせしがいのある新しいことが何も起っておらないのです。

英国民との平和については全く見込みがありそうもありません。尤も最近平和のうわさが広まりはしましたが、これはオランダの一使節がフランスへ派遣されたことにからんで憶測が行われたためであり、またオレンジ公を国事に引き入れようと躍起になっているオーベルイーゼルの人たち(彼らがオレンジ公をかつぎあげようとしているのは自己の利益のためよりはオランダの人々を不利にしようとしてなのだと多くの人々は考えています)が同公を仲裁者として英国へ送ろうという計画をたてていたことからも出たのです。しかし事実はこれと全然違います。オランダの人々は、平和を金で購うような破目にでもならない限り、今のところ平和のことは夢にも考えていないのです。スエーデン軍の意図についてはまだ確実でありません。多くの人々は彼らがマインツをねらっていると考え、また或る人々はオランダ国民をねらっていると考えています。しかしこれも推測の域を出ません。

この手紙は先週書いたのですが発送することが出来ませんでした。悪天候のためハーグへ出かけられなかったのです。田舎に住むとこうした不便がよくあります。実際私は私宛ての手紙を適時に受け取ることは稀です。その手紙をすぐ当地へ送ってくれる機会が偶然ありでもしない限りそれを受け取るのに一、二週間はかかります。そして一方私の方でもしばしば差しさわりがあって手紙を適時に発送することが出来ないのです。ですからすぐ御返事を上げないようなことがありましても私が貴下を忘れているためだとは思って下さいませんよう。あまり長くなりましたのでこれで擱筆します。余は後便にゆずります。では高貴なボイル氏にくれぐれもよろしくお願いします。そして今後とも私をお忘れなく。

貴下の最も忠実なる　B・デ・スピノザ

フォールブルフ、一六六五年十一月二十日

すべての星学者が彗星は二つであったと信じているのは彗星自身の運動にもとづいてですか、それともケプレルの仮説を支持するためにですか、その点知りたく思います。さようなら

〔表書〕ロンドン、セント・ジェームズ・フィールド、ペルメル街(4)、王立協会秘書

ハインリッヒ・オルデンブルク様

書簡三十三[1]　オルデンブルクからスピノザへ

〔前書簡への返事〕

卓越の士、尊敬する友よ、

自然の諸部分がその全体と調和し連結していることについての貴下の哲学的御説明は、私をひどく喜ばせてくれました。尤も、どのようにして我々が、貴下のように自然から秩序と整合とを追放し得るかを私は十分把握することが出来ませんけれども。ことに自然の中のすべての物体は他の諸物体によって取りかこまれ且つ相互に一定不変の仕方で存在し作用するように決定され合い、しかもそれらの物体を全体として見れば運動と静止の同じ割合が常に保持されているということを、貴下御自身お認めになっているのですから、なおさら分らなくなります。今申したようなことは、とりも直さず真の秩序の本来の姿であるように私には思えますのに。しかし私はこのことについて貴下のお考えを十分理解していないのかもしれません。この前デカルトの諸規則に関してお書き下さったことについて十分理解できませんでしたように。どうか貴下の御判断では、デカルト並びにホイヘンスが運動の規則に関して、どんな点で誤っていますのかを御示教いただけたらと思います。そうして頂ければ私はどんなにありがたいかわかりません。私は出来る限りそれに対してお報いいたすようにつとめるでしょう。

ホイヘンス氏が彼の仮説を証明するための実験を当ロンドンでいたしました折、私は居合せていませんでした。後で聞くところによると、いろいろ実験がなされた中で、次のようなのがあったそうです。彼は一ポンドの重さの球を振子のようにつるし、これを同じようにつるした半ポンドの重さの他の球に四十度の角度を以て衝突させました。ホイヘンスは前以て簡単な代数の計算でこの衝突の結果を予言しましたが、衝突の結果は正にその予言の通りだったそうです。こうした数々の実験を申し出たのは或る有名な学者なのですが、ホイヘンスはそれを皆やってのけたということです。この学者は今不在ですが、私は彼に会い次第多分事態を貴下にもっと詳細にまたもっと正確に説明申すことが出来るでしょう。とにかく今のところ私は、貴下が先に申し上げた私の希望を叶えて下さることを繰り返えしお願いいたします。そしてそのほか、望遠鏡用のレンズ磨きにつき、ホイヘンスの挙げた成果に関して何かお聞き及びでしたら、どうかそれもお知らせ頂きたいと存じます。今や神のお恵みによりペスト病は目立って下火になりましたから、我々の王立協会は近くロンドンに帰って毎週の会合を再開することが出来ると思います。この会合で何か注意に値いする論議が行われましたなら、きっと貴下にお知らせ申し上げます。

以前一度私は、解剖学上の若干の観察について申し上げました。ところでこないだボイル氏（彼は貴下にくれぐれもよろしくとのことです）はオックスフォードにいる著名な解剖学者たちが次のような事実を報告して来たことを私に書いてよこしました。即ち、この解剖学者たちは、羊や牛の気管が折々草でつまっているのを発見したというのです。現に数週間前、これらの解剖学者たちは、或る牡牛の視察に招かれたそうです。この牡牛というのは、二、三日の間首をほとんど絶えず硬直させていましたが、やがて所有者たちにも全くわからない病気で死んでしまったのです。そこで彼らが首と喉の部分を切開してみたら、驚いたことにはその牡牛の気管の深奥部は、まるで誰かにむりやり押し込まれでもしたかのようにすっかり草でつまっていたのでした。ここに当然起る問題は、どうしてそんなに多量の草が気管に入ったか、また草が気管に入った後どうしてその動物がそれだけ長く生きていられたかということです。

このボイル氏はまた次のようなことを私に知らせてくれました。それは同じくオックスフォード在住の研究心に富む或る医者が、人間の血液の中に乳を発見したというのです。彼の語るところはこうです。一人の少女が朝の七時に十分な朝食をとり、同日の十一時に足に瀉血を受けました。最初の血液は酒盃に入れましたが、これはしばらくたつと白色を呈しました。次の血液は、アケタブルムとか呼ばれる小皿（英語ではソーサー）に集められましたが、これは直ちに乳菓の形に変りました。五、六時間の後医者がまたやってきて両方の血液を調べましたところ、酒盃に入っていた方は半分が血液、半分が乳糜《にゅうび》のようになっており、この乳糜は、乳漿が乳の中に浮いているように血液の中に浮いていました。一方、小皿に入れてあった方は全くの乳糜で、少しも血液らしいところがありませんでした。医者が両方を別々に火の上で熱したら、どちらの液体も固まりました。なおこの少女は完全に健康体なのでして、ただつやつやした顔色にもかかわらずまだ月経がなかったというためにだけ瀉血を受けたのです。

今度は政治上の問題に移ります。当地では、二千年以上も散り散りになっていたイスラエル人たちが彼らの故国に帰ろうとしているといううわさが、すべての人の口にのぼっています[2]。これを信ずる人はこの地にはあまりありませんが、これを望んでいる人は多くあります。貴下がこの件についてお聞きになってること、またお考えになってることをお知らせ下さいませんか。私に関して申せば、私はこのニュースが、このことに最も関係の深いコンスタンチノープル市からの信ずべき人々によって確かめられない限り信を置くことが出来ません。私は、アムステルダムのユダヤ人たちがこのことについて何を聞いているか、また彼らがこの重大な報知をどんな風に受け取っているか、知りたくてなりません。これがもし本当なら世界のあらゆる方面に大きな変動をもたらすに違いないのですから。

〈英国とニーデルランドの間の平和についてはまだ何の望みもないようです〉

スエーデンとブランデンブルグが目下互に何を企てているのかもし御存知ならお知らせ下さい。

貴下の最も忠実なる　ハインリッヒ・オルデンブルク

ロンドン、一六六五年十二月八日

追伸　我国の哲学者たちが最近の彗星についてどう考えてるかはそのうち折を見て御報告申し上げたいと思います(3)。

書簡三十四(1)　スピノザからヨハネス・フッデ(2)へ

尊敬する士よ、

神は唯一であることを神の本性が必然的存在を包むということからどのようにして証明するか——こうした御尋ねを受けてお答をお約束申しておきながら、種々の用事で今日まで果しかねておりました。今その証明をするに当りまして、まず次のことを前提といたします(3)。

一、各〻の物の定義は、定義された物の端的な本性以外の何ものをも含まない。この帰結として次のことが出て来ます。

二、どんな定義も或る数量の、即ち或る一定数の個体を含まずまた表現しない。定義は物それ自身の本性以外の何ものをも含まずまた表現しないからである。例えば、三角形の定義は三角形の端的な本性のみを含み、決して或る一定数の三角形を含まない。同様に、精神の定義即ち「精神は思惟するものである」という定義、或いは神の定義即ち「神は完全な実有である」という定義は、精神の本性及び神の本性のみを含み、決して一定数の精神或いは一定数の神を含まない。

三、存在する各〻の物には、それが存在するための或る積極的原因が必然的に存せねばならぬ。

四、この原因はその物自身の本性乃至定義のうちに存するか(というのはこの場合は存在がその物の本性に属し、或いはその物の本性の中に必然的に含まれているから)、そうでなければその物の外部に存していなければならぬ。

以上の前提からして、もし自然の中に或る一定数の個体が存在するとしたら、正にそれだけの数の個体を——そしてそれより多くもなく少くもない数の個体を——生じ得た一個乃至数個の原因が存在せねばならぬことになります。例えば自然の中に二十人の人間が存在するとしたら(私はすべての混乱を避けるためにこれらの人間が同時に存在し且つそれは自然における最初の人間であると仮定します)、なぜ二十人の人間が存在するかの理由を挙げるためには、一般に人間本性の原因を探求するだけでは十分でないのであって、その上さらに、なぜ二十人より多くもなく少くもない人間が存在するかの理由を探求せねばなりません。各人に対してその存在の理由乃至原因が与えられねばならぬからです(第三前提により)。ところがこの原因は(第二及び第三の前提により)人間自身の本性の中に含まれていることが出来ません。人間の真の定義は二十人という数を含まないからです。そこで(第四前提により)これら二十人の人間の存在の原因、従ってまたその各〻の人間の存在の原因は、彼らの外部に存せねばなりません。これからして我々は、一般的に次のように結論しなくてはなりません。すべて多数存在すると考えられる物は必然的に外的諸原因から生ぜられ、自己自身の本性の力によっては生ぜられない、と。ところで（前提により）神の本性には必然的存在が属するのですから、神の真の定義はまた必然的存在を含まねばならず、従って神の真の定義から神の必然的存在が結論されねばなりません。しかるに神の真の定義からは、（私がすでに上に第二及び第三前提によって証明したように）多数の神の必然的存在が導き出されることは出来ません。これからして神は一つしか存在しないということになります。そしてこれが証明すべき事柄でありました。

尊敬する士よ、私にはこれがさし当りこの命題を証明する最良の方法と思われます。私は同じ命題を以前には本質と存在の区別にもとづいて別な風に証明しました。しかし貴下の御指定があるので今度の証明の方をお送りすることにしたのです。この証明が貴下に満足をお与え出来ることを祈り、且つこれに関する貴下の御批評を御待ちしております。同時に私は相変らず貴下の云々

フォールブルフ、一六六六年一月七日

書簡三十五(1)　スピノザからフッデへ

尊敬する士よ、

二月十日付で下さったお手紙の中で私に幾分のみこめなかったことが、このたびの三月三十日付のお手紙ですっかり明瞭になりました。今や私には貴下の本当のお考えが分ったのですから、問題を貴下の思っておられるような形に置きかえましょう。つまりそれは、自己の能力或いは自己の力によって存在する実有は一つしかないかどうかということになります。このお尋ねの問題を私は単に肯定するだけでなく、さらにまた証明しようとするのです。しかもそうした実有の本性は必然的存在を含むということからこれを証明しようとするのです。尤もこのこと〔唯一性〕は神の知性にもとづいても極めて容易に証明することが出来ますし（私はこれを「幾何学的方法で証明されたデカルトの哲学原理」の定理十一でやっています）、また神の他の諸属性にもとづいても証明することが出来ますけれども。ところでこれにとりかかるために、私はまず必然的存在を含む実有はどんな特質を有せねばならぬかを簡単に指摘しようと思います。即ち——

一、そうした実有は永遠でなければならぬ。というのは、もしそうした実有に定まった持続が帰せられるとしたら、その実有は定まった持続の外では存在しないものとして或いは必然的存在を含まないものとして考えられることになる。これはその定義に矛盾する。

二、そうした実有は単純でなければならず、部分から合成されたものであってはならない。なぜなら、部分から合成される場合、その合成諸部分は、本性上並びに認識上、合成された物に先立たねばならぬ。しかしこういうことはその本性上永遠である物にあってはあり得ない。

三、そうした実有は限定されたものとしては考えられず、只無限なものとしてのみ考えられ得る。もしこうした実有の本性が限定されておりまた限定されていると考えられるなら、その実有の本性はそうした限界の外では存在しないものとして考えられることになる。これはやはりその定義と矛盾する。

四、そうした実有は不可分的でなければならぬ。もし可分的なら、それはその実有と同じ本性の諸部分に分たれ得るか異なった本性の諸部分に分たれ得るかであろう。後者の場合、この実有は滅ぼされ得ることになり、かくしてそれは存在しないことになる。これは定義に反する。しかし前者の場合なら、その各〻の部分がそれ自体必然的な存在を含むことになり、このようにして一が他なしに存在し得、従ってまた考えられ得ることになり、そしてこのためその実有の本性は限定されたものとして理解され得ることになる。これは三に述べたところにより定義に矛盾する。

これからして、我々がもしそうした本性に何らかの不完全性を帰しようと欲するなら我々は直ちに矛盾に陥るということがわかります。なぜなら、そうした本性に我々が帰しようと欲する不完全性が何らかの欠陥に存するとしても、或いはそうした本性が有する何らかの限界に存するにしても、或いはまたそれが力の欠陥のゆえに外的諸原因から受けねばならぬ何らかの変化に存するにしても、我々は常にこれによって、必然的存在性を含むこの本性が存在しない、少くも必然的には存在しないということを認容せざるを得なくなるからです。そしてこれから次のような結論になります。

五、必然的存在を含むすべてのものは、何らの不完全性を自らのうちに有することが出来ず、純粋なる完全性のみを表現せねばならぬ。

六、さらに或る実有が自己の能力、自己の力によって存在するということは完全性からのみ生じ得るのだからこの帰結として、もしいっさいの完全性を表現しているわけでない或る実有が自己の本性によって存在することを我々が認めるなら、我々はまたいっさいの完全性を自らの中に含むかの実有もまた存在すると認めねばならぬ。なぜというに、より小なる力を賦与された実有が自己の能力によって存在するとしたら、より大なる力を賦与された実有ははるかにいっそう多く存在するからである。

さていよいよ問題の中心点に入って私はこう主張するのです——存在がその本性に属する実有は一つしか存し得ない。それはつまりいっさいの完全性を自らの中に含むかの実有のみである。そして私はこうしたものをこそ神と名づけるのである——と。これをもっと詳しく説明しましょう。即ちもしその本性に存在が属する或る実有を人々が認めるなら、その実有は何らの不完全性をも自らの中に含まず、いっさいの完全性を表現せねばなりません(第五の注意により)。そしてそのゆえにこの実有の本性は神(我々は第六の注意により神の存在することをも認めなくてはなりません)に属せねばなりません。神はいっさいの完全性を自らの中に有し、何らの不完全性を有しないからです。そして神の外にはそうしたものは存在することが出来ません。もしそれが神の外に存在するとしたら、必然的存在を含む同一本性が二重に存在することになりますが、これは前に証明したことにより不条理だからです。だから神の外には必然的存在を含む何ものも存せず、ただ神のみがそうしたものなのです。これが証明すべき事柄でありました。

尊敬する士よ、以上が差し当りこの問題を証明するために私のお伝えし得る事柄です。私の願うところはただ私が貴下に対し……云々

B・d・S・

フォールブルフ、一六六六年四月十日

書簡三十六[1]　スピノザからフッデへ

尊敬する士よ、

ちょっと支障がありまして五月十九日付のお手紙にすぐ御返事を上げることが出来ませんでした。あのお手紙から、貴下にお送りした私の証明の大部分について貴下が御批判を控えておられることを知りましたが、これはたぶん貴下にとってあの証明に不明な点がおありだったためかと思います。それで私はあの証明の意味をここにもっと明瞭に説明することにいたします。

最初に私は、自己の能力、自己の力によって存在する実有が持たねばならぬ四つの特質を数え挙げました。この四つの特質並びにこれと類似のその他の特質を私は第五の注意の中で一特質にまとめました。次に、私の証明に必要なすべてのことをただ一つの前提から導き出すために、私は第六の注意の中で与えられたこの一つの前提から神の存在を証明しようとしました。そしてそれから最後に、言葉の単なる意味以外の何ごとをも明白な事項として前提することなしに、私の求める結論に到達しました。

これが簡単に申して私の計画、私の意図でありました。今や証明の各部分の意味を個別的に説明することとしまして、まず第一に前提された諸特質から始めましょう。

第一のものについては貴下は何らの異議を持っておられません。全くこの注意は公理にほかならないのです。そしてこの点第二の注意も同様です。事実私は、単純ということを合成物でないもののこととのみ解しています。それが本性上異なった諸部分から合成されている場合と、本性上一致した諸部分から合成されている場合とを問いません。この証明は確かにいずれの場合にも当てはまるのです。

第三の注意の意味(もしそうした実有が思惟ならそれは思惟において、またそうした実有が延長ならそれは延長において、限定的であるとは考えられず、単に無限定的としてのみ考えられ得るということ)を貴下は正しく把握されました。ただ貴下はその論証の正当さについて納得されないのです。この論証は、その定義が存在を含むような物或いは(同じことですが)存在を表現するような物を存在しないとして考えることは矛盾であるということにもとづいています。そして「限定される」ということは積極的な或るものを意味せず、単に限定的として考えられる物の本性に特有な存在の欠如を意味するものに過ぎませんから、この帰結として、その定義が存在を表現するような物は限定的なものとして考えられることが出来ないことになります。例えば「延長」なる概念が必然的存在を含むとすれば、存在のない延長を考えることは、延長のない延長を考えることと同様に不可能でありましょう。だがもしこのことが容認されるなら、限定的な延長を考えることも不可能でありましょう。というのは、もし延長が限定されたものとして考えられるなら、それは自己自身の本性によって即ち延長によって限定されることになり、そして延長を限定するこの延長は、存在の否定として考えられねばならぬことになるでしょう。これは前提により明白な矛盾であります。

第四の注意においては私は、そうした実有がそれと同じ本性の諸部分にも異なった本性の諸部分にも分たれ得ない、換言すれば必然的存在を含む部分にも含まぬ部分にも分たれ得ないということを示そうとしたにすぎません。というのは、前便で申したように、もし後者の場合だとしたら、その実有は滅ぼされ得ることになります。物を滅ぼすとは、その物を部分に分解して、それらすべての部分のどれもが全体の本性を表現しないようにすることだからです。もしまた前者の場合だとしたら、そのことはすでに認められた三つの特質と矛盾するでしょう。

第五の注意において私は単に、完全性とは有に存しまた不完全性とは有の欠如に存することを前提したまでです。私は「欠如」と言います。なぜなら、例えば、延長は思惟を具えないからとてそのこと自身は延長における何らの不完全性をも意味しはしません。これに反して、もし延長が延長を欠くとしたら、それは延長にあっては不完全性を意味します。即ちもし延長が限定されるとしたら、それは持続、場所等を欠いた場合と同様に不完全になるでしょう。

第六の注意を貴下は全部的に容認しておられます。それなのに貴下は貴下の出された疑義（即ち思惟と延長は異なったものでありしかもおそらく自己自身の能力によって存在し得るのになぜそれ自体で存在し・しかも本性上異なるような多数の実有が存在し得ないのか、）がまだ解けないと言っておいでです。これで見れば、貴下はこの注意を私とは全く異なった意味に解しておられると判断するより他ありません。貴下がそれをどんな意味に解しておられるかはわかるように思います。しかし時間をあまりとらないため私の意味を説明するだけにしましょう。私は第六の注意でこう言ったのです。もし我々が、自己の類においてのみ無限定的且つ完全であるところの或る物が自己の能力によって存在することを認めるなら、絶対に無限定的且つ完全な実有の存在もまた認められねばならない、と。そして私が神と名づけるのはこうした実有のことなのです。例えば延長或いは思惟（それはどちらも自己の類において、換言すれば或る一定類の有において完全であり得ます）が自己の能力によって存在することを我々が主張しようと欲するなら、我々は、絶対に完全である神の存在、換言すれば絶対に無限定的な実有の存在もまた認めねばならぬでしょう。ここに私は先に「不完全性」という言葉について申し述べたところを貴下に思い出して頂きたいと思います。即ち不完全とは、元来或る物の本性に属する何らかのことがその物に欠けていることを意味するのです。例えば延長は単に持続、場所、量に関してのみ不完全と言われることが出来ます。換言すれば延長は長く持続しない場合、或いはその場所を保ち得ない場合、或いは大いさが足りない場合に不完全と言われるのです。しかし延長は思惟しないからとて決して不完全だとは言われません。延長の本性はそうしたことを要求しないからです。延長の本性は単に延長にのみ、即ち一定類の有にのみ存するのです。この点に関してのみ延長は限定的或いは無限定的、不完全或いは完全と言われるのです。しかるに神の本性は或る一定類の有に存せず、絶対に無限定的な有に存するのですから、神の本性には、有を完全に表現するいっさいが属せねばなりません。もしそうでないとすれば、神の本性は限定されて欠陥のあるものになるでしょう。

以上のような事情ですから、自己の力によって存在する実有は一つだけ、つまり神だけしか在り得ないということになります。即ち、もし例えば延長が存在を含むことを我々が認めるとしたら、延長は延長として永遠且つ無限定的で、絶対にいかなる不完全性をも表現せず、完全性のみを表現せねばなりません。しかしそうすると延長は神に属することになります。或いは神の本性を或る仕方で表現する或る物であることになります。神は一定の点においてだけでなく、その全本質において絶対に無限定的且つ全能な実有でありますから。そしてここに一例として延長について申したことは、我々が延長と同列に置こうと欲する他のいっさいのものについてもあてはまることになります。

ですから私は、私の前の手紙で申したように、自己の能力によって存在するのは神だけであり、神の他にはそうしたものはないと結論するのです。これで私の前の手紙の意味を説明するのに十分と私は思います。しかしその点貴下の方がもっとよく判断おできになるでしょう。

　これでこの手紙は終りのはずでした。しかし私はレンズを磨くための新しい磨き皿を作らせたいと思いますので、このことにつき貴下の御助言を得たいと思います。私は凸凹レンズを磨くことによってどんな利益が得られるのかわかりません。これに反して平凸レンズは、私の計算が正しいとしたらずっと有利であると思います。即ち今便宜上光線屈折の率を三対二と仮定し、またここに付した図に貴下の「小さな光線屈折学」の中で付されてある文字をつけるとしたら公式を適用して次のようになります。

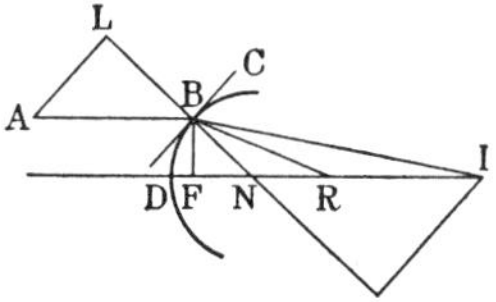

$$NI = Z = \sqrt{\frac{9}{4}zz - xx} - \sqrt{1 - xx}$$ (2)

　これからして、もし $x=0$ とすれば $z=2$ となり、これは z の達し得る最大の長さです。またもし $x=\frac{3}{5}$ とすれば $z=\frac{43}{25}$ 或いはも少し多くなりましょう。但しこれは光線BIがレンズからIの方向へ向う時に第二の屈折を受けないと仮定する場合です。しかし今この光線がレンズから出て平表面BFで屈折し、そしてIの方向へでなくRの方向へ向うと仮定します。なおまたBIとBRの長さが光線屈折の率と同じ率を、即ち(ここに仮定したように)三対二の率を持つとし、そして我々が同じ公式を適用すると次のようになります。

$$NR=\sqrt{zz-xx}-\sqrt{1-xx}$$

そこで再び前のように $x=0$ と置けば $NR=1$ となり、これは半径に等しいものです。しかし $x=\frac{3}{5}$ とすれば $NR=\frac{20}{25}+\frac{1}{50}$ となります。これでもってこうした場合の焦点距離は管の大きさが丁度半径だけ小さいにかかわらず他の場合より小さいことがわかります。そこで 半径 $=1\frac{1}{2}$ とするDIだけの長さの望遠鏡を製作するとし、鏡径BFは同じにして置けば、焦点距離はもっとずっと小さくなるでしょう。その上凸凹レンズが私にあまり感心できない理由は、労力と費用が二倍かかることを別としても、光線が皆同一点に向かわないため凹面に垂直に落ちないということです。しかし貴下はきっとこれらのことをすでにもう考察されてもっと正確に計算され、この問題自体を解決されておいででしょうから、この点に関し貴下の御意見と御助言をお願いする次第です云々

〔フォールブルフ、一六六六年六月半ば頃〕

書簡三十七(1)　スピノザからヨハネス・バウメーステルへ

賢明の士、親しき友よ、

お手紙をずっと前に受け取りながら、今日まで御返事出来ないでおりました。いろいろな用事と心配ごとがありましてそれから抜けきるのになかなか骨が折れました。しかし今はいくぶん心の落ちつきを取りもどしましたので自分の義務を怠ってはおられません。私は何よりもまずあな

たがこれまでしばしば行為によって、そして今度はまたお手紙によって、十二分に実証された私への友情と御好意に対し深甚の謝意を表したいと思います云々……。

あなたの御質問に移ります。それは次のようなものでした。「我々が崇高な諸問題の思索に際して安全にかつ倦怠なしに進み得るような方法が存するかどうか、或いは存し得るかどうか。それとも我々の精神も我々の身体と同様に偶然に従属し、また我々の思想は技術によって支配されるよりも運によって支配されることが多いかどうか」。これに対するお答えとしては、我々の明瞭判然たる諸観念を導出し結合し得る方法が必然的に存せねばならぬこと、そして我々の知性は身体のように偶然には従属しないことを示せば十分と思います。

(2)このことは、一個或いは数個の明瞭判然たる観念が直ちに他の明瞭判然たる観念の原因たり得るという事実だけからでも明らかであります。否むしろ我々が形成するすべての明瞭判然たる観念は、我々の中にある他の明瞭判然たる観念からのみ生じ得るのであり、それは我々自身以外の他のどんな原因からも来ないのです。この帰結として、我々の形成する明瞭判然たる諸観念は、ただ我々の本性とその確固不易な諸法則にのみ、即ち我々固有の能力にのみ依存し、決して偶然には依存しないということになります。換言すればそれは〔外的原因には依存しない、つまり〕同じく確固不易な諸法則によって作用はするが我々に知られずまた我々の本性と能力に関係のないような諸原因には依存しないということになります。これに反してその他の諸観念は主として偶然に依存するものと考えます。

以上からして、真の方法がどんなものでなければならぬか、また真の方法が専らどんな点に存するかということが明瞭になります。即ちそれは単に、純粋知性の、及びその本性と諸法則の、認識にのみ存するのです。この認識を得るためには何にもまして知力と表象力とを区別すること、或いは真の諸観念とその他の諸観念――虚構された観念、虚偽の観念、疑わしき観念、一般的に言えば単に記憶力にのみ依存するすべての観念――を区別することが必要です。このことを理解するためには、少くとも方法の要求する限りでは、精神の本性をその第一原因によって認識することは必要でありません。[3]ただベーコンがやったような工合に、精神或いは諸観念についての短い記述(historiola)を与えるだけで十分です。

これで以て私は簡単ながら真の方法を説明すると共に証明し、併せてそれに到達するための道を示したと信じます。しかしなおあなたに注意して頂かねばならぬのは、これらすべてのためには、倦まざる思索と確固たる精神とゆるがぬ決心が必要だということです。そしてこれを持つためには何よりもまず一定の生活規則を立て一定の目標を定めねばなりません。[4]しかしこれについてはさしあたりこれで十分でしょう。

では[5]御機嫌よう。そしてあなたを心から愛する私を愛して下さい。

B・デ・スピノザ

フォールブルフ、一六六六年六月十日

書簡三十八[1]　スピノザからヨハネス・ファン・デル・メール[2]へ

友よ、

私はこの田舎で独りぼっちの生活をしている間に、あなたからいつか出された問題を考えて見ました。そしてそれが極めて簡単なものであることがわかりました。その一般的証明は、勝ち或いは敗ける自分のチャンスを相手のチャンスと同等ならしめる競技者が公正な競技者であるという原則にもとづきます。この同等性は確率[3]と、相手が賭ける金とにあります。即ち、確率が両方の側で等しい場合には、各人は同じだけの金を賭けなければなりません。しかし確率が等しくない場合には、一人は自分の確率が大であるに相応するだけ多くの金を賭けなければなりません。そうするとチャンスは両方の側で等しくなり、従って競技は公正なものになります。例えばＡがＢと競技する際、Ａは勝ちに対する二の確率を有し、敗けに対する確率は一だけであり、反対にＢは勝ちへの確率が一しかなく敗けへの確率が二であるとしたら、ＡはＢが自己の確率に対して賭けると同じだけを、各〻の確率に対して賭けなければならぬことになります。即ちＡはＢの二倍だけ賭けねばなりません。

これをもっとはっきりさせるためにＡＢＣの三人が等しいチャンスで競技し、そして各人は同額の金を賭けると仮定しましょう。ここに各人は同じだけの金を賭けているのだから、各人は三分の一だけ賭けて勝った場合三分の二だけとること、また各人は二人を相手に競技するのだから各人は勝ちに対する一だけの確率しか持たず敗けに対しては二つの確率を持っていることが明らかです。もしこの三人のうちの一人、例えばＣが競技を始める前に脱退するとすれば、Ｃは彼が賭けただけの金即ち三分の一を取りもどしてよいこと、またＢがＣのチャンスを買ってＣの代りをするとしたらＢはＣが引っこめただけの金を賭けなければならぬということが明らかです。これに対してＡは異議を申し立てることが出来ません。彼が二人の異なった人間の持つ二つのチャンスに対して一つのチャンスで競技せねばならぬのと、一人だけの人間の持つ二つのチャンスに対して一つのチャンスを以て競技せねばならぬのとで、彼には変りないからです。

以上が明らかになったのでこれから次のことが出て来ます。或る人がその手を差し出して他の人に二数の中の一つを当てさせ、当たれば一定の金額をやり、当らなければ同額の金をとることにする場合、チャンスは両方の側において、即ち当てさせる側と当てる側とにおいて同等であります。さらにもし彼が自分の手を差し出して他人に三数のうちの一つを一度だけ当てさせ、当たれば一定の金額をやり当たらなければその半額をとる場合、両方の側におけるチャンスは同等であります。同様に、もし手を差し出す人が相手に二度だけ当てさせ当たれば一定の金額をやり、当たらなければその二倍の金額をとる場合も、両方の側におけるチャンスは同等です。

また彼が相手に四数の一つを三回だけ当てさせ当たれば一定の金額をやり当たらなければその三倍の金額をもらう場合に、或いは五数の一つを四回だけ当てさせ当たれば或る金額をやり当たらなければ四倍をもらう場合にも、チャンスは同等です。これらすべての結果として次のことが出て来ます。即ち、自分の手を差し出して相手に当てさせる人間にとっては、当てる人が多くの数の中の一つを自分の欲する回数だけ当てようとも、その代りただ、当てる人がその当てる回数に対し、その回数を当てる数の総数で割ったものに相応するだけ多くの金を賭けさえするなら、同じことだということです。例えば数が五つあるとして、当てる人が一回だけしか当てられないのなら、当てる人は当てさせる人の五分の四に対して五分の一だけ賭ければよいことになります。また二回だけ当てるとすれば、彼は当てさせる人の五分の三に対して五分の二を賭けねばなりません。さらに三回当てるとすると、当てさせる人の五分の二に対し五分の三を賭け、このようにして五分の一に対し五分の四を、また五分の零に対し五分の五ということになります。従って、当てさせる人が、例えば全賭金の六分の一だけ賭けて、勝てば六分の五だけとることにする場合、ただ一人の相手が五回当てようと、五人の相手が各〻一回ずつ当てようと、当てさせる人にとっては同じことです。あなたの御質問の趣旨はこの点にあったのでした。

一六六六年十月一日

書簡三十九(1)　スピノザからヤーラッハ・イエレスへ(2)

親愛なる友よ、

いろいろ差し障りがあって今日までお手紙に御返事いたしかねておりました。デカルトの「光線屈折学」に関するあなたの御意見確かに拝読しました。デカルトは、映像が眼底に大きく或いは小さく現われる理由として、ただ対象の種々異なる点から来る光線の交叉ということを申しているだけです。つまりその光線が目から近いところで、或いは遠いところで交叉し始めるのに応じて、映像が大きく或いは小さく現われるというのです。彼は光線が目の表面で交叉し合う場合に作る角度の大いさは考慮に入れておりません。この最後の原因は、望遠鏡の場合にあっては特に重要なことなのですが、彼はどうもこの原因を黙殺しようとしているように見えます。これは私の推測では異なった諸点から平行に来る光線をそれと同数の他の諸点に集める手段が彼にはわからなかったからではないかと思われます。そしてこのため彼はこの角度を数学的に算出することが出来なかったのです。

彼がこれを黙殺したのは或いはまた円形を彼の挙げた他の形に優越させないようにするためだったかも知れません。というのは、疑いもなく円はこの点において我々の発見し得る他の形のレンズにまさっています。円はどこでも同一であるからどこでも同じ性質を持っています。即ち、Aの方向から来る軸ABに平行なすべての光線が、ます。例えば円ABCDは、次のような性質を有し後ですべて同時に点Bに集中するような風にその表面で屈折する

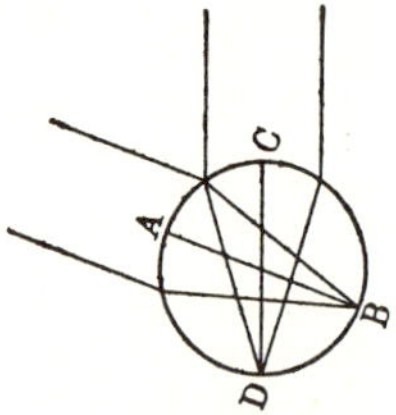

とすれば、Cの方面から来る軸CDに平行なすべての光線も、後で同時に点Dで合一するような風にその表面で屈折します。こうした現象は他のどんな形のレンズについても見ることが出来ません、双曲線や楕円などは無限に多くの直径を有するのですけれども。それで結局あなたの書いているようなことになります。即ち、単に目の長さ、即ち望遠鏡の長さだけを考慮におく限り、我々が月の上の物を地球にある物と同様の明瞭さで見得るためには、我々は極めて長い望遠鏡を作らねばならないのです。しかし、私が先に申したように、大事なのは、種々の点から発する光線が目の表面の交叉個所で作る角度の大いさです。そして、この角度は望遠鏡の中のレンズの焦点距離の大小に応じて大きく或いは小さくなるのです。もしあなたがこのことの証明を見たいと思うなら、あなたのおよろしい時いつでもそれをお送りいたします。

フォールブルフ、一六六七年三月三日

書簡四十(1)　スピノザからイエレスへ

親愛なる友よ、

今月十四日に書かれたあなたの一番あとのお手紙無事到着いたしました。しかしいろいろな差しさわりのため早く御返事が出来ませんでした。ヘルフェティウス(2)の問題についてはフォシウス氏(3)と語り合いました。フォシウス氏はひどく笑って、私がそうしたつまらぬことについて尋ねるのをいぶかしく思っている風でした(我々が話し合ったことを全部この手紙で述べることはやめます)。私はしかしそれにかまわずブレヒテルトという銀細工師のところへ行きました。金を調べたのはこの人だったのです。彼はフォシウス氏とはまるで違った話ぶりで、熔融と分離の間に金の重さが増したこと、しかもそれは金を分離するためルツボに入れた銀の重さだけ重くなったことを確言しました。このため彼は、彼の銀を金に変えたその金が何か特殊なものを含んでいるとかたく信じていました。彼ばかりでなく当時居合せた他のいろいろな人々が今言った事実を見たというのです。この後で私は、当のヘルフェティウス自身のところへ参りました。彼は私に金とそれから内部がまだ金で鍍金されているルツボとを示し、彼はルツボの中で熔けた鉛にほんの大麦粒或いは芥子《からし》粒の四分の一大のものを投入した(4)にすぎないと語りました。彼はまたつけ加えて、そのうち全事態の記録を発表すると申しました。さらにまた或る人(たぶん私の前に訪ねて来たその人を指しているらしかったです)が同じ操作をアムステルダムでやったと語りました。

これについてはあなたはきっとお聞きになっているでしょう。この問題について私がお知らせし得るのはこれだけです。

あなたが言っておられるあの本の著者(その本の中で彼は、デカルトが神の存在を証明するために省察第三及び第四で述べている諸理由が誤りであることを証明するのだと威張っているのですね)は、確かに自分自らの影と闘うものであって、他人を傷つけるよりは自分を傷つけることになりましょう。デカルトの公理(5)は、あなたもお気づきの通り、いくらか曖昧であることは私も認めます。そして次のように言った方がもっと明瞭で、もっと正確になるでしょう、「思惟することに対する思惟の能力は、存在し作用することに対する自然の能力より大でない」と。これは明瞭で真実な公理であり、この定理にもとづいて神の存在は神の観念からきわめて明瞭に、またきわめて効果的に帰結されます(6)。あなたが批判している前述の著者の議論は、その著者が事態を未だよく理解していないことを十分明瞭に物語っています。なるほど、彼の考えるような工合に問題をそのすべての部分に分解するとしたら、我々は無限に歩を進めて行けること確かです。しかしそれは、それ自体甚だ愚かなことです。例えば、或る一定の物体がどんな原因によって動かされるかと人が問うなら、それは他の物体によって動かされ、後者はさらに他の物体によって動かされ、このように無限に進んでそうした運動に決定される、と答えることが出来ます。こう答えることが出来るのは問題が運動だけに関するからです。そして我々は絶えず他の物体を仮定することによって、その運動の十分にして永遠な原因を指示することが出来るのです。しかし私が、崇高な思想に充ちた奇麗に書かれた一冊の本を或る市井人の手中に見て、彼にその本をどこから得たかと問い、そして彼がそれを他の或る市井人の持つ他の書から書き写したのでありこの後者もそれをさらに他から奇麗に写し取ったのであると答え、このようにして無限に進むとしたら、それは私を十分満足させません。私は、彼がそれのみ答えているところの文字の形や順序だけを尋ねているのではなく、それらの文字の合成によって生ずる思想と意味についても尋ねているのだからです。これに対して彼はこのように無限に進むことによって、少しも答えていないのです。このことが観念に対してどのような風に適用され得るかは、私が「幾何学的に証明されたデカルトの哲学原理」の〔第一部の〕公理九で説明したことから容易に知ることが出来るでしょう。

さて、三月九日に書かれたあなたの二度目のお手紙に答えることに移ります。その手紙であなたは、私がこの前の手紙で円形について書いたことをもっと詳しく説明してくれるように望んでおいでです。私がこの前書いたことは、次のことに注意されさえすれば、容易に納得出来るでしょう。それは、望遠鏡の前方レンズに平行に来ると想定されるすべての光線は実は平行でないこと(それは単に同一点から来るのですから)、しかし対象が我々から非常に遠く離れているので、望遠鏡の鏡径(apertura)は距離に関しては単に点として見られ得るからそれは平行と見做されるのだ、ということです。さらに我々が対象を全き形で見得るためには、一点のみからの光線だけでなく、他のすべての点から発する他のすべての光線(conus radiorum)をも必要とすることが確かです。そしてこのためそれはレンズを通過するに際し、それと同数の焦点に集中することが必要なのです。そして我々の目は、対象の異なった諸点から来るすべての光線が眼底において、それと同数の焦点に正確に集まるような風に精巧には出来ていませんけれども、とにかくこうした特質を有する形は他のすべての形よりまさっていることが確かです。然るに円の一定の弧は、一点から発するすべての光線がその直径上の他の一点に必然的に集中するようにさせる(機構学《メカニ》的《ケ》に表現すれば）特質を有するのですから、この弧はまた対象の他の諸点から来るすべての他の光線をも、それと同数の他の点に集中させるでしょう。というのは、対象のどんな点からも円の中点をよぎる一直線を引くことが出来るからです。尤もこの目的のためには望遠鏡の鏡径は普通の場合よりずっと小さく作られなければなりません、もしたった一つだけしか焦点が必要でないとするならば。このことは、あなたも容易に理解出来ると思います。

ここで円について申したことは楕円についても双曲線についても当てはまらず、ましてや他のもっと複雑な形については当てはまりません。対象のただ一つの点からは二つの焦点を通る直線は一つしか引くことが出来ないからです。

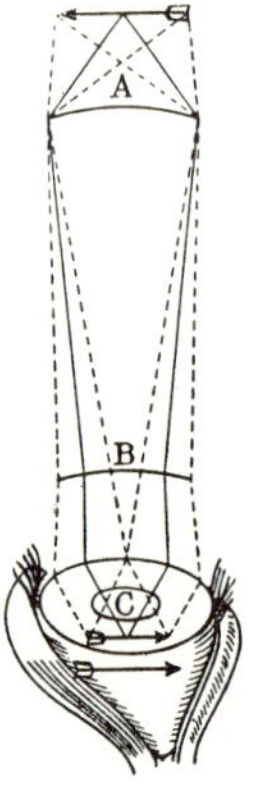

以上が私の最初の手紙の中で私がこの主題について言おうと思った事柄です。異なった諸点から発する光線が目の表面で作る角度の大小は焦点の距離の大小に比例するということの証明は、ここに付した図からおわかりになることと思います。

では御機嫌よう。今私にとって言い残っているのはただ私が云々

フォールブルフ、一六六七年三月二十五日

書簡四十一(1)　スピノザからイエレスへ

親愛なる友よ、

あなたが始め口頭で、次にお手紙でお尋ね下さったことについて私が経験で知り得ましたことをここに簡単に申し上げます。そしてこの問題に関し私が今考えていますことをつけ加えましょう。

私は一本の木の管を作らせました。長さ十フィート、口径一ヵ三分の二インチのものです。そしてこれに対し図に示すように三本の垂直な管をつけました。

さて、初めに、小管Bの中の水圧が小管Eの中の水圧と同じ大いさであるかどうかを試すため、私は管MをAにおいてこの目的のために用意された小板で塞ぎました。次に管Bの口を非常に狭くしてガラスの小管Cを支え得るようにしました。そこで管に、容器Fによって水を満した後で、水が小管Cを通してどの高さまで昇るかを注意しました。それから管Bを閉じ、また小板Aを取り除き、管Bと同じ装置をした管Eに水が流れるようにしました。こうして管全体を再び水で満たした後で、私は水が管Cを通して昇ったと同じ高さに管Dを通して昇ることを発見しました。これによって私は管の長さがほとんど或いは全く影響ないことを確信するに至りました。

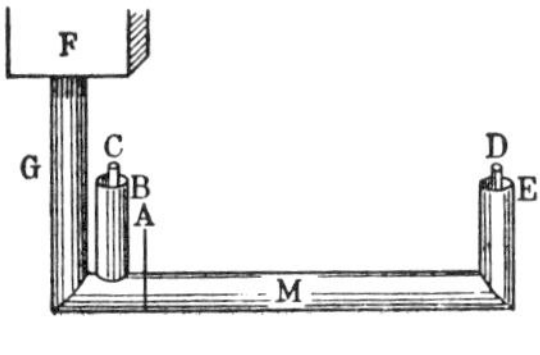

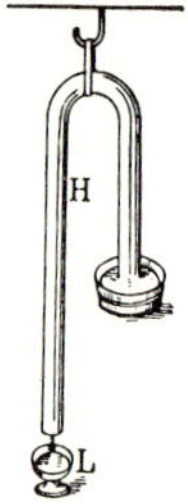

しかしこれをもっと正確に知るために、私は管Eがこの目的で用意された一立方フィートの容器を、管Bと同様の短時間内に充たし得るかどうか試して見ました。振子時計が手許にありませんでしたので、時間を計るのに私はHのような曲ったガラス管を代用することにし、この管の短い方を水につけ、長い方を空中に浮かすようにして置きました。この用意が出来た後で私は水をまず管自身と同じ太さの水流で管Bを通して流し、一立方フィートの容器を満たさせました。それからその間に水がどれだけ小皿Lに流れこんだかを正確な計りで調べ、その重さが四オンスであることを知りました。次に管Bを閉じ、水を同じ太さの水流で管Eを通して一立方フィートの容器に流れさせました。この容器が一杯になったところで、私は前のようにその間に小皿に流れこんだ水の重さを計りましたが、その重さは前の重さより半オンスも増していないことがわかりました。しかし水流は管B並びに管Eから絶えず同じ力で流れたわけでないから、私は最初の実験で必要であることが判明しただけの量の水を用意してからこの操作を繰りかえしました。我々は三人がかりで出来るだけ一生懸命この操作に従事し、これを前よりは正確にやり終えました。尤も希望したほど正確には出来ませんでしたけれども。しかしこれは、この問題について或る程度の判断を与えるのに十分なだけの資料を私に与えてくれました。第一回目と第二回目とでほとんど同じ相違を私は発見したからです。そこで問題並びに以上の実験を熟慮した結果、私は次のような結論に至らざるを得ません。即ち、管の長さが生じ得る相違は始めの間だけ、換言すれば水が流れ出す時においてだけ意味を持つのであり、水がしばらく流れつづけた後では、長い管を通しても短い管を通しても等しい力で流れるのです。このこ

との理由は、高い位置にある水の圧力は常に同一の強さを保持していること、またこの圧力は自己が伝えるすべての運動を絶えず重力作用から得ていることにあります。それでこの圧力は、その運動を管中の水に絶えず伝えることになり、そしてついにこの水は一度前へ推進されるや、高い位置にある水がその水に与え得る重力に相応するだけの早さを得たのです。というのは、もし管Gの中の水が最初の瞬間において管Mの中の水に一度の早さを伝えるとすれば、次の瞬間には確かにそれがもとの強さを保持(前提されているように)している限り、その水に四度の早さを伝えるのであり、このようにして結局長い管Mの中の水は管Gの中の高い位置にある水の重力がそれに与え得るのに相応するだけの強さを得るのです。従って、例えば四万フィートの長さの管を通して流れる水も、きわめて少時間の後には、高い位置にある水の圧力だけによって管Mがわずか一フィートしかない場合に得ると同じだけの早さを得ることになるわけです。長い管における水がこの一定の早さを得るに要する時間は、もっと完全な器具さえ入手出来ていたら決定することが出来たでしょう。しかしそれはあまり必要なこととは思いません。問題の主要点は十分決定されたのです(2)から云々。

フォールブルフ、一六六九年九月五日

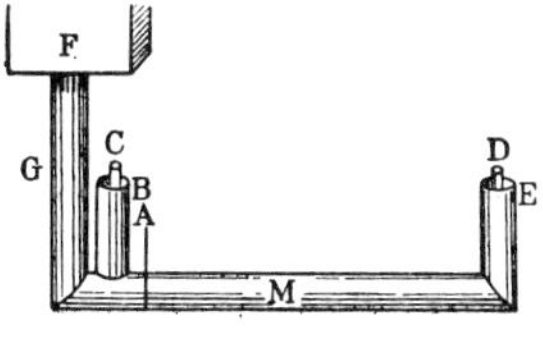

書簡四十二[1]　ランベルト・ド・フェルトホイゼン[2]から

ヤコブ・オーステンス[3]へ

博学の士よ、

やっといくらか暇が出来ましたので、早速貴下の御希望と御要求に応ずることにいたします。貴下は神学・政治論と題する書物に関して、私の意見と批判を述べるように望まれたのでした。私はそれを今、時間と能力の許す限りやって見ようと思います。しかし一々詳細に立ち入って論ずるわけにはまいりませんから、ただ著者の物の考え方と宗教に関する彼の見解とを要約して述べることにします。

彼がどんな民族に属するか、またどんな生活の仕方をしているかを私は知りませんし、また知りたいとも思いません。ただ彼が、凡庸な頭脳の持主でないこと、また彼がヨーロッパのキリスト教徒たちの間に行われている宗教上の論争について皮相的とはいえない、かなり突っこんだ研究と観察をしていることはその書物の内容を読めばよくわかります。この書物の著者は、人々を軋轢させ党派に分裂させている諸思想を検討するには、自らまず諸〻の偏見を捨て去るのが上策だと信じました。それで彼はあらゆる迷信から心を自由にするために非常な努力をしています。しかし彼はあらゆる迷信から逃れようとしてあまりにもその反対の方向に行き過ぎ、迷信の非難を避けるためにすべての宗教を捨てたように思われます。とにかく彼は理神論者の宗教[4]の枠内に入る人間です。この理神論者なるものは、道義の頽廃した当世には至る所数多く存在し、中でもフランスに多くおります。メルセンヌ[5]はこうした理神論者たちに対して一論文を公表しましたが、これは私もかつて読んだ記憶があります。しかし私は数ある理神論者のうちで神学政治論の著者ほどに悪意を以てまた狡滑且つ巧妙にこの厭うべき主義のために代弁した者を知らないように思います。いや、私の推測に誤りがなければ、この人間は単に理神論者の限界内に止ってはおらず、人々に対し宗教的礼拝のいささかの余地をも残していないのです。

彼も神を認め、神を宇宙の創造者・建設者としてはいます。しかし世界の本質、外形、秩序を、神の本性並びに永遠の諸真理（永遠の諸真理を彼は、神の意志から離れて存在するものとしているのです）と同様に、全く必然的なものと主張します。従って彼はいっさいが制御し難き必然性、避くべからざる運命によって生起するとはっきり言明します。物を正しく思惟する者にとっては誡命とか掟とかは何ら問題になり得ず、ただ人間の無知がそういう名称を導入したのであって、そのことは民衆の未熟さが神に諸〻の感情を認めるような表現法を成立させる動機となっているのと同様であると彼は主張します。同様にまた神は、かの永遠の諸真理並びに必然的に生起せねばならぬその他の事柄を掟の形で人間に伝える時に、自分自身を人間の把握力に適応させたとしています。彼の教えによれば律法が命ずること、また人間の意志から出て来ると一般に考えられていることは、恰かも三角形の本性が必然的であると同様の必然性を以て生起するのです。そしてこのため、誡命に含まれているいっさいの事柄は人間の意志に依存せず、また人間がそれを守ろうと守るまいと人間に何ら善悪を生じないのであって、それは恰かも神の意志が祈りによって曲げられずまた神の永遠にして絶対な決裁が変えられないと同様だとしています。このようにして彼の教えるところでは、誡命と決裁は本来同一の意味を持ち、この両者は次の点で一致するのです。即ち、人間の未熟と無知に動かされた神は決裁を誡命の形で人間に告げて、それが人間(といっても神について崇高な思想を形成することが出来ず、また徳への愛と邪悪への憎しみを自らの中に喚起するのにそうした子供っぽい補助手段を要する人間のことです)に幾分でも役立つように配慮したのだというのです。だから、我々の容易に見得るように、著者は彼の著書の中で生や死についてまた宇宙の裁き主から人間に与えられる報償や刑罰についてほとんど述べておらず、また祈りの効果についても述べていないのです。

これは彼の思想原理から言って当然なことです。というのは、いっさいが運命に帰せられまたいっさいが不可避的必然性によって神から発するとされるなら、或いはむしろこの全宇宙が神であると主張されるなら最後の審判の余地がどこにありましょう。また報償や刑罰へのどんな期待がありましょう。事実著者は、全宇宙が神であるという主張からさまで離れていないのではないかと思います。少くともいっさいが必然的に神の本性から発すると主張するのと、宇宙は神そのものであると主張するのとはそれほど差異はないのです。

それにもかかわらず彼は徳の行使の中に人間の最高満足を置いています。彼によれば徳はそれ自らが報償であり、また最も崇高な思想を示す舞台であります。そしてこのため、物を正しく認識する人間は神の誡命や律法のゆえにでなく、或いは報償への希望や刑罰への恐怖のゆえにでなく、徳の美しさや人間が徳の行使に際して感ずる精神の喜びに促がされて徳に努力せねばならぬと主張します。

このようにして彼の考えによれば、神は予言者たちや啓示を通して人間を常に律法につきものである報償への希望と刑罰への恐怖とによって方便的にのみ徳へ駆っているのであり、これというのも一般人間の精神は律法からまた刑罰への恐怖や報償への希望から汲み取った議論によってでなくては徳の実践へ駆られ得ないように憐れに創られているからだとしています。これに反して、物を正しく評価する人間はこうした議論に何らの真実性も力もないことを理解するというのです。

また彼は（そして彼の説は実はこの主張によって崩れ去るのですが）、予言者たちや説教師たち、従ってまた神自身（神は彼らの口を通して人間に語ったのだから）が、実際にはそれ自体誤っている議論を使用したことを重視すべきでないと考えております。聖書は真理を教えたり、その中に書いてある事柄の本質を説いたりするためにあるのではないこと、聖書の中に書いてある事柄は人間を徳へ導くための手段として用いられているに過ぎないことを彼は機会ある度毎に明白に繰り返し言明し力説しているのです。そして実践的な道徳や悪徳の実体をこそ予言者たちはよく知っていたとしても、その徳へ人々を駆るために考案した議論や理由については、予言者たちは一般民衆に見られる誤謬から全然免がれているほど物の本質に通じているわけでなかったと彼は考えているのです。

このためさらに著者はこう教えています。——予言者たちは、一定の人々の許に遣わされて彼等にその義務を忠告した時にも、その判断において誤らなかったわけではなかった。しかしそのため、彼らの神聖性や信憑性は損われはしなかった。彼らは人々を徳へ励ますのに正しい説教や議論を用いたわけでなく、彼らが話しかけた人々の先入的意見に適応させた議論を用いたのであるが、その徳なるものは少しも疑わしい点のないもの、人間の間にそれについて何ら論争の起るようなものではなかったからそれでよかったのだ——そう教えています。彼によれば、予言者たちの派遣された目的は人間を徳への行使において促進することにあり、何らかの真理を説くことにはなかったのです。そしてこのため彼は予言者の誤謬と無智も、予言者が徳へ駆ろうとした聴衆にとって何の実害もなかったと考えています。彼の意見では、どんな議論で人々を徳へ励まそうとも、その議論が予言者が民衆を励まそうとした結局の目的である道徳そのものをぶちこわしにさえしなければ別に差し支えはないのです。つまり道徳的神聖性は実際真理そのものの中には含まれていないのだから、真理を一般に精神で把握するだけでは信心に何ら価値がないというのです。そして、真理の認識、否諸〻の玄義《ミステリア》の認識さえも、それが信心に寄与するところが大であるか小であるかによってのみその必要性の程度が定まるとしています。

私の思うに、著者は神学者たちの周知のあの原則を念頭に置いているのです。即ち神学者たちは、予言者の言葉のうちに、教理を説く場合の言葉と単に或る物語りをする場合の言葉とを区別しているのですが、この区別は、私の思い違いでなければ、すべての神学者たちに受け入れられています。そして彼は、自分の見解がこの説と合致していると誤想しているのです。

このため彼は、理性と哲学が聖書の解釈者であることを否定するすべての人々が彼の意見に従うだろうと期待しています。彼によれば、聖書の中には神について、実際神と一致しない無限に多くのこと、人間を感動させ人間の中に徳への愛を喚起させるために人間の把握力に適応して言われる無限に多くのことが書かれていることは明らかなので、彼は聖なる教師が真実でない議論によって人間を徳へ教化しようと欲したのか、さもなくば聖書を読む各人に自己の理性の原理に従って聖なる教師の意味と意図を判断する自由が認められねばならぬか、どちらかを容認すべきであると考えるのですが、この後の見解を著者は全然否認し、理性は聖書の解釈者であると説くあの逆説的神学者(6)のすべての亜流を一しょくたに排撃しています。著者の考えによれば、聖書は文字通りの意味に従って解さるべきであり、人々には予言者たちの言葉がどう解されねばならぬかを自己の判断と自己の理性の感覚に従って解釈する自由は許されておらず、従って予言者たちがいつ本来的に語りいつ比喩的に語ったかを自己の推論や自分が事物から得た認識に従って吟味することは出来ないというのです。しかし、これらについては、また後で述べる機会があるでしょう。

少し主題から離れましたから、主題へもどります。著者は、万物の運命的必然性に関する自己の原理にもとづき自然の法則に反するいっさいの奇蹟の生起を否定しています(7)。私が上に述べたように、彼は事物の本性並びにその秩序が神の本性及び永遠の諸真理と同様必然的な或るものであると主張しています。従って彼の教えによれば、或ることが自然の法則からはずれることの不可能なのは、三角形において三角の和が二直角に等しくないことが不可能であると同様なのです。また神といえども軽いものが重いものをつり上げるようにしたり、二度の速さで進んでいる物体が四度の速さで進んでいる物体に追いつくようにしたりすることは出来ないというのです。このようにして、彼の主張によれば奇蹟も自然の一般法則の支配を受けているのです。そしてこの自然の法則を、彼は諸物の本性自身と同じく不可変的なものと教えています。もともと諸物の本性そのものが、彼によれば自然の法則の中に含まれているのですから。また彼は、自然の法則に従って現われる神の通常の能力以外には、何ら神の他の能力を認めていません。そして他の能力は考えることも出来ないとしています。彼によれば、そうした能力は諸物の本性を破壊し、自己自らと矛盾するものなのです。

こうして結局著者の見解によれば、「奇蹟とは思いがけずに生ずるもの、その原因が民衆にわからないもの」なのです。[8] 民衆は、正規になされた祈りの後で何かの差しせまった悪が除かれたように見えたり、或いは望ましい善が得られたように見える場合、これを祈りの力と神の特別な導きによるものとしますが、著者の見解によれば、民衆が祈りの介在と効験によって生じたと思う事柄を、神は祈りなしにも起るようにすでに永遠この方絶対に決裁していたというのです。彼によれば、祈りが神の決裁の原因でなくて却って決裁が祈りの原因なのです。

すべての物はその本性に関してもその日常の生起に関しても避くべからざる運命と抑制し難き必然性を担っているというこの全教説を、彼は神の本性の上に或いはもっと明瞭に表現すれば神の意志と知性の本性(意志と知性は名前は異なるが神においては事実上合致するのです)の上に立てています。それで彼は、神はこの宇宙及びその中に相継いで生起する一切を必然的に認識すると同じ必然性を以てそれを意欲したと説きます。しかし神がこの宇宙とその諸法則並びにその法則の中に含まれている永遠の諸真理を必然的に認識するのなら、神が異なった宇宙を創ることは不可能だったのであり、それは神が諸物の本性を破壊したり 2×3=7 であるようにしたりすることの不可能だったのと同様であると彼は結論します。そして我々はこの宇宙や宇宙の諸法則――万物の生滅を規定するところの――と異なった何物をも考え得ず、この種の表象はすべて自己破壊的であるように、ちょうどそのように、神の知性の本性、全宇宙の本性及び自然の進行を規定するその諸法則の本性から言って、神がその知性を以て現に在ると異なったいかなるものをも認識し得ないことは、物が現在の瞬間において自己自身と異なるものであることの不可能であるのと同じだと彼は教えています。こうして彼は次のように結論します。神が現在自己破壊的なものを作ることが出来ないと同様に、神はまた現に在ると異なった諸本性を表象したり認識したりすることが出来ないのであると。そうした諸本性を理解し認識することは、著者の意見によれば矛盾を含むものであって、それは現にあると異なった物の産出が現在不可能であると同様に不可能なのだからであります。即ち、そうしたすべての本性は、現にあるものと異なると考えられる限り、必然的にまた現にあるところのものと矛盾することになるからです。つまりこの宇宙に含まれている諸物の本性が必然的である(著者の見解によれば)からには、それらのものはその必然性を自己からは得ることが出来ず、それが必然的に発生する神の本性から得ることになるのです。全く著者は一応デカルトの説に従うように見せかけながらデカルトを踏襲していません。デカルトの説によれば、諸物の本性が神の本性や本質と異なる如く、それらの本性の観念は神の精神の中に自由に存在するのですが、著者はそうは考えていないのです。

これまで述べたすべてのことは、著者がその書物の終末で述べている諸結論への道を開くのに役立てられています。この終末においては、その先行諸章で説かれているすべてが集結されているのです。(9) 即ち彼は政府並びにすべての人々の心に次の原理を印刻しようとしています。それは国家において公的に行わるべき宗教儀式を規定する権利は政府に帰属するということです。それから、宗教について精神と心情が命ずる通りに考え且つ語ることを各〻の国民に許し、また宗教上の外的行動に関してもそれが道徳の行使や信心を損わないものである限りその自由を国民に許容することが政府の義務であるということです。実際そうした道徳については、意見の相違というものがあり得ないし、またその他の事どもの認識と行使は道徳に何ら関係がないのですから、これからして彼はどんな神事に人間が従おうとも神にとって不快であるわけはないと結論しています。著者はしかし神事といっても道徳を構成せず、また道徳を含まず、しかも道徳と矛盾せず、また道徳と異質的でなくただ人間がそれを真の徳への補助手段として採用し服膺し、このようにして道徳への愛を通して神に喜ばれ得るそうした神事について語っているのです。神はこうした神事――徳にも不徳にも寄与するところのないどちらつかずのものではあるが人間がそれを信心の行使に関係づけそれを徳の行使への助けとして用いるようなそうした神事――の行使と実践によって不快にされるはずはないからです。

しかし著者は人々にこうした逆説を認めさせるため、まず次のように主張しています。それは神によって設定され・ユダヤ人即ちイスラエル国の国民に伝えられた全神事は、ただ彼らがその国家の内において幸福に生活出来るようにのみ仕組まれたものであること、一般的にはユダヤ人は他の民族よりいっそう神に気に入られたわけではなかったこと、さらに神は予言者たちを通してしばしばこのことを証言したこと、例えば、彼らが神から規定され・命令されたあの礼拝の神事の中に直ちに神聖さと信心とがあると思ったのを見て神が彼らの無知と誤謬をとがめた如き[10]はその一例であること、そして神聖さとか信心とかは道徳の行使にのみ即ち神への愛と隣人愛とにのみ置かるべきことを彼は主張しています。

そして神はすべての民族の精神にいろいろの原理を、また言わば徳の種子を植えつけ、彼らが別に特別な訓育を受けることなしにも自発的に善と悪の区別を判断し得るようにしたのだから、これからして彼は、神は他の民族にも真の幸福を得るための諸〻のものを欠かせはしなかったこと、むしろ神はすべての人々に同等に恩恵を与えたことを結論しています。

否さらに、真の幸福の獲得に何らかの意味で役立ち得るすべてのことにおいて他の諸民族をユダヤ民族と同等にするために、彼は他の諸民族にも真の予言者がなくはなかったと主張し、これを実例で証明しようとしています。そればかりでなく、彼は神が善き天使——彼はこれを旧約聖書での慣習に従って神々と呼んでいます——を通して他の諸民族を支配したことを暗示していま(11)す。またそのゆえに他の諸民族の礼拝様式も、それが人間の迷信によって損われて人間を本当の敬虔な生活から遠ざけたり、徳と合致しない事柄を宗教の外観の下に行うように彼らを駆ったりするのでない限り、神に不快なわけはなかったとしています。ところで、神がユダヤ人たちに他の民族の神々を礼拝することを禁じたのは、ユダヤ民族に固有な特別の理由にもとづくものであって、これらの神々が神の規定と配慮により他の民族たちから正当に礼拝されていたことは、恰かもユダヤ国家の守護神として定められた天使たちがユダヤ人からその特有のやり方で神々の中に入れられ神的尊敬を与えられていたのと変りがないとしています。

そして著者は、外的な神事がそれ自体では神を喜ばせるものでないことが明らかであると考えますので、もしその外的神事が神にふさわしいものであって、人間の精神に神への畏敬を喚起し、人間を徳への愛へ動かすようなものでさえあればそれがどんな儀式で行われようとも大した問題ではないと考えています。

次にあらゆる宗教の要点は、徳の行使の中に存し、それ自体徳を促進するのに適しないような玄義《ミステリア》の認識はすべて余計なものであり、それだけに人間に徳を教え人間を徳へ励ますのに役立つものは重大で必要だと彼は考えているから、これからして彼は神、神への礼拝及びいっさいの神事についてのあらゆる見解はその遵奉者がそれを真であると考えそしてそれが信仰を高揚させるようなものであれば我々はそれを是認すべきであり、少くも排斥すべきでないと結論しています。

そして彼はこの説を固めるために、自分の意見の創始者乃至証人として予言者たち自身を引合いに出しています。即ち予言者たちも人間が宗教に関してどんな考えを持とうと神にとっては同じであり、ただ徳への愛と神への畏敬から生じた神事及びいっさいの意見が神を喜ばせるのだと確信していたというのです。否、彼らはさらに進んで人間を徳へ駆るために、それ自身真でないところの論拠、ただ教えを聞く人々の考えでは真と思われる論拠、いっそう強く徳への愛を与えるように彼らを駆るに適する論拠、そうした論拠をさえ用いることにしたとまで言うのです。つまり彼の意見によれば、神は予言者たちにその好む論拠を選ばせ、時と人間の思想に適応したもの、彼らがその判断力に従って適当有効と考えたものを用いるようにさせたというのです。

これからして彼は、神の教えを説いた人々がそれぞれ異なった論拠を、——しばしば相互に矛盾する論拠をさえ用いた理由がわかるとしています。パウロは人間が行為によっては義とせられないと教え、ヤコブはその反対を力説したことを彼は言っているのです。即ちヤコブは——そう著者は考えます(12)——キリスト教徒たちが、「信仰によって義とせられる」という教えを見当違いに解釈したのを知って、そのため人間は信仰と行為の両方によって義とせられることを至るところで説いたのです。つまりヤコブは、信仰によって義とせられるという教えは人間を徒らに神の慈悲に安住させ、善い行為について少しも顧慮を払わなくさせるから、これをパウロがやったように力説し提唱するのは、当時のキリスト教徒たちに適しないことを覚ったのだと著者は言うのです。一方パウロが念頭に置いたのはユダヤ人たちのことであり、このユダヤ人たちはモーゼから彼らに特別に伝えられた律法の行為によって義とせられるものと誤想し、これによって自分たちを他の諸民族の上に置き、福祉への道が自分たちへのみ開かれていると思い、信仰による救済法は彼らを他の民族と同じ立場に置き、自分たちからあらゆる特権を奪うものであるとしてこれを排斥したのでパウロはその点を考えて自説を立てたのだと見ています。このようにしてパウロの教えもヤコブの教えも種々異なった時と人間と諸〻の付帯事情とに応じて、人間の心を信心へ駆るのにきわめて役立ったのですから、著者は使徒たちが時にこの教えを、時にかの教えを用いたのは使徒らしい智慧の現われであったと考えています。

この理由並びに他の諸理由により、著者は聖書の章句を理性にもとづいて説明しようとしたり、理性を聖書の解釈者として立てたり、一人の説教師を他の説教師によって解釈したりすることを甚だ真理から遠ざかったものとしています。思うにそれらの説教師は同等の権威を有しており、また彼らが用いた言葉はそれらの教師が慣用している説話様式と修辞的特長から説明されねばならぬとしています。そして聖書の真の意味の探究に当っては物の本性を目ざすべきでなく、単に文字上の意味をのみ念頭に置くべきだとしています。

ところでキリスト自身及び神から遣わされたその他の説教師たちは、自らの範と教えとを以て先例を示し、人間は徳への愛によってのみ幸福に至り得るのでありそれ以外のことは何ら重大でないことを示したのであるから、これからして著者は、政府はただ正義と誠実が国の中に栄えるようにのみ配慮すべきであって、どんな神事どんな教説が真理と最も合致するかを考慮することは決して政府の任でないとしています。政府はただ、人が道徳の妨げになるような教説を採用しないように監視せねばならぬだけだというのです。そしてこれは、たとえ政府がそうした教説を抱く人々と見解を同じくする場合でもそうだというのです。

このようにして政府は何ら神を怒らすことなしに、自分の国家の中にいろいろの宗教儀式を容易に許し得ることになります。これを確実なものにするために彼はさらにまた次のような道をとっています。彼の主張によれば、道徳には社会の中で行われて外的行為に現わされる種類のものがあり、こうしたものは何人も個人的な判断や了簡によって行使すべきでなく、そうした徳への尊敬、その実行またその様式は政府の権威と力に依存します。これは、徳の外的行為はその性格を周囲の事情から得ているからであり、またこうした外的行為の実行に対する人間の義務はその行いから生ずる利益或いは損害によって判断されるからです。この結果、そうした外的行為は時を失して行われれば徳の性格を失い、それと反対な行いが徳と見なされるようなことになります。

著者はなお他の種類の道徳があることを考えています。これは精神の内部に存するものであって、それは常にその性格を保持し、周囲の事情の変化には左右されないのです。

誰しも他人に残忍や苛酷の傾向を示したり、隣人や真理を愛しないようにしたりする権利はありません。しかしこうした道徳への意図と愛を捨てることが許されないまでも、外的行為に関する限りその実施を加減したり、或いは外観だけはこれらの徳と矛盾するように思えることをしたりすることが許される時もあります。従って、真理を公然と語ったり、或いは口や筆で国民にその真理を知らせ伝えたりすることが、もはや正しい人の義務でなくなるような時があります。これはそれを知らせることが国民に利益よりも害になると考えられる場合です。そして、各人はすべての人を愛さねばならず、決してこの愛の感情を捨て去ることは許されないけれども、我々が他の人々を当然ひどく取り扱ってよい場合がしばしば起ります。例えば我々が彼らに対して行おうとする寛仁から、大きな害悪が我々に生ずることが明らかな場合の如きです。このようにしてすべての真理――それが宗教に関しようと国家生活に関しようと――をどんな時にでも述べるのが正しいわけではないというのが一般の人々の信念でもあります。そして「薔薇を与えられて暴れるような豚には薔薇を与えることはするな」と教える人なら、同時にまた宗教の或る種の条項についても、それが民衆の間に公表され伝播された場合国家や教会を混乱させそれによって国民や信仰厚い人々に善よりも害が生ずる恐れがあるならば、これを民衆に教えることが正しい人の義務であるとは考えないのです。

国家の中に結合している人々にとって何が役立つかを決定することが、個々の人々の裁量に委ねるべきでなく、それは政府にのみ委ねらるべきであるというのは、命令権と立法権が必然的に帰属する国家権力によって立てられた原則の一つでありますが、これにもとづいて著者は、どんなまたいかなる種類の教義が国家において公的に教えられねばならぬかを決定する権利は政府にありとし、一方また、外的礼拝に関する限り、政府が公的に語らぬように法律によって命じている教義を説いたり告白したりすることを控えるのは臣民の義務であると論じています。神はそうしたことを個々人の判断に委ねなかったのであり、それは法律の力を愚弄したり政府の目的が無効になったりするようなことを政府の意見や決定に反しまた裁判官の判決に反して行うことを神が彼等に許さなかったのと同然であると彼は見ています。即ち著者の説によれば、外的神事とその告白とに関するこの種のことがらについては人々の間に十分話合いがつき得るのであり、また礼拝に関する外的行為が政府の判断に安全に委せられ得ることは、恰かも国家に加えられた不法を判断してこれを実力によって罰する権能が政府に認められていると同様なのです。思うに個人は国家に加えられた不法に関する自己の判断を政府の判断に順応せねばならぬ義務はなく、個人はそれぞれ自己の意見を持つことが出来るのであるが、ただ事態が要求する場合には、政府の決定を実行することにその協力を致さねばならぬのであり、これと同様に著者の見解によれば、国家において個々人は或る教義の真偽について或いはその必然性について判断することが出来、また個々人は宗教に関して国家と同じ考えを持つように国家の法律によって束縛されることは出来ないのであるが、ただどんな教義を公的に立てねばならぬかは政府の判断に依存するのであり、また宗教に関する自分の意見が政府の決定と異なる場合、自分の意見を沈黙し且つ礼拝に関する政府制定の法律がその効力を失うようなどんな事をもしないようにすることが個々人の義務であるとしているのです。

しかし政府が民衆の大多数と宗教上の問題で意見を異にし、民衆の判断とは全く異なる事柄を公的に教えようと欲し、しかも政府はそうした教義を公然とその国家の中に宣布することを神の名誉の上に必要であると考えるというような場合が起り得ます。著者は、政府と民衆の判断の異なるために国民にとって大なる損害が生じ得るこうした困難な事情がなお残るのを見て、先の考察のほかに別な考察を付加し、これによって政府と臣民の両方の良心を満足させ、宗教における自由を損わずに保持しようとしています。即ち政府がたとえ背理的であると自分が判断するような宗教儀式を国家の中において許そうとも、それが道徳と矛盾せずまた道徳を倒壊しないようなものでさえあれば、神の怒りを恐れる必要はないのだと著者は考えるのです。こうした見解の根拠は、先に私が十分説明したので貴下にもおわかりのことと思います。つまり人間が宗教に関してどんな意見を抱きまた心でこれを是認し・擁護しようとも、またどんな宗教儀式を公的に行おうとも、これらすべては徳にも悪徳にも何ら関係のないことと見らるべきであるから神にとってはどうでもよく、また神の心を悩ますことはないのであり、ただ各人は徳への愛において最も進歩することが出来るような教義や儀式を持つように考慮する義務があるだけなのだと著者は主張するのです。

尊敬する士よ、以上が神学・政治論の論旨の大要です。これは私の見解によれば、すべての神事と宗教を廃棄し、これを根底から倒壊し、ひそかに無神論への道を開くものです。或いは人間に畏敬の念を起させる力のないような神を作り上げるものです。なぜなら、そこでは神自身が運命に従属しており、神的支配や摂理の余地が全然なく、賞罰の配分が全く排除されるからです。少くも著者の論文からは、彼が彼なりの理由と根拠によって全聖書の権威を破壊していること、単にお座なりにのみ聖書の権威を云々していることが容易に見てとられます。同様にまた彼の論述からして、コーランが神の言葉と同価値のものであることが帰結されます。また著者には、マホメットが真の予言者でなかったことを証明すべき論拠が何一つ残されていません。というのは、トルコ人たちもまた、彼らの予言者の命令にもとづいて人々の間に異論のない諸〻の道徳を行っているのでありますから。また著者の説によれば、神はユダヤ人やキリスト教徒に伝えられた神託を与えられなかった諸国民をも、しばしば他の啓示によって理性と服従の道へ導いているのですから。

こんな次第ですから、私が彼を遠まわしの、尤もらしい諸論拠によって純然たる無神論を説く者と弾劾しても大して真実から離れておらず、また著者に不法をなしているのでないと信じます。

L・v・V・

ウトレヒト、一六七一年一月二十五日(旧暦)

書簡四十三(1)　スピノザからオーステンスへ

博学の士よ、

あまり長い間お待たせしたので、きっと不思議に思っておられるでしょう。実は私は貴下が送って下さったあの御仁のお手紙に答える気にはなかなかなれなかったのです。今そのお答えをいたすのも、貴下へのお約束を果たすためにすぎません。なるべく私の気持に添うように出来るだけ手短かにすませ、あの御仁がどんなに見当違いに私の見解を解釈したかを簡単に示すだけにします。いったい彼があれを悪意でやったのか、それとも無智でやったのか、私にはほとんど見当がつきません。まあ本題に入りましょう。

彼は第一に「私がどんな民族に属するか、またどんな生活の仕方をしているか知りたいとも思わない」と言っています。もし彼がこのことを知ったとしたら、私が無神論を説いているとは容易に信じなかったでしょう。無神論者というものは名誉や富を法外に欲しがるものですが(2)、そんなものを私が常に蔑視していることは私を識る程の人なら誰でも知っています。それから彼は彼の目的へ容易に達するために、私を凡庸な頭の持主でないなどと申しています。これによって彼は私が狡滑に、巧妙に、また悪意を以て、厭うべき理神論者たちの主義のために代弁したと人々に信じさせようとしているのです。これを見ても彼が私の論拠を理解していないことが十分明らかです。実際、自分が誤りと判断する事柄のために偽って多くの且つ妥当な議論をなし得るほどそんなに狡猾な、そんなに機智ある人間がどこにあり得ましょうか。また虚構が真理と同様に確実に証明されることが出来ると彼が信ずるなら、彼は今後そもそも誰の書いたものを真面目なものと考え得るでしょうか。しかし私はこうした事を、もはや不思議には思いません。かつてデカルトもフーティウス(3)からこういう非難を受けたし、また多くの善き人々がしばしば同じような取扱いを受けているからです。

次に彼はこう言っています、私は「迷信の非難を避けるためにすべての宗教を捨てたように思える」と。彼が宗教とか迷信とかをどう解しているのか私は知りません。いったい、神を最高善として認めこれをそうしたものとして自由な精神を以て愛さねばならぬ(4)と説き、我々の最高の幸福と最高の自由はこの点にのみ存するし、徳の報酬は徳そのものに在り愚昧と無力の刑罰は無力そのものにありとし、各人は自己の隣人を愛し且つ国家の命令に服従せねばならぬと主張する者を目してあらゆる宗教を捨てたと言えるでしょうか。私はこれらのことを明白に主張しただけでなく、その上、確実な論拠によってこれを証明したのです(5)。しかし私はこの人物がどんな泥濘に足を踏み入れているかわかるような気がします。彼は徳そのもの認識そのものの中に彼を喜ばせる何物も見出していないのです。そしてただ一つの障碍、即ち刑罰への恐れというものがないとしたら、彼はその感情の衝動のままに生活することを欲したでしょう。彼は奴隷のように動揺する心を以て、いやいやながら悪しき行いを避け、神の命令を守り、この隷属に対して報償を——彼にとっては神への愛そのものよりも遥かに甘美な報償を——神から与えられるように期待しているのです。否、彼はそのなす善を不本意に嫌々ながらやっていればいるだけいっそう大なる報償を期待しているのです。この結果彼はこうした恐れによって抑制されないすべての人を目して、放恣な生活をなし、すべての宗教を捨てているとするのです。しかしこのことはこれだけにして、私が遠まわしの、尤もらしい論拠で無神論を説いているとしている彼の議論に移りましょう。

(6)彼の論証の基礎をなすものは、私が神の自由を奪い、神を運命に従属させているという考えです。この考えは全く違っています。私が「いっさいは不可避的必然性を以て神の本性から生起する」と主張したのは、すべての人が「神の本性からして神が自分自身を認識するということが生ずる」と主張しているのと同じわけです。確かに何人もこのこと〔神が自分自身を認識するということ〕が神の本性から必然的に生ずることを否定していません。それでいて何人も、神が何らかの運命に強制されて自分自身を認識するのだとは考えず、むしろ反対に、神は必然的にではあるが全く自由にそれをなすと考えています。そしてここには、すべての人によって理解され得ないような何ものも含まれていません。もしそれにもかかわらずこれらのことは悪意から言われたものだと彼が信ずるなら、彼はその私淑するデカルトについてどう考えるのでしょうか。デカルト(7)はいかなることもあらかじめ神によって定められなくては、我々によってなされ得ないこと、否、我々は一刻一刻に神から言わば新しく創造されていること、しかも我々は我々の意志の自由によって行動していること、そうしたことを主張しています。これこそ全くデカルト自身も自白するように、何人も了解し得ないことではありませんか。

(8)次に万物のこの不可避的必然性は、神の律法をも人間の律法をも廃棄するものではありません。思うに、諸〻の道徳律は、律法としての形式を神自身から受けていると否とにかかわらず神聖であり有益であります。また徳や神への愛から生ずる善は、我々がこれを審判者としての神から受けようと、或いはそれが神的本性の必然性から発しようと、それはそのゆえに望ましさの程度を増減するものではありません。一方また、悪しき行為から生ずる悪は、それがその行為から必然的に生ずるからとてそのゆえに恐ろしさの程度を減ずるわけではないのです。最後に我々は、我々の行うことを必然的に行うと自由に行うとを問わず、やはり希望或いは恐怖によって導かれているのです。ですから彼が「著者は誡命とか掟とかは何ら問題になり得ないと主張する」とか、或いはその後で「もし一切が運命に帰せられまたいっさいが不可避的必然性によって神から発するのなら報償や刑罰へのどんな期待もなくなる」とか言っているのは誤りです。

私はここで、いっさいが必然的に神の本性から発生すると主張するのと宇宙は神であると主張するのと何故同一であるか或いは何故あまり差違がないのであるかの問題に立ち入ることはいたしません。私はただ彼が同じように悪意を以て付加していることを貴下に注意して頂きたいと思います。それは「著者の見解によれば、人間は神の誡命や、神の律法のゆえに、或いは報償への希望や刑罰への恐怖のゆえに徳に努力するのであってはならぬ、ただ云々」という言葉です。貴下も御覧の通り、私の論文のどこにもそうしたことが出ていないのです。私は反対に、第四章ではっきりこう申しました。神の律法(それは第十二章で述べたように神によって我々の精神に書きこまれたものです)の核心とその最高誡命は、神を最高の善として愛するにある、と。そしてこの愛は何らかの刑罰への恐怖にもとづくのでなく(なぜなら愛は恐怖からは生じ得ないから)、また我々の享受しようと欲する他の物への愛にもとづくのでもない(なぜならその場合我々は神自身よりむしろ我々の欲するその物を愛することになるから)と申しました。また神が予言者たちに啓示したのはこの律法であることを同章の中で示しました。従って私が神のこの律法は法としての形式を神自身から受けたと考えるにしても、或いはそれを永遠の必然性と真理性を含む神のその他の諸決裁と同様に解するにしても、いずれにしてもそれは神の決裁であり、人を救いに導く教えなのです。そして私が神を自発的に愛するとしても、或いは神の決裁の必然性によって愛するとしても、やはり私は神を愛しているのであり、また幸福になれるのです。私は神学・政治論の緒言の終りで或る種の人々のことについて語り、そうした種類の人々にはあの本を全然顧みてもらいたくない、彼らは何に対してもそうであるように、この本をも見当違いに解釈して不快な思いをし自らに益するところがないのみでなく、他人にも害となるであろうが、そんなことになるよりは、彼らには全然これを読んでもらいたくない、とそう申しました。(9) 今私は彼がそうした種類の人間の一人であると確言することが出来ます。

私の考えていたことを明らかにするにはこれで十分と思いますけれども、まだもう少し申し上げた方がよいかもしれません。まず、予言者の言葉のうちに教理を説く場合の言葉と単に或る物語をする場合の言葉とを区別する神学者たちのあの原則を、私が念頭に置いていると彼が信じているのは当りません。もし彼がこれを以て、私が十五章で述べているR・エフダ・アルパカール(10)の原則を意味しているのなら、どうして私がその原則と合致すると考えられましょう。私は同章でその原則を誤ったものとして排斥しているのですから！　だがもし彼が何か他の原則を意味しているのなら、私はまだそうしたものを知らず、従ってそれを念頭に置くことは出来るはずがなかったと申さざるを得ません。

それから、理性と哲学が聖書の解釈者であることを否定するすべての人々が私の意見に従うだろうと私が期待している、と彼が言っている理由も私にはわかりません。私はマイモニデスの意見を反駁したと同様に彼らの意見をも反駁しているのです。(11)

彼が私についてなした判断が十分慎重な考慮から出たのでないことを示すすべてのことを検討

するとしたら、あまりに長くなるでしょう。ですから今は彼が結末で述べていることに移ります。そこで彼は「著者にはマホメットが真の予言者でなかったことを証明すべき論拠が何一つ残されていない」と申しています。彼はこのことを私の言説から示そうと試みていますが、実はこれと反対に私の言説からはマホメットが詐欺師であったことが明白に帰結されます。というのは、自然的光明並びに予言的光明によって啓示された普遍的宗教が保証している自由、何人にも絶対に認めなければならないことを私も示している自由を、マホメットは完全に奪い去っているからです。そして仮にこれがそうでないとしても、いったい私は或る予言者が偽の予言者であったことを示さねばならぬ義務があるでしょうか。これに反して予言者たちは、実際自らが真の予言者であることを示さねばならぬ義務を持っていました。だがもし彼がマホメットもその他の予言者たちのなしたと同様に神の律法を説き、自分が天から遣わされたことの確実な徴証を与えたと主張するのなら、彼はマホメットが真の予言者であったことを否定する何の理由も全然持たないではありませんか。

ところでトルコ人たちやその他の異邦人に関して申せば、もし彼らが神を正義の行使と隣人愛によって尊敬する限り、彼らはキリストの精神を持つ者であり、またその限り彼らは、無知のためマホメットや諸神託についてどう考えていようとも救われるのであると私は信じます。

友よ、貴下も御覧の通り、あの御仁は甚だ真実から離れています。そして私が遠まわしの、尤もらしい諸論拠で無神論を説いているなどと呼号して恥じません。しかし私の考えでは彼が傷つけているのは私でなく、専ら彼自身なのです。

それはとにかく、この手紙の中に貴下はあの御仁に対してひどすぎる言葉だと判断されるような何物をも見出されないだろうと思います。だがもしそうしたものに貴下が出合われるとしたら、どうかそれを抹殺するなり、貴下のよきように訂正するなりして下さい。私は何人にせよ人を激させたり、自分から敵を作ったりすることは好みません。そういうことはこんな論争にはしばしば起ることなので、私は御返事の手紙を書くことを容易に果たしかねたのです。もしお約束したのでなかったら、この手紙は書かなかったかもしれません。

では御機嫌よう。貴下の慎重さにこの手紙と私自身とをおまかせいたし……云々

〔ハーグ、一六七一年二月？〕

書簡四十四(1)　スピノザからイエレスへ

親愛なる友よ、

こないだ……教授(2)が訪ねて来て、いろいろ話のあった際、こんなことを聞いたと伝えてくれました。それは私の神学・政治論がオランダ語に訳されて誰かの手で——それが誰であるか彼は知りませんでした——印刷に付されようとしているというのです。それで私はそのことについてあなたによく調べてもらって、出来るならその印刷を取り止めさせるようにしていただきたいと思います。これは私だけの念願でなく私の善き知人たちの念願でもあります。同書がオランダ語で出版されればもとの本の方も発売禁止になることは必定ですが、彼らはそうした事態に立ち至るのを好まないのです。私はあなたが私個人のためにも公共のためにも、このお頼みを聴いて下さ

るものと確信しています。(3)

少し前のこと、或る友人が一冊の本を家へ送ってくれました。それは私が前々からしばしば耳にしていた「政治的人間《ホモ・ポリティクス》」と題する本です。(4)私は通読してみて、これは人間によって考えられ得る最も有害な本だと思いました。この著者にとっての最高善は金と名誉であり、彼はこれに彼の所説を順応させ、金と名誉を獲得する手段を示しています。即ち人は、内々はすべての宗教を捨て、外面的には最も自分の立身に役立つような宗教に帰依し、また自分の利益になる限りにおいてのみ信義を守るべきだというのです。そのほか彼は極力偽善、破約、虚言、偽誓その他多くのそうしたことを推賞しています。私はこれを読んだ時、この書に対して間接に一冊の小さな本を書き、その中で最高の善について論じ、また金銭や名誉に渇している人々の不安で惨めな状態を説き、さらに明瞭な理由と多くの例を以て、国家はあくなき名誉欲や金銭欲により必然的に滅びなければならず、また滅びていることを証明してみたいという考えに動かされました。(5)

思えばミレッツスのタレース(6)の思想は上に挙げた著者のそれよりどんなにか立派ですぐれていたことでしょう。これは次のことを考えても明白です。タレースは申しました、「いっさいは友人の間では共有である。賢者たちは神々の友人でありそしていっさいは神々のものである。(7)ゆえにいっさいは賢者たちのものである」と。こんな風にして、このすぐれた賢者は富を貪欲に追求することによってでなく、却ってこれを高貴に軽蔑することによって巨大な富を得ました。しかし彼は他の機会には、賢者が富を持たないのは持つことが出来ぬからでなく自ら進んで持たぬのであることを示しました。それはこうです。彼の友人たちが彼の貧しさを非難した時、彼は答えました、「君らは私が自分の努力に価しないと思っているところのもの、しかも君らが貪欲に求めているところのものを、私も得ることが出来ることを見せてもらいたいのだろうか」と。そして彼らがそうだと答えた時、彼はギリシャ全土のぶどう圧搾器を賃借りしました。卓越した天文学者だった彼は、前の数年に極めて不作だったオリーブがその年は非常な豊作になることを見抜いていたのでした。そして彼は、安い賃金で借りたこれらの圧搾器を高い値段で賃貸ししました。人々はオリーブから油をしぼるために、この機械を使わなければならなかったのです。これによって彼は一年の内に非常な富を獲得しました。しかしその後で彼は、先に彼が賢明にこれを得たと同じように、今度は惜しみなくこれを人々に分配したのでした。

これで擱筆します。私はいつもながらあなたの友……云々

ハーグ、一六七一年二月十七日

書簡四十五[1]　ゴットフリート・ライプニッツ[2]からスピノザへ

著名、卓越の士よ、

世間では多方面にわたる貴下の御才能をたたえておりますが、私の承知しますところでは貴下は光学の方面におきましても優秀な知識をお持ちとのことです。そこで私は自分のささやかな一試論を貴下に御送付申し上げることにいたしました。この研究領域において貴下にまさる批判者が容易に得られないと存ずるからであります。ここにお送りします「高等光学に関する覚え書[3]」と題する小論文は、友人たちや同好の士に気やすく読んでもらうため発表したものです。聞くと

ころによれば、高名なフッデ氏[4]もこの道に造詣《そうけい》が深いとのことですが、貴下はたしか同氏と相識の間柄と存じます。もし貴下が私のため、同氏からも好意ある批評を得て下さいますなら、私の感謝これにすぎるものがございません。

この小論文が何を取り扱っていますかは、この論文自身が十分に説明してくれるでしょう。貴下のお手許にはイタリヤ語で書かれたジェスイット教徒フランシス・ラナの「序論」[5]がおありのことと存じます。この「序論」の中には光線屈折学上の幾つかの重要な説が述べられております。さらにまた、この道に学識の深いスイスの青年ヨハン・オルティウス[6]は「視覚に関する物理機構学的考察」を発表しておりまして、この中でオルティウスはあらゆる種類のレンズを磨くためのきわめて簡単な一般向の機械を予告しておりますと共に、また彼は対象のあらゆる点から発するあらゆる光線をそれに相応するそれと同数の他の点に集中させる方法を発見したと申しております。しかしこの方法は、対象が一定の距離にありかつ一定の形をしている場合にしか適用出来ません。

ところで私の主張は、すべての点から発するすべての光線を集めるようにすることに関するのではありませんで(と申しますのは、これまで知られている限りでは、それは対象の距離や形がどんな場合にでも出来るというわけのものではありませんので)、ただ光軸の外にある諸点から来る光線を光軸の上にある諸点から来る光線と同じように集中させることに、従って視覚の明瞭度を減ずることなしにレンズの鏡径を任意の大いさになし得るようにすることに関しております。とにかく、私の所説をすべて貴下の俊鋭な御批判にお任せします。

では御機嫌よう。何分ともよろしくお願いします。

貴下の熱心なる崇拝者
両法博士、マインツ市顧問官
ゴットフリート・ヴィルヘルム・ライプニッツ

フランクフルト、一六七一年新暦十月五日

追伸、(7)もし御返事がいただけますなら、弁護士のディーメルブルック氏がたぶん喜んでそれを引き受けてくれるでしょう。なお私の「物理学の新仮説(8)」はすでに御覧下さったことと思いますが、まだでしたらお送り申し上げます。

〔表書〕アムステルダムにて、著名なる科学者《メドサン》(9)、深遠なる哲学者
スピノザ様　委託便にて

書簡四十六(1)　スピノザからライプニッツへ

前書簡への返事

高貴の士よ、
お送り下さいました御論文正に拝読いたしました。御親切のほど厚く御礼申し上げます。ただ残念に思いますのは、貴下が十分明瞭に説明されましたはずの御見解を私が十分把握出来ませんでしたことです。(2)ですから私は、次の若干の点についてお答えしていただくことを御願い申し上げます。まず貴下のお考えでは、我々がレンズの鏡径をあまり大きくしてはならないのは、一点

から来る光線が他の一点に正確に集中せず、我々が通常機構学的点《プンクトゥム・メカニクム》(3)と名づけているあの小空間、鏡径の大小に比例して大きくも小さくもなるあの小空間の上に集中するからというだけの理由であってそれ以外の理由はないのかどうか。次にお尋ねしたいのは、貴下がパンドカ・レンズ(4)と呼んでおられるそのレンズはこの欠点を是正することが出来るかどうか、つまり機構学的点——同一の点から来る光線が屈折後に集まる小空間——は鏡径の大小にかかわらず常に同一の大いさを保つかどうか、ということです。もしそうだとしますれば、そのレンズの鏡径は任意に大きく出来るのであり、従ってそれは我々に知られている他の形のものより遥かにすぐれていることになりますが、もしそうでないとしますれば、なぜ貴下がこのレンズを普通のレンズ以上にひどく推賞されるかの理由がわからなくなります。

事実、円形のレンズは至るところ同一の軸を持っています。従って我々がこれを用いますれば、対象のすべての点は光軸の中にあるものと見なされます。そして対象のすべての点が同じ距離にあるのではないにしても、それから起る相違は対象が極めて遠くにある場合はそう著しいものではありません。その場合、同一点から来る光線は平行してレンズの上に落ちると同様に見なされ得るからです。

しかしとにかく、我々が多数の対象を一瞥で捉えようと思います時(これは我々が極めて大きな眼鏡を用いる場合に起ります)、貴下のレンズはすべてを同時によりはっきり見るのに役立つものと私は信じます。しかし貴下が私に御見解をもっと明瞭に説明して下さるまでは、以上すべてについて私の判断を差し控えたいと存じます。私はその御説明を心からお待ちしています。

フッデ氏(5)には、御希望に従いましてもう一冊の方を送りました。彼からの返事によれば、彼は目下それを検討する時間を持たないそうですが、一、二週間の後にはひまになるだろうとのことでした。

フランシス・ラナの「序論」はまだ見ておりません。ヨハン・オルティウスの「物理機構学的考察」も同様です。それよりもっと残念ですのは、貴下の「物理学の新仮説」がまだ手に入っていないことです。これは当ハーグでは売っておりません。(6)貴下がこれをお送り下さいますならありがたいことです。また、私の方で何かの点で貴下のお役に立つことがありましたら、きっと貴意に副うでしょう。

貴下の最も忠実なる　B・デスピノザ

ハーグ、一六七一年十一月九日

ディーメルブルック氏は当地に住んでおりません。それでこの手紙は普通の郵便集配人に託さなければなりませんでした。貴下はきっと、我々の手紙を世話してくれる人を誰か当ハーグにお知りのことと思います。その人の名前をお知らせ下さい。そうした人がありますれば、我々の手紙はもっと手軽に、もっと確実に届けてもらえるでしょう。なおもし私の「神学・政治論」(7)がまだお手許に参ってませんなら、およろしかったら一部お送りします。御機嫌よう。

〔表書〕〔マインツ〕〈フランクフルト〉(8)

高貴にして著名なる両法博士、マインツ市顧問官

ゴットフリート・ウィルヘルム・ライプニッツ様(9)

書簡四十七[1]　ルードウィッヒ・ファブリチウスから[2]スピノザへ

高名の士よ、

小官は至仁なる我が主君ファルツ選挙侯殿下の御依嘱にもとづき、小官にはまだ未知の御仁ながら殿下に対しては極力推薦せられている貴下に一書を呈し、貴下が殿下の著名なる大学に哲学正教授の職を奉ぜられる御意志ありや否やをお伺いする者であります。貴下は今日の一般正教授が受ける年俸を支給せられるはずです。貴下は天下有能の士――その一人に殿下は貴下を数えておられます――に対し、殿下以上に好意を抱かれる君侯をいずこにも見出し得ないと存じます。貴下は哲学する十分の自由を許容せられるでありましょう。これは貴下がこの自由を、公認されたる宗教の侵害に濫用せられざるべきことを殿下が信じられての上であります。小官は至賢なる殿下の御依嘱に従わざるを得ませんでした。[3]このゆえに貴下が出来る限り早く私のもとまで御返信下さるよう切にお願いいたします。私宛のこの御返信は、選挙侯殿下のハーグ駐劄公使グロチウス氏またはジレス・ファン・デル・ヘック氏にお託しになれば、彼らは当宮廷へ定期的に発送せられる書簡包に入れて私まで届けてくれることに相成りましょう。或いは他に貴下が最も適当と思われる方法によられてもよろしいと存じます。最後に付言したいのは、貴下が当地に来られる場合、すべてが我々の希望と期待に反する結果にならざる限り、貴下は哲学者にふさわしき快適な生活を送られるであろうという一事です。ではさようなら。御機嫌よう。

貴下の最も忠実なる　ハイデルベルヒ大学教授兼ファルツ選挙侯顧問官

J・ルードウィッヒ・ファブリチウス

ハイデルベルヒ、一六七三年二月十六日

書簡四十八(1)　スピノザからファブリチウスへ

前書簡への返事

尊敬する士よ、

もし私がどこかの大学に教職を奉ずる希望を持つとしましたなら、私はファルツ選挙侯殿下が貴官を通じて提供されたその教職以外のものを望む如きことはないでありましょう。ことに至仁なる殿下は、私に哲学する自由を許容されると申されるのですからいっそうこの感を深くいたします(私がかねて、万人がその聡明を讃美するような君公の治下に生活するのを望んでいましたことはここにはとりたてて申しません)。しかしながら私は、公的に教授しようとする意志を未だかつて持っておりませんでしたので、事態を心中久しく熟考いたしましたにかかわらず、この光栄ある機会を捉えるように決心いたすことは出来ません。私のまず第一に考えますのは、もし私が青年の訓育に身を捧げようとしますなら、私は自分の哲学の完成を中絶せねばならぬということです。次に私は公認された宗教を倒壊しようとするかに見えぬためには、哲学することの自由をいかなる限界に制限せねばならぬかを知らぬということです。思うに信仰に関する不和軋轢は、激烈な宗教熱から発するよりは人間の感情の相違から、或いはいっさいの言説を――正しく言われた言説をさえ――好んで曲解し弾劾しようとする反対癖から発するものであります。そして私はこうしたことを孤独な私的生活をいたしております際既に経験しているのですから、この光輝ある地位に上りました暁には、いっそう多くそれを恐れねばならぬでありましょう。以上を以て貴官は私がよりよき幸福への希望のために躊躇するのではなく、ただ平和への愛のゆえにそうなのでありますことを御了承下さると思います。この平和は私が公的講義に携わりさえしなければ、或る程度に保持され得るものと信じております。ゆえにこの件に関し、さらに熟慮を加えますことを私に許されますよう貴官から選挙侯殿下に御依頼下さり、あわせてこの忠誠なる下僕に対し、至仁なる殿下の御厚情が今後とも確保されますよう御斡旋下さらば幸甚至極と存じます。

貴下の最も忠実なる　B・d・S

ハーグ、一六七三年三月三十日(3)

書簡四十八の二　スピノザからイエレスへ

A　ハルマンの旅行日記(1)の中から

その手紙の日付は一六七三年四月十九日で、ハーグから出し、ヤーラッハ・イエレスに宛てたものだった。イエレスが自分の「普遍的キリスト教信仰の告白(2)」の原稿をスピノザに送って批評を求めたのに対しての返事である。スピノザはこの返事の中でイエレスを別に賞讃も是認もしておらず、ただ次の点に疑問の余地があることを告げたのみだった。即ち前記原稿の五頁に、イエレスは人間が本性上悪に傾くものであること、しかし神の恩寵とキリストの精神によって悪と善に無差別的になることを述べたのであるが、キリストの精神を持つ者は必然的に善にのみ駆られねばならぬのだから、ここはどうもうまくない、というのであった。(3)

そのほかスピノザはこの手紙の中で医家のケルクリンク氏(4)のことに言及していた。この人にスピノザは何か解剖学上のことで相談したのであった。

この手紙の最後でスピノザはイエレスにこう書いていた「『知られたる真理』(5)はファロン氏(6)が私の写本を返してくれ次第あなたに送ります。もしそれがあまり長引くようでしたら、ブロンクホルスト氏(7)を通してあなたの手に入るようにいたしましょう」

なおこの手紙の末尾はこうであった、「では左様なら。常にあなたの忠実なる僕B・スピノザ」

B(8)「普遍的キリスト教信仰の告白」の跋文の中に引用されてある書簡

秀でたる友よ

お送り下さった貴下の御原稿、満足を以て通読しました。そしてその中に私が筆を加え得る何物もないことを知りました。

書簡四十九[1]　スピノザからヨハネス・ゲオルク・グレフィウスへ[2]

著名の士よ、

デカルトの死に関する書簡[3]は、もうとうにお書き写しのことと思いますから、なるべく早くお送り下さるようお願いいたします。de V氏[4]があれを返してくれるように何度も言ってきているのです。もしあれが私のものでしたら、何もこんなに急がないのですけれども。

では御機嫌よう。どうか今後ともよろしく。

あらゆる愛と献身を以て、貴下の　ベネディクトゥス・デスピノザ

ハーグ、一六七三年十二月十四日

〔表書〕　ウトレヒトにて、

雄弁学正教授ヨハネス・ゲオルク・グレフィウス様

書簡五十[1]　スピノザからイエレスへ

親愛なる友よ、

国家論に関して私とホッブス[2]との間にどんな相違があるかとお尋ねでしたが、その相違は次の

点にあります。即ち私は自然権を常にそっくりそのまま保持させています(semper sartum tectum conservo)。従って私は、どんな都市の政府も力において市民にまさっている度合に相当するだけの権利しか市民に対して有しないものと考えています。自然状態においてはこれが常道なのですから。

次に私が「幾何学的に証明されたデカルトの哲学原理」の「付録」の中で証明したこと(3)、即ち神が一とか唯一とか言われるのは本当は適当な表現でないということに関しては次のようにお答えします。物はその存在に関してのみ一とか唯一とか呼ばれるのであって、その本質に関してはそう呼ばれることが出来ません。というのは、我々は物を共通の類に還元した後でのみその物を数の概念の下に考えることが出来るのです。例えば一つの銅貨と一つの銀貨を手に持つ人は、この銅貨と銀貨を貨幣という同一名称で呼び得る限りにおいてでなくては二つという数について考えることが出来ません。こうした場合にあってのみ始めて自分が二つの貨幣を持つと言い得るのです。彼はその銅貨も銀貨も共に貨幣の名を以て表示しているのですから。これから明白なのは、我々が物を一とか唯一とか呼ぶことは、前にいったようにその物と同じ類の他の物を考えた後においてのみ可能であるということです。ところで、神の存在は神の本質であり、また我々は神の本質について何ら一般的観念を形成することが出来ないのですから、神を一とか唯一とか名づける者は神について真の観念を有せず、或いは神について不適当な語り方をしているのであることが確かです。

さて、形態《フィグラ》なるものは一の否定であって積極的な或るものでないという主張に関して申せば、全物質はそれが無限定と考えられる限り何らの形態を有し得ないこと明らかであり、形態はただ有限で限定された物体においてのみ存し得るのです。即ち、自分は或る形態を知覚すると言う人は、それによって自分は或る限定された物を、またいかなる風にそれが限定されているかを考えているということを表現しようとしているのにほかなりません。ところでこの限定は、有が問題となっている限りにおいての物には関係せず、反対にそれは、その物の非有を意味するものであります。このようにして、形態は限定にほかならずまた限定は否定なのですから、形態は私の申したように否定以外の何物でもあり得ないということになります。

ウトレヒトの教授(4)が私を駁して書き、彼の死後になって出版されたあの本が、或る書店の窓に出ているのを見ました。そしてその時拾い読みしたわずかの事から推して、あの本は読むに価しないこと、ましてや答弁に価しないことを知りました。それで私はあの本をそのままに放置し、著者に言いたいだけのことを言わせておくことにしました。総じて無智な者ほど大胆で何かと言えばすぐ筆をとりたがるものだと私は心ひそかに思って微笑したのでした。古物商は常に一番悪い物を始めに見せるものですが、これらの人々もその商品を古物商と同じ流儀で売り出しているのかという気がしました。悪魔は狡智であると人は言いますが、これらの人々の精神は狡智にかけてはるかに悪魔以上だと私には思われます。ではお大事に。

ハーグ、一六七四年六月二日

書簡五十一(1)　フーゴー・ボクセル(2)からスピノザへ

高名の士よ、

このお手紙を差し上げますのは、妖怪、幽霊、亡魂等に関して貴下の御意見をお伺いしたいためです。もしそうしたものが存在しますなら、それについて貴下はどうお考えでしょうか。またその生命はどれだけ長くつづくのでしょうか。それを永続的のものと考える人もありますし、一時的のものと考える人もあります。私には貴下がそういうものの存在を認められるかどうかもまだはっきりしませんので、これについてもっと深く論をすすめる気はいたしません。とにかく古人がこうしたものの存在を信じていたことは確実です。今日の神学者たちや哲学者たちもなおその存在を信じております。ただ彼らはそれらのものの本質がどんなものであるかについて意見が一致しないだけです。或る者はそれが極めて繊細微妙な物質から成ると考え、或る者はそれを純粋に精神的なものだと考えています。しかし、既に始めに申しましたように、貴下がそうしたものの存在を容認されるかどうかさえ私にははっきりしませんほどなのですから、それについての我々の意見はおそらく大変異なっているかもしれません。ではありますが貴下も御存知の通り、古い歴史を通してそういうものの例や物語りがたくさん出ているのでありまして、実際これを否定したり疑ったりすることは容易でないと思われます。ただ一つ私にはっきりしていますのは、貴下がたとえその存在を認められるとしても、貴下はローマ・カトリック教の信奉者たちが主張するように、それらのうちの或るものが死人の霊であるとは信じられないだろうということです。

これで筆を措き、貴下の御返事を御待ちします。戦争について、また戦争に関するいろいろな取沙汰については何も申しますまい(3)。我々の生きている時代はちょうど……云々。では御機嫌よう。

一六七四年九月十四日

書簡五十二(1)　スピノザからボクセルへ

前書簡への返事

尊敬する士よ、

昨日いただいたお手紙は私にとって嬉しいものでした。私は貴下がどうなさっているか知りたいと思っていた矢先ですし、それにまた私はあのお手紙から、貴下が私を全然お忘れになってはいないことを知ることが出来たからです。人によっては、貴下が私に手紙を下さるきっかけになりましたものが亡魂であったことを悪い前兆と思うかもわかりません。ですが反対に私はその中にもっと意味のあるものを見出しています。真実な事柄ばかりでなく、冗談や空想も私にとって有益であり得ると考えるのです。

しかし幽霊が幻想または空想であるかどうかの問題はしばらくおあずかりにしておきましょう。古人や今人が語る多くの物語によって幽霊の存在をすっかり信じ切っておられる貴下には、幽霊の存在を否定することは勿論、それを疑うことさえ、きわめて奇妙に思われるらしいのですから。私が貴下に対して常に抱いて来た、そして今も抱いている尊敬の念は、私に貴下を反駁することを許しませんし、さればとて貴下に阿諛することはなおさら許しません。私の取ろうと思う中間の道は、貴下が幽霊について読まれたすべての物語の中から、少しも疑わしくない、また幽霊の存在を最も明瞭に証明する一、二の例を貴下に選んで頂くことです。と申すのは、正直のところ私はまだ幽霊の存在を明瞭に証明した信用に価する著作家を読んだことがないのです。そして今日まで私は幽霊の何たるかを知らず、また何人も私にそれを説明してくれることが出来ませんでした。しかし経験によってきわめて明瞭に示されていることについてなら、我々はそのものが何であるかを必ず知らねばならぬはずです。そうでなくて単に何かの物語から幽霊の存在を結論することはきわめて困難であります。結論されるのはただその何であるかが何人にも知られない或るものが存在するということだけです。もし哲学者たちが我々に知られないものに幽霊の名を与えようとするなら、私もそうしたものの存在することを否定しはいたしません。世の中には私どもに知られない無限に多くのものが存在しているからです。

ですから尊敬する士よ、私がこの主題についてもっと詳しく論ずる前に、いったい幽霊或いは霊魂とはどんなものであるかを私に聞かせて下さるようお願いします。それは小児ですか愚者ですか、それとも狂人ですか。私がこう申すのは、そうしたものについてこれまで私の耳に入ったことは、分別ある人というよりはむしろ愚者を思わせます。せいぜいよく言っても、小児のいたずらか、愚者のひまつぶしのように見えます。

なお私が結論する前に貴下に御注意申し上げておきたい一事があります。それは物を、実際あるようにでなくそうあってほしいと思うように語ろうとする人間通有の癖は、亡魂や幽霊に関する物語に際して最も著しく現われるということです。その主なる理由はこうでしょう。そうした種類の物語はそれを語る人以外には証人という者がないので、その物語の発案者は自分に一番好ましいと思える種々の細目を任意に加えたり減らしたりすることが出来、それでいて誰からも反対される心配がないからです。とくに彼は自分が夢や幻想に際して抱いた恐怖を正当化し、或いは自分の勇気、信仰、意見を立証するためにそうした細目を考え出すのです。このほかにも私には物語を、否物語自身をでないにしても少くもそれが語られる際の細目を疑わせる他のいろいろな理由があります。これらの理由は、我々がそれらの物語から引き出そうとする結論に大きな影響のあるものです。しかし今はこれで擱筆します。そして貴下がそれを疑うことは不条理だと思われるまでに固く信じておられるその物語がどんなものであるかを知らせて頂くことにします……云々

〔ハーグ、一六七四年九月〕

書簡五十三(1)　ボクセルからスピノザへ

前書簡への返事

俊敏の士よ、

いただいた御返事は正に私の期待していた通りのものでした。異なった見解を抱く貴下からの御返事であってみれば当然のことです。しかし私は別にそれを意に介しておりません。友人というものは本質的でない事柄についてなら意見を異にしても友情の損われることはないのですから。

貴下は貴下の御意見を述べられる前に、幽霊または霊魂とは何であるか、それは小児であるか愚者であるかそれとも狂人であるかを語るように求められました。そしてそうしたものについてこれまで貴下が聞かれたすべては、精神の健全な者の仕わざというよりは不健全な者の仕わざであるように見えると付言されました。諺に「先入見は真理の探究を妨げる」というのがありますがなるほどと思いあたります。

私は次のような理由で幽霊の存在を信じます。第一に、それの存在は宇宙の美と完全性のために必要です。第二に、創造者がそうした霊を創造したということは極めてありそうなことです。それらの霊は物体的な被造物よりも創造者自身に似ているからです。第三に、霊魂のない物体があるように物体のない霊魂も存在するはずです。最後に第四に、大気の上層の高い空間個所には、幽玄な区域があって、そこにはそれぞれ住人がいるものと考えます。従って我々と星々の間にある無限の空間は空虚なものでなく、霊なる住人によって充たされていると思います。たぶん最も高い、最も遠いところにいるものが真の霊であって、下層の最も低いところにいるものはきわめて繊細微妙な物質から成るしかも不可視的な霊でありましょう。このようにあらゆる種類の霊が存在すると私は思います。ただ女性の霊だけは存在しないかもしれません。

今私の申したような理由は、世界が偶然によって成立したと妄想する人々を納得させることは出来ぬかもしれません。しかしこれらの理由はさておいても日常の経験は幽霊の存在を語っています。これに関する多くの新旧の物語が今なお存しています。この種の物語はプルターク(2)の「英雄伝」の中にも、また彼のその他の諸著の中にも見られます。スエトニウス(3)の「十二ケーザル伝」の中にもあります。ウィールス(4)やラファーテル(5)の幽霊に関する著書の中にもあります。最後のこの二人は、こうした問題について詳しく論じ、あらゆる種類の著作家から物語を集めています。その学殖を以て鳴るカルダヌス(6)も、その著「物の繊細性について」「物の変化性について」及び「自伝」の中で、こうしたものについて語り、そこで彼は自分の経験や幽霊を見た友人知己の経験を述べています。慎重で真理愛好者であるメラントン(7)及び他の多くの人々も自らの経験について証言しています。今も存命中の好学聡明な某市長が或る時私に語ったことですが、彼はその母の醸造所で昼間醸造が行われている時にするのと同じ作業の音が夜ひびいて来るのを聞いたそうです。彼はこれを幾度も聞いたと証言しました。長く忘れることの出来ないようなこれと類似のことが私にもしばしば起っています。このように、こうした経験からも前記の諸理由からも幽霊は存在するものと私は確信します。尤もあわれな人々を現世や来世で苦しめるという悪霊に関することと並びに魔法に関することについて申せば、私はそうしたことに関する物語は寓話であると考えます。

貴下は幽霊に関して書いているいろいろな論文の中に、多くのこまごました情景の描写を見出されるでしょう。前に挙げた書のほかに、もし御都合がつきましたら、小プリニウス(8)の第七巻にあるスラへの書簡を、またスエトニウスの「ユリウス・ケーザル伝」の第三十二章を、ヴァレリウス・マキシムスの第一巻第八章第七・第八節を、またアレキサンダー・アブ・アレキサンドロ(9)の「聖なる日々」を御覧になるとよろしいでしょう。これらの作家のものは貴下のお手許にあると存じます。

私はここで、修道士たちや聖職者たちについては語りません。こういう人々も霊魂や悪霊の出現を、また幽霊に関する寓話——これは寓話と申した方がよいでしょう——をたくさん述べており、そのあまりの多さに読者は倦怠するほどです。ジェスイット教徒のチレウス(10)も霊の出現に関する一書の中でそうした事柄を取扱っています。しかしこれらの人々は、単に自己の利益のために、また彼らに多量の金銀を掘り出させる鉱山とも言うべき浄罪界の存在を証明するためにこれをやっているのです。しかし上に記した諸作家や他の近代諸作家にはそうした下心はありません。彼らは公平な立場にあり、従っていっそう信用に価します。

お手紙(11)の終りの方で貴下は言っておられます、私を神に祈ってくれることは笑うことなしには貴下には出来ない、と。だがもし貴下がいつぞや我々二人の間で交した会話を今なお覚えておいでですなら、貴下はこの前私が手紙の中で書いた結論に驚かれる要のないことを了解されるでしょう…… 云々

愚者や狂人について述べておられる貴下のお手紙の個所への御返事としては(12)、学識高きラファーテルが幽霊と亡魂に関する彼の最初の本を結んだあの結論をここに引用しましょう、「相互に一致したきわめて多くの過去及び現今の証人たちを否定することを敢えてする者は、たとえどんなことを言っていようとも私には信用に価しないと思われる。幽霊を見たと主張するすべての人々を直ちに信ずるのが軽卒の印であるように、一方また多くの信用に価する歴史家、教父、その他の権威高き人々の言に濫りに且つ恐れげもなく反対するのは甚だしき無恥である」。

一六七四年九月二十一日

書簡五十四[1]　スピノザからボクセルへ

前書簡への返事

尊敬する士よ、

貴下は先月二十一日付のお手紙の中で、友人は本質的でない事柄についてなら意見を異にしても友情を損うことはないものだと申されました。あのお言葉にもとづきまして私は「あらゆる種類の霊が存在する、ただ女性の霊は存在しないかも知れない」という貴下の御結論の理由並びにそれの裏付とされた物語について私の見解をはっきり申し上げましょう。もっと早く御返事があげられなかったのは、貴下が引用された諸書が私の手許になく、結局プリニウスとスエトニウス以外のものは発見しかねたためであります[2]。しかしこの二冊だけあれば他の著作家のものを調べる手間がはぶけるでしょう。これらすべての著作家は皆同様の妄想に陥っており、人々をびっくりさせたり驚歎させたりするような異常な物語を偏愛していることを私は確信しているからです。実のところ私の少からず驚きましたのは、語られている物語そのものではなくて、むしろそれを書いている著作家自身のことでした。才能と判断力に恵まれた人々がそんなつまらないことを我々に説得しようとしてその雄弁を浪費し濫用することが私には不思議でなりません。

しかし著作家たちのことはさて措いて、問題自身に入ってゆきましょう。まず私の叙述は、しばらく貴下の結論に向わねばなりません。そして幽霊乃至霊の存在を否定する私が、そのゆえにそうした問題について書いた著作家たちを理解することがより少いかどうか、或いは霊の存在を認める貴下がこれらの著作家をその価する以上に評価しているのでないかどうかを見てみたいと思います。

貴下が一方において男性の霊の存在を疑われないのに、他方において女性の霊の存在を疑っておいでになるのは根拠ある疑いというよりも、単なる空想のように私には思われます。実際もしそれが真に貴下の御意見でしたら、それは神を男性と見て女性とは見ない一般民衆の想像とよく似ていると思います。裸の幽霊を見た人々が目をその性部に向けなかったことを私は不思議とする者です。それは恐怖のためだったでしょうか、それともこの区別について何も知らないためだったでしょうか。

貴下は言われるでしょう。これは嘲笑であって議論ではない、と。全くそんな風ですから貴下には貴下のあげられた諸理由が妥当で堅実に見え、世界が偶然によって成立したと誤想するような人でなくては何人もこれに反対し得ない(少くも貴下の御判断では)とお考えになるのです。それで私は前便に書かれてあった貴下の理由を検討いたす前に、世界が偶然によって成立したかどうかという問題に関する私の見解を簡単ながら申し述べないわけにはまいりません。私の答はこうです。「偶然」と「必然」が相容れない二つの反対概念であることが確実であるように、世界を神的本性の必然的結果であると主張する人は始めから偶然による世界の成立を否定しているのであることもまた確実です。これに反し、神が世界の創造をやらずにおくことも出来たと主張する人は、世界が偶然によって成立したことを別な言葉でではあるが、主張しているのです。後者の場合、世界の創造は、発現しないこともあり得た意志決定から生じているのですから。しかしこの意見、この見解は全然不条理なのですから、神の意志が永遠であって決して発動することも発動しないことも任意である(indifferens)のようなものでなかったことは一般に異議なく容認されます。従ってまた人々は、世界が神的本性の必然的結果であることを必然的に認めなくてはなりません(この点をよく御注意下さい)。人々がこれを意志と呼ぼうと、知性と呼ぼうと、その他の任意の名称で呼ぼうと、それは結局同一物を異なった名称で表現していることになります。なぜというに、もし人が彼らに神的意志は人間意志とは異ならないかどうかと尋ねるなら、彼らは前者と後者とは単に名前を共通するに過ぎないと答えるでしょう。その上また彼らは大抵神の意志、知性、本質乃至本性が同一物であることを容認します。同様に私も神的本性を人間本性と混同しないためには、神に対し人間的な属性、即ち意志とか知性とか視覚とか聴覚とかを帰することをいたしません。このようにして私は今しがた申したように、世界は神的本性の必然的結果であり、決して偶然によって成立したのでないと主張するのです。

世界が偶然によって成立したと唱える人々(実際そうした人々がいるならば)の意見が私の意見と全く反対であることを貴下にわかっていただくためにはこれで十分と思います。そしてこの基礎の上に立って私は貴下があらゆる種類の幽霊の存在を結論するのに用いられた理由の検討に移ります。これについて私の一般的に言い得ますことは、それらは理由というよりもむしろ単なる推測に過ぎぬと思われること、また貴下もそれを確定的な理由と思っておられるとは私には信じられないということです。しかしたとえ推測であろうと理由であろうと、我々はそれを基礎あるものと見なし得るかどうか一つその点を考えて見ましょう。

貴下の第一の理由は、幽霊の存在が宇宙の美と完全性のために必要であるというのです。尊敬する士よ、美とは見られる対象の性質であるというよりもむしろ見る者の中に生ずる結果です。

もし我々の目がもっと遠視か近視かであったら、或いは我々の素質が現在と異なったものであったら、今我々に美しく見えるものは醜く見え、今醜く見えるものが美しく見えたでしょう。きわめて美しい手も、顕微鏡で見れば恐ろしいものに見えることになります。多くのものは遠くから見ると美しく、近くから見ると醜くあります。このようにして物はそれ自体において見れば、或いは神に関連させれば、美しくも醜くもないのです。だから神が世界を美しくあるように創造したと主張する人は、必然的に次の二者のいずれかを認めなくてはなりません。即ち、神は世界を人間の欲求と目とに合せて作ったのか、それとも人間の欲求と目を世界に合せて作ったのか、そのいずれかです。しかし前者を認めるとしても、後者を認めるとしても、なぜ神がそのいずれかを達成するために、幽霊や霊魂を創造せねばならなかったか私には了解出来ません。なお、完全とか不完全とかいうのも、美とか醜とかいう名称とほぼ同じような名称です。ですから私はあまり冗漫にならぬように、ただ次のことをお尋ねするに止めます。いったい世界の美と完全のためにはどちらが多く役立つでしょうか、幽霊が存在することですか、それとも数多くの怪物例えば、人馬、水蛇、鳥身女、半人半山羊、禿鷹、百眼巨人その他こうした種類の荒唐無稽のものどもが存在することですか、と。実際もし神が世界を我々の空想のままに造り上げ、そしてこれを単に想像や夢想の産物であって知性の決してあずかり知らぬようなものどもで以て飾り立てたとしたら、世界は何とすばらしいものになったことでしょう！

貴下の第二の理由は、霊は他の諸〻の物体的な被造物より多く神の姿を表現しているから神がそうしたものを創造したということはあり得ることだというのです。しかし私は、いかなる点で霊が他の被造物より多く神を表現しているのか未だ全然知らないことを自白せざるを得ません。

私の知っていることは有限なものと無限なものとは何ら比較にならないこと、従って最大最優秀な被造物と神との間の相違は最小の被造物と神との間にある相違と異ならないということです。従って、この理由にも何らの価値が認められません。もし私が幽霊について三角形や円についてと同様に明瞭な観念を有するとしましたら、私もそうしたものが神によって創造されたことを認めるに決して躊躇しなかったでしょう。しかるにそうしたものについて私の有する観念は、私が鳥身女や禿鷹や水蛇等について想像する際の観念と全く同様のものですから、私はそれを夢まぼろしの如きものと見なすほかはありません。それは神と異なること、恰かも有と非有が異なる程度に異なっているのです。

貴下の第三の理由は、霊魂のない物体があるように物体のない霊魂もなければならぬというのですが、これまた私には前のに劣らず不条理に思われます。貴下よ、記憶や聴覚や視覚等のない物体があるからとて物体のない記憶、聴覚、視覚等が存在しそうかどうか一つ私におっしゃって下さい。或いはまた、球でない円が存在するからとて円でない球が存すると言えるでしょうか。

貴下の最後の第四の理由は、第一の理由と同種のものですから、第一の理由への答えにゆずります。ただここで申しておきたいのは、貴下が無限な物質の中に考えておられる最も高いところとか、最も低いところとかいうのが何のことか私にはわからぬということです。尤も、貴下が地球を宇宙の中心と見ておいでならこの限りでありません。だが太陽なり土星なりが宇宙の中心であるとすれば、最も低いところは太陽か土星であって地球ではないでしょう。しかしこのこと並びにその他のことは措いて私はこう結論します。これらの並びにこれと類似の諸理由はあらゆる種類の亡魂の存在を何人にも信じさせることが出来ぬでしょう。但し自分の耳を知性の声にふさいで迷信の誘惑を甘受するような人々に対してなら別ですけれども。迷信というものは正しい理性と全く相反するものであって、それは哲学者たちの威信を貶しめるためになら好んで老婆たちの言にも信をおくのですから。

いろいろな物語に関して申せば、私はそうしたものを徹頭徹尾否定するというのではなくて、ただそれから引き出された結論を否定するのであり、そのことはすでに私の最初の手紙で申した通りです。その上私は人々がしばしば付加している数多くのこまごました細目を疑わないほどそれらの物語を信用に値するとは思っておりません。彼らはこの細目を、物語の真実性を証したりそれから引き出される結論を確かなものにするために付加するというよりも、むしろ物語に尾ひれをつけるために付加しているのです。私は貴下がそうしたたくさんの物語の中から、少しも疑わしくないそして幽霊乃至亡魂の存在を最も明瞭に示しているものを少くも一、二選んで下さるように、先に希望したのでした。お話にあった市長がその母の醸造所で昼間聞くのを常とした作業の音を夜聞いたという事実から幽霊の存在を結論しようとしているのは、私には滑稽に思われます。同様に、こうした愚しい事共について書かれたすべての物語をここで検討するとしたら余りに長くなると思われます。それで簡単を旨として私はユリウス・ケーザルのことを引合に出しましょう。彼はスエトニウスの証言によればそうしたものを嘲笑しましたが、それでいて彼が結構幸福であったことはスエトニウスがこの人の伝記の第五十九章で語っている通りです。彼と同様に、およそ人間の幻想や感情がどんな結果をもたらすかを考察している人は、皆そうしたものを滑稽に思わざるを得ないのです。たとえラファーテルや、ラファーテルと共にこの問題について夢想した他の人々がどんな反対論を書いていようともです。

〔ハーグ、一六七四年九月〕

書簡五十五[1]　ボクセルからスピノザへ

前書簡への返事

俊敏の士よ、

貴下の御意見に対する御返事おくれてしまいました。いささかの病いのため学問と思索の楽しみを奪われ、貴下へお手紙を書くことも出来なかったのです。今はお蔭様で元気になりました。御返事に当りましては、幽霊に関して書いた人々に対する貴下の御非難の個所だけは飛ばしてあとは一々貴下のお手紙のあとについてまいります。

私が女性の幽霊は存在しないと思うと申しましたのは、幽霊の間には子を生むということがないと考えるからです。幽霊がどんな形、どんな構成のものであるかは、私には大事なことでありませんから割愛いたします。

或る物が行動者の意図と無関係に生ずる場合、その物は偶然によって生ずると言われます。例えば葡萄の木を植えるためまたは井戸なり墓なりを作るため土を掘って思いがけなく財宝を発見した場合それは偶然によって生ずると言われます。しかし、自由意志によって、或る行動をすることもしないことも出来る人がその行動をする場合、彼は偶然によって行動するとは申されません。それが偶然と言われるなら人間のすべての行動は偶然なものとなり、これは不条理な話です。

対立概念をなしているものは必然と自由とであって、必然と偶然とではないのです。また神の意志が永遠であるとしても、それから世界が永遠であるということは出て来ません。神は世界を或る一定の時期に創造するように永遠から決定することも出来たからです。

貴下は次に、神の意志は発動することもしないことも任意なものであったということを否定しておいでですが、私はそうは思いません。またこの点を、貴下がお考えのようにそう厳密な注意を以て考えることは必要でもないのです。それにまた、すべての人が神の意志は必然的であると言っているわけではありません。というのは必然的な意志は必然性を包含します。即ち、或る者に意志を帰するとは、その者が自己の意志に従って行動することもしないことも出来るということを意味しているのですが、反対にもしその者に必然性を帰するなら、その者は必然的に行動しなければなりません。

最後に貴下は神的本性を人間本性と混同しないために、神に何らの人間的な属性を認めないと申しておられます。これはその限りにおいて私も同感です。我々は神がいかなる仕方で行動するか、いかなる仕方で意志し、認識し、考慮し、見、聞き等々するかを知らないからです。しかしながら、貴下がこれらの行動並びに我々における最高の観想を神について全然否定し、それらのものが優越的《エミネンテル》(2)に且つ形而上学的に神の中に存することを否認されるのでしたら、私は貴下の神を、即ち貴下がこの神なる語によって何を解しておいでなのかを諒解するに苦しむ者です。

人は理解出来ないものをそれだからとてすぐ否定するわけにはまいりません。霊であって非物体的なものであるところの精神は、きわめて繊細な物体、即ち体液によってのみ活動することが出来ます。ところで物体と精神の間にはどんな関係があるでしょうか。どんな仕方で精神は物体を通して活動するのでしょうか。実際、これらの物体がなければ精神は静止状態になり、またこれらの物体が攪乱されれば精神はそのなすべきことと反対のことをするようになります。いかにしてこのようなことが生ずるか私にお示し下さい。たぶん貴下も私と同様お出来にならないでしょう。それにもかかわらず我々は精神が働きをなすことを見たり感じたりします。このことはどんな仕方でこの働きが行われるかを我々が知らなくともやはり真実なのです。同様に我々は神がどんな仕方で働くかを知らず、また我々は神に人間的な諸活動を帰することを欲しないにかかわらずやはり我々は神の諸活動が優越的に且つ非可理解的に我々の諸活動と合致することを否定してはなりません。例えば意欲すること、認識すること、見たり聞いたりする――といっても目や耳でではなく知性でです――ことなどの活動です。これはちょうど、風や空気が手や他の道具なしに土地や山々を荒廃させ倒壊させ得るのに対し、人間にはそれが手や機械なしには出来ないのと趣を同じくします。もし貴下が神に必然性を帰し、神から意志や自由選択を奪われるのなら、貴下は無限に完全な実有たる神をまるで怪物のように描写し表現するのでないかと疑われても仕方ないでしょう。貴下の目的に達するためには、貴下の議論を基礎づける別な理由が必要であります。私の判断では今まで挙げられた貴下の理由の中には、何ら確実なものが見出されないからです。そしてもし貴下がそれをうまく証明されるとしても、おそらく貴下の理由と同じくらいの確固たる反対理由がまだ他にたくさんあるでしょう。しかしこうしたことはさておいて論を先へ進めます。

　貴下は世界に幽霊の存在することを明らかにする決定的な証明を要求されます。しかしそうした証明はこの世にはきわめてわずかしか存しないのであり、数学上のものを除いては我々の希望するようなそんな確実な証明は決して見出されないのです。事実我々はどうにか納得のゆく蓋然的な推測で満足しています。もし何らかの主張を根拠づける理由が直ちに証明となっているとしたら、愚かな者、頑《かたく》なな者以外にはこれに反対する者がないでしょう。しかし愛する友よ、我々はそのように恵まれた事情にはいないのです。この世にはそう正確な事ばかりはないのであって、我々は或る程度推測に頼り、判断の際証明が出来ない場合には蓋然的なことを受け入れているのです。これはすべての神学や科学において明白でありまして、どんな神学も科学も論議と異見に満ちています。この結果各人には、種々の異なった見解があることになります。このため貴下も御存知の通り、かつて懐疑論者と呼ばれる哲学者たちがあって、いっさいのことについて疑いました。彼らは真の論証を見出せぬ場合、単に蓋然的なことに従うため、いろいろと讃否の論を戦わし、そして彼らの各者は、自分により蓋然的と思えることを信じました。月が太陽の直下にある場合地球の或る部分に対し太陽は暗くなり、またもし昼の間に太陽が暗くならない限り月は太陽の直下にないのです。これは原因から結果へ進みまた結果から原因へと進む確実な証明です。しかし一度理解しさえすれば何人も反対し得ないようなこうした確実な証明も、幾らかはあるにしてもきわめて僅かしかないのです。

美に関して申せば、或る種の事物はその部分がその他の部分と相互に均合《つりあ》いがとれ、他の事物よりいっそう工合よく構成されています。神は人間の知性と判断力とをば、均合いのとれているものに対しては合致と和合を感ずるようにし、均合いのとれていないものに対しては和合を感じないようにしました。これは諧音と不諧音との場合も同様でありまして、この場合聴覚は諧音と不諧音をよく聞きわけることが出来ます。前者は快感を与え、後者は不快感を与えるからです。

物の完全性ということも、それが何物にも欠けていないという点から申せば、美なのであります。こうしたことについては多くの例がありますが、あまり長くならないようにこれは割愛します。我々は今ただ、万有とか宇宙とかの名で呼ばれているこの世界のみを観察の対象にしましょう。もし世界がこの名に値するならば（そしてまた実際値するのですが）世界は非物体的な事物によって醜くされたり、価値を減じたりするはずはないのです。人馬、水蛇、鳥身女等についての貴下のお言葉はここには当てはまりません。我々はここでただ物の最も普遍的な類とその第一段階――それは自らの下にいろいろ無数な種を包含しています――について語っているのです。即ち、永遠なるものと時間的なるもの、原因と結果、有限なるものと無限なるもの、生命あるものと生命なきもの、実体と偶有性乃至様態、物体的なものと精神的なもの等々について語っているのです。

幽霊は霊の一種であるから神に類似すると私は申します。貴下は幽霊について三角形についてと同じように明瞭な観念を持つことを要求せられますがそれは不可能です。どうか私に言って下さい、神に関して貴下はどんな観念をお持ちであるか、またその観念が貴下の知性にとって三角形の観念と同様に明瞭であるかどうかを。貴下がそういう観念を持っておられないことを私は知っています。そして前にも申しました通り、我々は物事を決定的証明によって理解し得るほど恵まれた状態にはなく、またこの世では多くの場合蓋然的なことが幅をきかせているのです。それにもかかわらず私は、記憶や聴覚のない物体が存するように物体のない記憶や聴覚が存すること、また球でない円が存するように円でない球も存することを主張します。しかしこれは最も普遍的な類から特殊的な種に下降するものであります。私はここでそうした事柄について論じているのではありませんからこの点には深く立ち入りません。

私の信ずるところによれば太陽は世界の中心であり、また諸〻の恒星は土星よりも地球から遠くにあります。そして土星は木星よりは遠くにあり、木星は火星より遠くにあります。従って、無限な大気の中では或るものは我々からいっそう遠くにあり、或る物は我々に比較的近くにあります。これを私はより高いところにあるものとか、より低いところにあるものとかと名づけるのです。

哲学者たちに信を置かないのは幽霊の存在を主張する人々ではなくてその存在を否定する人々です。なぜなら古代近代を問わず、すべての哲学者は幽霊の存在を確かだと思っているからです。プルタークは、哲学者たちの見解に関する彼の論文及びソクラテスの鬼神に関する彼の論文の中でこのことを証言しています。またすべてのストア学派の人々、ピュタゴラス学派の人々、プラトン学派の人々、逍遥学派の人々、エンペドクレース、マキシム・チュリウス、アプレユス、その他の人々もこれを証言しています。近代の哲学者のうち幽霊を否定している者は誰もありません。貴下は幽霊を自ら見たり聞いたりしたかくも多くの智者たち、幽霊について語っているかくも多くの哲学者たち、かくも多くの歴史家たちを排斥なさるがいいでしょう。そしてこれらすべての人々を一般民衆なみに愚者狂者呼ばわりなさるがいいでしょう。しかも、貴下の御答弁は人を説得する力を持たず、むしろ不条理なものであります。そしてしばしば我々の論争の要点をはずれています。また貴下は貴下の御意見を裏づけする何らの証明をも挙げていません。ケーザルはキケロやカトーと同様、幽霊を嘲笑しませんでした。ただ前兆とか予言とかを軽視しただけです。しかももし彼が最後の日にスプリナを嘲弄しなかったとしたら(3)、彼の敵たちもあんなに多く

の刺傷を彼に与えなかったことでしょう。しかしこのたびはこれで十分としましょう……云々

〔一六七四年九月〕

書簡五十六[1]　スピノザからボクセルへ

前書簡への返事

尊敬する士よ、

昨日頂戴したお手紙に対し取り急ぎ御返事いたします。ぐずぐずしていましたら御返事を私の欲する以上に長く延ばさなければならなくなると思うからです。御病気だったそうですが、快方に向われたと知って安心しました。今はもうすっかりおよろしいものと存じます。

異なった原理を遵奉する二人の人間が、他の多くのことに関連を持つ一主題について相互に諒解し合い一致し合うことがどんなに困難であるかは、これを理論的に証明しなくとも、我々の今の問題だけから十分明白であります。いったい貴下は、世界が偶然によって成立したという意見を持った哲学者なるものを見るなり読むなりしたことがおありなのかどうか、私におっしゃって下さい。私はここで偶然ということを、貴下が解しておられる意味で申しているのです。即ち、神は世界創造に当って自らに一定の目的を立て、しかもその定めた目的をとげなかった、という意味で申すのです。そうしたことがかつて何びとかの頭に浮んだということを私は知りません。同様に貴下は、どんな理由によって「偶然」と「必然」が反対概念でないことを私に説得しよう

となさるのか私にはわかりません。三角形の和が必然的に二直角に等しいことを認めるや否や、私は同時にそれが偶然の結果であることを否定します。同様に、熱が火の必然的結果であることを認めるや否や、私はまたそれが偶然にそうなのであることを否定します。「必然」と「自由」が二つの反対概念であるということも、私には今のことに劣らず不条理で反理性的であるように思われます。なぜなら、何人も神が自己自身並びにその他の一切事を自由に認識することを否定し得ませんが、それでいてすべての人は一致して、神が自己自身を必然的に認識することを容認します。貴下はどうも強制乃至暴力と必然とを混同しておられるように思われます。人間が生き、愛し、等々することを欲するのは強制されたる行為ではありませんが、それでもやはり必然的行為であります。ましてや、神が存在し、認識し、行動し等々することを欲することはなおさらそうであります。もし貴下が、今言ったことどものほかに、任意とかどっちつかずとかは無知或いは疑惑の別名にほかならないこと、これに反しあらゆる点で確固たる恒常的意志は力であり知性の必然的一特質であることを熟慮されますならば、私の言葉は全く真実と合致することをお認め下さるでしょう。もし我々が、神は或る事柄を意欲しないことは出来たがしかしその事柄を認識しないことは出来なかったと主張するなら、我々は神に対して二つの異なった自由を、即ち一は必然的な自由、他は任意な自由を帰することになり、従ってまた神の意志を神の本質や神の知性と異なったものとして考えることになり、このようにして種々の不条理に陥ることになるでしょう。

私が前便で貴下によく注意下さるように申し上げたことを貴下は必要でないと思われたようですが、このために貴下は貴下の御思想を要点に向けず、また問題の最も重要な個所をないがしろにされたのです。

次に貴下は言われます。見たり聞いたり注意したり意欲したり等々する行為が神の中に優越的《エミネンテル》に存在することを私が否定するのなら、私がどんな神を考えているのか貴下には分らない、と。これで見れば貴下は、今言った諸属性を以て表現され得る完全性より以上の大なる完全性は存在しないと信じておいでのように思われます。しかしそれも私には不思議ではありません。というのは、私の信ずるところでは、もし三角形が話す能力を持つとしたら、三角形は同様に、神は優越的に三角であると言うでしょうし、また円は円で、神的本性は優越的意味において円形であると言うでしょう。そして、このようにして各人は、自己の諸属性を神に帰し、自己を神と類似のものとし、その他のものは彼には醜く思われるでありましょう。

一書簡の短い内容と私の限られた時間とを以てしては、貴下に神的本性に関する私の見解並びに貴下から提出された諸質問を詳しく説明申すことは出来ません。それに、漫然と反駁を重ねるだけでは直ちに理由を示すことにはならないのです。

我々がこの世において多くのことを推測にもとづいてやっているというのは事実です。しかし我々が我々の思索を推測にもとづいてやるというのは誤りです。日常生活においては蓋然的なことに従わねばなりませんが、哲学的思索においては真理に従わねばなりません。食物と飲料が人間に有益であることが完全に証明されないうちは食べたり飲んだりしようとしないなら、人間は渇と餓で死んでしまうでしょう。しかしこれは思索の場合には当てはまりません。思索の場合には我々は、単に蓋然的に過ぎないことを真として受け入れないように用心せねばなりません。一の誤りを受け入れれば、無数の誤りが続いて起って来るからです。

次に、神学や科学が多くの論争と異見に満ちているということから、その中で取り扱われているることがすべて不確実であるという結論は出てまいりません。幾何学的証明をさえ嘲笑するほど反対欲に支配されていた人々が実にたくさんいたではありませんか。セクストゥス・エンピリクスやその他貴下が引き合いに出された懐疑論者たちは、全体がその部分より大であるということを誤りだと言い、またその他の公理についても同じような判断をいたしています。

しかし、それはさて置き、証明の出来ない場合我々は蓋然的なことに満足せねばならぬという事実を容認するとしましても、蓋然的証明とは、それについて疑うことは出来ても反対することは出来ないといったようなものでなければならぬと私は考えます。反対し得る事柄は真実に類するよりも虚偽に類するからです。例えば、私は昨日ペテロが元気でいるのを見たからペテロは今も生きていると言うとします。この場合、もし誰も私に反対し得ない限り、それは蓋然的なことであります。しかし他の人が、自分は昨日ペテロが人事不省に陥ったのを見た、そして自分はペテロがその後で息を引き取ったと思う、と言うとしたら、これで私の言葉は誤りらしいことになります。幽霊や魂魄に関する貴下の御推測が誤りであって蓋然的でさえないことは、私のきわめて明瞭に示したところでありまして、私は貴下の御返事の中に何ら注意に価するものを見出すことが出来ないのです。

私が神について三角形についてと同様に明瞭な観念を有するかどうかという御質問に対し、私は然りと答えます。しかし、神について三角形についてと同様に明瞭な表象を有するかどうかとお尋ねでしたら、否と答えます。我々は神を認識することは出来るが表象することは出来ないからです。(2) なお、ここで御注意申したいのは、私は神を完全に認識しているとは申さないことです。

私はただ神の属性の若干を認識するのみであって、神の属性の全部を、またはその大部分を認識しているのではありません。しかもその多くの属性を知らないことがその属性の若干を知ることの妨げにならぬのは確実です。私がユークリッドの初歩を学んだ時、まず三角形の三角の和は二直角に等しいことを知りました。そして私が三角形の他の多くの特質について知らないにもかかわらず、この特質を明瞭に理解したのでした。

幽霊や魂魄について申せば、私は今日までそうしたものに関し何ら納得のゆく性質を聞いたことはありません。ただ何人も理解し得ないようないろいろの空想について聞いたのみです。貴下が幽霊乃至魂魄はこの低いところ(貴下の用語に従います。但し私はこの低いところにおける物質が高いところにおけるそれより価値が少いかどうかは存じません)ではごく薄い微妙繊細な物質から成っていると言われるのは、ちょうど蜘蛛《くも》の巣か空気か蒸気についてでも言っておられるように聞えます。また幽霊が不可視的であると言われるのは、まるで貴下が幽霊の実在的性質についてではなくて、その非実在的性質について言っておられるように感じます。尤も貴下はこれで、幽霊が意のままに自分を見えるようにしたり見えないようにしたりすること、また我々の表象力はそうした事並びに他の多くの不可能な事柄についても何ら制約を受けないことを暗示しようとしておられるのかも知れません。

プラトンやアリストテレスやソクラテスの権威は私にはあまり重きをなしません。(3) もし貴下がエピクロスやデモクリトスやルクレチウスを、或いは誰か原子論者乃至原子論の支持者を引証されたのでしたら、私も驚いたかもしれません。隠れた性質、志向的形象、実体的形相、(4) その他数多くの幻想を描いた人々が、幽霊や霊魂を案出し、デモクリトスの権威をおとしめるために老婆たちの言に信をおいたからとて、不思議はないでしょう。彼らはデモクリトスの令名をいたく羨み、大なる賞讃のうちに出版された彼の書のすべてを焼却したのでした。(5) もし貴下が彼らに信をおかれる気なら、聖処女やすべての聖人たちの数々の奇蹟を否定すべき何の根拠がありましょう。この種の奇蹟は、実に多くの著名な哲学者、神学者、歴史家たちによって書かれており、幽霊について証言する人一人の割合に対しこうしたことについて書いている人なら、百人も挙げることが出来るほどです。

尊敬する士よ、思ったより長くなってしまいました。私は貴下が容認されないであろうことのわかっている(というのは貴下は私とはまるで異なる原理を遵奉している方ですから)ことどもで貴下をこれ以上お煩わししたくありません……云々

〔ハーグ、一六七四年十月〕

書簡五十七(1)　E・W・デ・チルンハウス(2)からスピノザへ

卓越の士よ、

哲学者の或る者が或る命題を誤りであると証明するのに対し、その同じ仕方で他の者はその命題が真であることを示しているのを、私はとにかく不思議に思います。なぜなら、デカルトは彼の「方法」の始めの個所(3)で、知性の確実性はすべての人において等しいと考え、またこれを「省察」の中で証明したからです。そして、一定の確実なことを、誰からも不可疑的として受け入れ

られるような仕方で証明し得ると思っている人々は、皆これに賛同しています。(4)

しかし、このことはまず措き、私は自分の経験にもとづいて次のことを貴下によく注意していただくようお願いします。即ちここに二人の人があって、そのうちの一人が或ることを肯定し、他の一人が否定し、そして各〻が自己の思うままに語る場合、その言うところは反対に見えても、彼らの思想を吟味するなら、彼らは共に(各人が自己の考えなりに)真を言っているのだということがわかります。私がこのことを問題にするのは、それが日常の生活においてきわめて有益であって、このことに注意しさえすれば、無数の論争とそれから生ずる諸〻の抗争が防げるからであります。尤も、思想の中に含まれているこの真理はいつも絶対的に真だというわけではなく、ただ心の中で前提されている事柄が人々に容認される場合にのみそうなのです。この規則は、きわめて普遍的なものであって、すべての人間に当てはまり、精神錯乱者や夢を見ている人間の場合も例外ではありません。すべて彼らが見る或いは見たと主張することは、我々にはそう思えなくても、実際にはそうなのであることが確かだからです。

このことは、今当面の問題である「自由意志」の問題についてもはっきり見られます。というのは、意志の自由に賛成する人も反対する人も、私には自由の解釈次第で真実を語っているように思われます。即ち、デカルトは、何らの原因によっても強制されないことを自由と名づけ、これに反し貴下は、何らの原因によっても或ることへ決定されないことを自由としています。私は、我々がどんな場合でも一定原因から一定行動へ決定されること、従って我々は何らの自由意志を有しないことを貴下と共に認めます。しかし反対に、或る場合(これは後で説明します)においては我々が決して強制されぬこと、従って自由意志を有することを、デカルトと共に認めます。手近かなところから例をとりましょう。

この問題には三様の形があります。第一は、我々は自分の外にある事柄に対して何らかの絶対的な力を有するかどうかということです。これは否定されます。例えば、私が今この手紙を書くということは、絶対には私の力にはありません。なぜなら、もし私の不在或いは友人の来訪によって妨げられなかったなら、私は確かにそれをもっと早く書いたでありましょうから。第二に、我々は意志の決定に依存する我々の身体の諸運動に対して絶対的に力を有するかどうかということです。これは、もし我々が健康な身体においてあるならばという条件つきで肯定されます。即ち、私が健康なら、私は自分自身をいつも手紙を書くように向けることも向けないことも出来るからです。第三に、私が自分の理性を行使する場合、これを全く自由に、換言すれば絶対的に行使し得るかどうかということです。これに対して私は、肯定的に答えます。なぜというに、誰も自分自身の意識に反することなしには、私が心の中で書こう或いは書くまいと考え得るということを私に否定し得ないでしょう。これを実行に移すことについても、外的原因がそれを許す限り(そしてこれは第二の場合に当ります)、私が意のままに書くことも出来、書かぬことも出来ることは明らかです。なるほどそれを今書くように私を決定する諸原因の存在することは貴下と共に認めます。例えば、貴下が始め私に手紙を下さり、その際なるべく早く返事をくれるように要求され、そして私に現在それを書く機会があり、私がそれを逸したくないと思うが如きです。しかしまた同時に、そうした事柄が、だからと言って私を強制しはしないこと、私は実際にはそうした諸理由があるにもかかわらずそれを書かずにおくことも出来る(これを否定するのは不可能に思われます)ということを、私は私の意識に照らして、デカルトと共に主張します。実際、我々が外的事物によって強制されるとしたら、誰が徳の習性を獲得し得るでしょう。まったく、こんなことが容認されれば、すべての悪しき行為が許されることになりましょう。実際にはしかし、我々が外的事物から或ることへ決定されても、我々が確固恒常の精神を以てこれに反抗するということが、実にしばしば起りはしないでしょうか！

さて先の規則を、もっと明瞭に説明するために、次のことを付け加えます。貴下もデカルトも、自己自身の思想に従って真実を述べています。しかしもし絶対の真理ということを眼中におくなら、それはデカルトの見解にのみ帰せられます。というのは、貴下は、自由の本質は我々が何物からも決定されないという点に存することを、貴下の思想の中で確実として前提されています。このことが容認される限り、両方の主張は真実でありましょう。しかし、物の本質は、それがなければその物が全く考えられないところのものに存するのである以上、たとえ我々が、我々の行動に際し、外的諸原因から或ることへ決定されても、即ちたとえ我々の行動を或る仕方で導くように我々を刺戟する諸原因が常に存在するとしても、我々は原因の決定したような結果になるとは限らぬのですから、その際自由は明瞭に考えられます。だがこれに反し、我々が強制されるという前提の下では、決して自由は考えられません。なお、デカルトの第一巻の書簡八及び九、同じく第二巻の第四頁を御参照下さい。しかしこれはこれでもう十分としましょう。どうか以上の疑問に対してお返事下さるよう御願い申し上げます。〈そうしていただけば誠にありがたい次第で、私としても健康の許す限り、貴下のためどんなことでもいたしたいと思います

貴下の忠実なる　××〉。

一六七四年十月八日

書簡五十八(1)　スピノザからG・H・シュラーへ(2)

前書簡への返事

練達の士よ、

我々の友人J・R(3)が、私宛の貴下のお手紙を送付してくれました。そしてそれには、自由意志に関する私とデカルトの見解についての貴下の御友人の批評が添えられてありました。貴下のお手紙もその批評も私にはたいへん嬉しいものでありました。目下私は健康状態が十分でない上に、いろいろな用向に忙殺されていますけれども、貴下の厚い御友情、並びに私の最も推服する真理に対する貴下の御熱意に動かされて、私の乏しい才能の許す限り、貴下の御希望に添うことにします。

貴下の御友人は、経験にもとづいて私に或る注意を促しておられますが、その前に彼が述べている事柄は、私にはよく意味がとれません。(4)次いで彼が「二人のうち一人が或ることについて或ることを肯定し、他の人がこれを否定する場合……」と付言されているのは、もしその二人の人が同じ用語を使っていても異なったことについて考えているのだという意味なのでしたら、それはその通りなのです。(5)こうした事例のいくつかを私は、前に友人J・Rに書き送りましたが、今私はそれを彼から貴下に伝えてくれるように彼に手紙を出すつもりです。

そこで、貴下の御友人が私のものとして挙げておられるあの自由に関する定義に移ります。私は御友人が、この定義をどこから採られたのか存じません。私は、自己の本性の必然性のみによって存在し行動する物を自由であると言い、これに反して、他物から一定の仕方で存在し行動するように決定される物を強制されていると言います。(6) 例えば、神は必然的に存在するのであるけれどもしかしまた自由に存在します。神は自己の本性の必然性のみによって存在するからです。同様、神は自己自身並びにありとあらゆる物を自由に認識します。神がすべてを認識するということは、自己の本性の必然性からのみ生ずるからです。これでもって貴下は、私が自由を自由なる決意に存するとは考えず、自由なる必然性に存すると考えていることを知られるでしょう。

しかし下って、被造物について見ましょう。被造物はすべて或る一定の仕方で存在し行動するように外的諸原因から決定されています。(7) これを明瞭に理解するため、最も簡単なものを例にとりましょう。例えば、石は自己を衝き動かす外部の原因から一定の運動量を受けとり、外部の原因の衝撃が止んでから後も、この運動量によって必然的に運動を継続します。ところで、運動に対する石のこの固執は強制されたものでありますが、しかしそれは、この固執が必然的だからではなくて、外部の原因の衝撃によって決定されねばならぬからです。そしてここに石について言われることは、あらゆる個物(それがどんなに複雑で、どんなに多様の機能を持つと見られるようなものでも)について言われます。即ち各物は、必然的に何らかの外的原因によって一定の仕方で存在し行動するように決定されるのです。

さてこの石は、運動を継続しながら思惟するものと想像して下さい、そして出来るだけ運動を継続しようと努めていることを自ら意識するものとして下さい。確かにこの石は、自己の努力ののみを意識し、それについて決して無関心でないから、こう考えるでしょう。自分は完全に自由だ、自分が運動に固執しているのはただ自分がそうしようと思うからにほかならぬ、と。そしてこれは同時に、人間の自由でもあるのです。すべての人は、自由を持つことを誇りますけれども、この自由は単に、人々が自分の欲求は意識しているが自分をそれへ決定する諸原因は知らない、という点にのみあるのです。(8)このようにして、幼児は自由に乳を欲求すると信じ、怒れる小児は自由に復讐を欲すると信じ、臆病者は自由に逃亡すると信じています。次に酩酊者《めいていしや》は、後で酔がさめた時黙っていればよかったと思うようなことを、その時は、精神の自由決意に従って話すと信じます。同様に、狂人、饒舌女《おしやべり》その他この種の多くの者も、精神の自由決意から行動すると信じ、衝動に左右されているとは信じません。そしてこうした先入見は、すべての人に生れながらに具わっていて、我々は容易にこれから抜け切ることが出来ません。即ち経験が、人間には自己の衝動を制御するほど困難なことはないこと、そして相反する感情に捉われる時は人間は往々よりよきものを見ながらより悪しきものに従うものであること(9)を十分以上に教えているにもかかわらず、人間はやはり自分を自由であると信じこんでいるのです。これは、ものごとに対する人々の欲求は軽度なことが多く、そうしたことへの衝動は、我々の頭にしばしば浮かぶ他の事柄の想起によって容易に抑制され得るからであります。

以上を以て、自由なる必然と強制的必然についての、またいわゆる人間の自由についての私の見解を十分に説明したと信じます。これからして貴下の御友人の駁論へのお答えも容易に出てくるでしょう。というのは、彼がデカルトに倣《なら》って、何らの外的原因によっても強制されない人が自由であると言う場合、もし強制された人間ということを自己の意志に反して行動する人と解するのでしたら、私も、我々は或る種の事柄においては決して強制されず、そしてその点では自由意志を持つことを容認します。しかしもし、強制された人間ということを、自己の意志に反してというのではなく、必然的に行動する（私が上に説明したように）ところの人間と解するなら、私は、我々がどんな行動においても自由であるということを認めることが出来ません。

貴下の友人はこれに対して「我々は理性を全く自由に、換言すれば絶対に行使することが出来る」と主張しています。彼はこの主張を、過度の確信を以てとは言わないまでも、十分の確信を以てしているのです。彼は言います、「なぜというに自分自身の意識に反することなしには、私が心の中で書こう或いは書くまいと考え得ることを誰も私に否定し得ないでしょう」と。私は、彼が言っている意識とは、私が上に石の例で説明した意識以外のものであるかどうかを知りたく思います。少くも私は、私の意識に、換言すれば理性と経験に、反しまいと思えば、また先入見と無知を助長しまいと思えば、私が書くことを欲しまた欲しないように何らかの絶対的思惟能力で思惟し得るということを認めることは出来ません。しかし〔私の意識にもとづくことはしばらく措き〕貴下の友人自身の意識にもとづいてみましょう。彼はたしかに、夢の中で、彼が書くことを欲し或いは欲しないように考える能力を持たないという事実を、また彼が書こうと欲する夢を見る場合、書こうと欲する夢を見ない能力を持たないという事実を経験しているはずです。また彼は、精神が、同一対象について思惟することに常に同じように適当しているわけでなく、むしろ身体がこの或いはかの対象の表象像の喚起に適当する程度に応じて、精神もこの或いはかの対象の思惟に適するという事実を、同様に経験していると信じます。(10)

そのほか、彼が彼の精神を書くように仕向けた諸原因は、なるほど彼を書くように刺戟はしたが、強制したわけではなかった、と付言していますが、これは結局〔貴下が事態を冷静に検討される限り)、彼の当時の精神状態から言って、別の場合になら、即ち他の強力なる感情に捉われている場合になら、彼を動かし得なかったであろう諸原因が、今容易に彼を動かし得た、という意味にほかならないのです。つまり、別の場合になら彼を強制し得なかったであろう諸原因が、今の場合彼を必然的に書く欲望を持つように強制した――意志に反して書くように強制したというのではなく――という意味にほかならないのです。

それから彼は、「もし我々が外的諸原因から強制されるとしたら、何人も徳の習性を獲得し得ないでしょう」と主張していますが、いったい、確固恒常の精神を持つことが運命的必然性からではなく、ただ単に精神の自由決意から生じ得るなどということを、誰が彼に言っているのか私は存じません。

それから最後に彼は「これが容認されればすべての悪しき行為は許されることになりましょう」と付加していますが、それだからどうしたというのでしょう。というのは、悪しき人間は、必然的に悪しくあるからとて、そのゆえに恐ろしさの程度が少くなったり危険さの程度が少くなったりすることはないのであります。[11] しかし、こうしたことについては、どうか拙著「幾何学的秩序で証明されたデカルトの哲学原理第一部及び第二部」への「付録」の第二部八章を御覧下さい。

終りに私は、以上のような駁論を寄せられた貴下の御友人に答えてもらいたいことがあります。それは精神の自由決意から生ずるという人間の徳と神の予定とを彼がいかなる仕方で調和させるかということです。もし彼が、デカルトに倣《なら》って、それを調和するすべを知らないと自白するのでしたら、彼はすでに自分自身が射抜かれた槍を私に向かって投げつけようとする者です。しかしそれは無益でしょう。というのは、もし貴下が私の見解を注意深く検討して下さるなら、私の見解のすべてはよく調和していることを認められるでしょうから……云々

〔ハーグ、一六七四年十月〕

書簡五十九[1]　チルンハウスからスピノザへ

卓越の士よ、

貴下[2]の書かれている、未知の諸真理を探究するに際しての理性の正しい指導方法を、並びにまた一般物理学を、いつ私共は手にすることが出来るでしょうか。貴下がこれらの題材に関してすでに大きな進歩をなされたことは私も存じております。始めのことについては、前から私にはわかっていましたし、後のことはエチカ第二部に付加されたいくつかの補助定理を拝見すれば明瞭です。これらの補助定理によって、物理学の多くの難問が容易に解決されます。なお私は貴下の御時間と機会の許します折に、何卒運動の真の定義とその説明をお願いしたく、それから、延長はそれ自体で見られる限り不可分的で不変化的であるのにどうして我々は〔延長から〕実に多くの種々異なった事物の存在を、従ってまた各物においてそれぞれ異なるその構成諸部分の一定形状の存在を、アプリオリ[3]に導き出すことが出来るかについてお教え頂きたく存じます。

私が貴下の御許にありました時、貴下は私に、未知の諸真理の探究に際して貴下の用いられる方法を示して下さいました。この方法はきわめて優秀なものであり、それでいて、私の理解する

限り、きわめて容易なものであることを経験しています。そして私は、この方法に従っただけで、数学において多大の進歩をとげましたことを確言することが出来ます。それで私は、貴下が妥当な観念、真の観念、虚偽の観念、虚構の観念及び疑わしき観念の真の定義を伝えて下さるよう希望いたします。私としましても真の観念と妥当な観念の相違を探りましたが、これまでのところ、何も知ることが出来ませんでした。ただ私は或る問題を出してそれについての明瞭な概念乃至観念を求めた後、さらにこの真の観念がその事柄の妥当な観念でもあるかどうかを知るために、この観念乃至概念の原因が何であるかを探ってみただけでした。そして、この原因が認識されると、さらに新にこの概念の原因が何であるかを探究し、このようにして、常に観念の原因の原因を探りつづけ、ついにそれは私の内に在るすべての可能的観念(4)の一であってそれにはそれ以上何ら他の原因を見出し得ないといったところに来るまでそれをつづけたのでした。例えば、どんな点に我々の誤謬の真の起源があるかを探究する場合、デカルトは、それは我々がまだ明瞭に理解しない事柄に同意を与えることにあると答えるでしょう。しかし、これがこの事柄に関する真の観念(vera idea)であるとしても、これに関する妥当な観念(adaequata idea)を持たない限り、私はまだこれについて知る必要のあるすべてのことを導き出すことが出来ないのです。この妥当な観念を得るために、私はさらにその概念の原因を探究します。即ち、明瞭に理解されない事柄に我々が同意を与えるということがどうして生ずるのかを探究します。そして私は、それが認識の欠陥によって生ずると答えます。しかしここにこれ以上探究をつづけて、我々が或る種の事柄を認識しない原因は何であるかを探ることは出来ません。従って私はこれからして、我々の誤謬の妥当な観念を発見したことを知るのです。

ここに、ついでながらお尋ねしたいことがあります。多くの事物は、確かに、無数の仕方で表現されてみなそれなりに自己についての妥当な観念を有しており、そしてどの妥当な観念からも、その物について知られ得るいっさいが導き出されるのではありますが、しかし或る観念からは、他の観念からよりもいっそう容易にそれがなされるものであります。そこでお尋ねしたいのは、どの観念が他の観念よりすぐれているかを知る手段があるかどうかということです。例えば、円の妥当なる観念は、半径がすべて等しいということの上に立つことも出来るし、また一定点を通過する絃の二線分の積が常に相等しい(5)ということの上に立つことも出来ます。このようにして、我々はなお円の妥当な本性を示す無数の表現を有します。そしてそれらの各〻から、円について知られ得るすべてのことが導き出されますけれども、それらのうちの或る観念からは、他の観念からより遥かに容易にそれがなされます。同様に曲線の縦座標(applicata)を観察する人は、曲線の計量に関する多くのことを導き出しますが、しかしそのことは切線を観察する場合にいっそう容易に出来ます……。

これを以て私は、この探究において私がどこまで進歩したかを見て頂こうと思った次第です。不十分なところは補足して頂きたく、また間違ったところがありましたら御是正下さい。それから、前に申しました定義もどうかお願いします。御機嫌よう。

一六七五年一月五日

書簡六十(1)　スピノザからチルンハウスへ

前書簡への返事

高貴の士よ、

真の観念と妥当な観念との間には、真(verum)という言葉は単に観念と観念されたるもの(ideatum)との一致にのみ関係し、これに対して妥当(adaequatum)という言葉は観念自体の本性に関係する、ということ以外の何ら他の相違をも私は認めておりません。従って、実際には、真の観念と妥当な観念との間には、この外的関係を除いては何らの相違も存しないのです。

ところで、物に関する多くの観念のうちのどの観念から対象(subjectum)のすべての特質が導かれ得るかを知り得るためには、私はただ次の一事を念頭に置きます。それは、物に関する観念乃至定義はその起成原因(causa efficiens)を表現せねばならぬということです。例えば、円の諸の特質を探求するために私は、円のあの観念、即ち円は一定点を通過する紘の二線分の積が常に相等しい図形である(2)という観念から、円のすべての特質が導出され得るかどうかを尋ねます。つまり私は、この観念が円の起成原因を含むかどうかを尋ねます。ところが、この観念はそれを含まないので、私は他の観念を求めねばなりません。即ち、円は一点が固定し他点が動く一つの線によって画かれる空間である(3)という観念です。この定義は起成原因を表現していますから、円のすべての特質がそれから導出され得ることを私は知ります……。同様にまた私が、神を最高完全な実有であると定義する場合、この定義は起成原因(私の考えでは起成原因には外的なものばかりでなく内的なもののもあります)を表現しないから、私はそれから神のすべての特質を結論することが出来ないでしょう。これに反して神を絶対に無限な実有云々(エチカ第一部定義六参照)と定義する場合は……。

その他のこと、即ち、運動について並びに方法に関することについては、まだ順序立てて書いていませんから、別な機会にゆずります。

貴下は言います、曲線の縦座標を観察する人はそれから曲線の計量に関する多くのことを導き出し得るが、それは切線を観察する場合にいっそう容易に出来る云々、と。これについて申せば、私は反対に、切線を観察する場合にも、多くのことが、縦座標を秩序正しく観察する場合より、導出に困難であるという意見です。一般論として言えば、或る物の一定性質(どんな観念の場合でも)から或ることは比較的容易に、また或ることは比較的困難に(と言ってもこれらは皆その物の本性に関するものなのですが)発見されるのであります。ただ、私が最も注意しなければならぬと思うことは、上に述べたように、それからすべてが導かれ得るような観念を探り出さねばならぬということです。思うに、或る観念からいっさいの可能なことを導き出そうとする場合、最後に来るものが初めのものよりいっそう困難であるのは理の当然でありますから……云々、

〔ハーグ、一六七五年一月〕

書簡六十一(1)　オルデンブルクからスピノザへ

カン(2)の医学博士で改革派宗教の帰依者《きえしゃ》として知られる学殖高いブルジョワ氏が、オランダへ行くから何か用事はないかと申してくれましたので、この好機を利し、貴下にお伝えしておきたいことがあります。それは、貴下が御論文(3)をお送り下さいましたことに対し(と申しても貴下が送って下さったものはつい私の手に入りませんでした)、数週間前お礼の手紙を差し上げましたこと、しかし私のその手紙がとどこおりなく貴下の御許にとどきましたかどうか心もとなく思っていることです(4)。その手紙の中で私は貴下の御論文に対する私の見解を申し述べたのでした。しかしその見解は後で事態をもっとよく検討し考慮しました結果、きわめて未熟なものであったと今は思っております。あの当時私はそれを、多数の神学者や公認された教会信条(それはあまりにも党派心の臭があるように思われます)から得た標準で計ったので、その中の多くのことが宗教を害するように思われたのでした。しかし、全事態をもっと入念に熟慮した結果、私は、貴下が真の宗教並びに健全な哲学を害しようと企てておられるなどということは全然あり得ないことを信ずべき多くのことを発見しました。それどころか貴下はキリスト教の真の目的及び稔り豊かな哲学の神聖性と優越性を推賞し支持しようとつとめておられるのだという印象を受けました。これが貴下の本当の御意図であることを今私は信じますので、貴下がかかる意図の下に現に準備し思索されつつあることにつき、貴下の古き誠実な友のこの私に対し、しばしばのお手紙によっていろいろ知らせて下さることを切に御願いいたします。そうした気高い企ての幸《さち》ある成功を私は心から祈っているのですから。貴下が私に沈黙を命ぜられるならば、それに関するいっさいをどんな人にも伝えませんことを私は固くお約束します。私はただ、すぐれた賢明な人々の精神を、貴下が他日世に発表されるであろう諸真理の受け入れに向くような態勢に置き、また貴下の御思想に対して世人が抱いている種々の先入見を取り去るように努力しようとするのみであります。

私の思い違いでなければ、貴下はまた人間精神の本性と能力について、並びに我々の身体と精神の結合について、極めて深い洞察を有しておられるように思われます。この主題についても貴下の御思想を私にお伝え下さるよう切に御願いします。では御機嫌よう、卓越の士よ。そして貴下の学説と才能の最も忠実なこの崇拝者に対し変らぬ好意を抱いて下さいますことを。

ハインリッヒ・オルデンブルク

ロンドン、一六七五年六月八日

書簡六十二(1)　オルデンブルクからスピノザへ

我々の書簡往復がこのように幸福に再開されました今日、私は友人としての義務をおろそかにして文通をとぎらすようなことはいたしたくございません。さて、七月五日付の貴下の御返事(2)から承知いたしましたところによれば、貴下は五部から成る貴下の御論文(3)を出版される御予定とのことですが、私に対する貴下の深い御友情に甘えまして貴下に次のことを御注意申し上げるのをお許し下さるようお願いします。それは、いやしくも宗教的本務の実践を危うくするように見えるどんなことをもその中に取り入れないで頂きたいということです。ことに、頽廃紊乱《たいはいびんらん》した今の時代は、現に横行しつつある諸〻の悪徳に油をそそぐような結論を引き出し得る教説を、何よりも渇望しているのでありますから。

それはともかく、私がその御論文の若干冊をお受け取りすることには異存がありません。ただ貴下にお願いしたいのは、その暁はそれを誰かロンドン滞在のオランダの商人に宛てて頂いて、その人から後で私に渡してもらうようにしたいということです。また、そうした書物が私の方へ送られたということを申される必要もないと思います。[4] それが確かに私の手に入りさえしますればあちこちの私の友人たちに分配して、それに対する適当な価格を受け取りますことは、私につて疑いもなく容易であると存じますから。ではお大事に。そしておひまの折またお手紙を下さい。

貴下の最も忠実な　ハインリッヒ・オルデンブルク

ロンドン、一六七五年七月二十二日

書簡六十三[1]　シュラーからスピノザへ

高貴、卓越の士よ、

これまで長い間ごぶさたいたしまして申しわけない次第です。これでは、貴下が何の取りえもない私に示して下さる御厚意に対して忘恩のそしりをまぬかれないでしょう。しかし、貴下の寛大な御友情は、私を非難なさることなくお許し下さるのでないかという気がします。それに私は、貴下が、貴下のその御友情に促されて、友人たち共通の幸福のために真剣な御思索にいそしんでおられることを存じておりますので、この御思索を、十分な理由がなくて乱しますことは有害無益な業《わざ》と思っております。こうした理由から私は、ずっと沈黙をつづけてまいり、その間、友人たちから貴下の御健在を聞くだけで満足しておりました。しかし今私は、この手紙で貴下に、次のことをお知らせしたいと存じます。それは、我々の高貴な友チルンハウス氏が依然英国にあって[2]我々と同様健在でありますこと、彼は私に宛てた手紙の中で、貴下にくれぐれもよろしく申し上げてくれと再三願い出ていますこと、また彼は貴下に次の疑問の解決を求め、同時にそれに対する御返事を貴下から頂いてくれるように繰り返し私に依頼していることです。その疑問というのは次のようなものです。[3]

一、我々は神の諸属性のうち思惟と延長しか認識し得ないということを、帰謬法によって[4]ではなく何らかの直接的証明によって明らかにして頂けないでしょうか。さらに、このことからして、他の諸属性から成る諸〻の被造物は、反対に、何ら延長の概念を有し得ないことにならないでしょうか。また、このようにして、神の属性の数だけ多くの世界を認めねばならぬようになりはしないでしょうか。こうなると例えば我々の延長の世界(仮にそうした名称を用いるとしまして)が有するとちょうど同じ大いさ(amplitudo)を有する、他の諸属性から成る諸世界が存在することになるでしょう。そして、我々が思惟以外にはただ延長しか認識しないように、そうした諸世界の被造物も、その世界の属性と思惟のみしか認識しないことになるでしょう。

二、神の知性は、我々の知性と、本質においても存在においても異なりますから、神の知性は、我々の知性と何ら共通点を有しないでしょう。従って(第一部定理三により)神の知性は、我々の知性の原因であることが出来ません。

三、定理十の備考で貴下は言われます、「各々の実有は或る属性の下で考えられねばならぬこと(これは私にもよくわかります)、そしてその実有がより多くの実在性或いは有性を持つに従って、それだけ多くの属性がそれに帰すること、そうしたことほど自然において明瞭なことはない」と。これからして三つ、四つ、或いはもっと多くの属性を有する実有が存在するという帰結になりそうです。しかし、貴下の証明からは、各実有はただ二つの属性のみから、即ち神の或る一定属性とその属性の観念とのみから成っているということが帰結されるのです。

四、神から直接的に産出されるものの例、及び無限な様態《モディフィカチオ》を媒介として産出されるものの例を知りたいと思います。私の考えでは、第一種のものには思惟と延長が属し、第二種のものには思惟における知性と延長における運動とが属するのではないかと思います[5]……云々。

以上は、上述の我々の友チルンハウスと私が、貴下のおひまの折、貴下から説明して頂くことを願っている事柄です。なお、チルンハウスの報告によりますれば、ボイル氏とオルデンブルクは、かねがね貴下の御人柄に関し実に奇妙な考えを抱いていたそうですが、チルンハウスはこれを彼らから取り除いたばかりでなく、いろいろな論拠を挙げて彼らを説得したので、彼らは再び、貴下に、敬意と好意を抱くようになり、その上、神学・政治論についても高く評価するようになったそうです。私は、貴下の御指図にもとづき、これについてこれまで敢えて御報告申し上げませんでした[6]。私は貴下のためどんな御用でもいたし、またいつも変らぬ貴下の忠実な僕たるの確信を有する者であります。

G・H・シュラー

アムステルダム、一六七五年七月二十五日

A・Gent氏[7]からくれぐれもよろしくとのことです。J・Riew[8]・からもよろしく。

書簡六十四[1]　スピノザからシュラーへ

前書簡への返事

練達の士よ、

貴下のお手紙は私にとっていつも嬉しいものですが、このたびも貴下がそうしたお手紙によって私を元気づけてくれましたことを喜びます。どうか、今後とも、しばしばそうした喜びを与えて下さるようお願いします……。

貴下の御疑問に移りましょう。最初の点について申せば、人間の精神は、現実に存在する或る物体の観念に包含されているもの、或いはこの観念から導き出され得るものをのみ認識することが出来ます。というのは各物の能力はその物の本質によってのみ規定される（エチカ第三部定理七により）のでありますが、精神の本質は次の点にのみ、即ち精神は現実に存在する或る物体の観念であるという点にのみある（第二部定理十三により）のですから、精神の認識能力は結局、物体のこの観念が自らの中に含むもの、或いはこの観念から出てくるものの上にのみ及ぶということになるのです。ところで、物体のこの観念は、延長と思惟と以外の他のどんな神の属性をも包含乃至表現しません。というのは、この観念の対象(ideatum)即ち物体或いは身体は(第二部定理六により)、神が他の属性の下で考察される限りにおいてではなく、神が延長の属性の下で考察される限りにおいて神を原因に有し、従って身体のこの観念も(第一部公理六により)、神が単に延長の属性の下で考察される限りにおいてのみ神の認識を包含します。次にこの観念は、思惟の一様態である限り、やはり(同定理により)神が他の属性の下で考察される限りにおいてではなく、神が思惟する物である限りにおいて神を原因に有し、従ってこの観念の観念も(同公理により)、神が他の属性の下で考察される限りにおいてではなく、神が思惟の属性の下で考察される限りにおいて神の認識を包含します。これからして、人間の精神即ち人間の身体の観念は、この二つ以外に何ら神の他の属性を包含乃至表現しないこと明白です。それにまた(第一部定理十により)、これら二つの属性或いはこれらの属性の状態《アフエクチオ》からは神のどんな他の属性も結論乃至概念されることが出来ません。このようにして人間の精神は、私がすでに主張したように、この二つ以外には神の何らの属性をも認識し得ないという結論になります。また我々は属性の数だけ多くの世界を認めねばならぬかどうかという貴下の付加的御質問[2]については、エチカ第二部定理七の備考を参照して下さい。なお、今の定理は帰謬法によってもっと容易に証明することが出来るでしょう。私は、定理が否定的内容のものである場合は、他の証明法よりこの証明法を選びとる習わしです。この証明法は、そうした定理の本性とより多く一致するからです。しかし貴下は、積極的証明のみを求めておられるのですから、帰謬法は割愛して第二の点に移ります。

それは、或る物が、本質においても存在においても異なる他の物から産出され得るかどうかということです。これを貴下が問題にされているのは、相互にそれほど異なっている物は何ら共通点を有しないように思えるからというにあります。しかし、すべての個物(自己の同類のものから産出されるものは別として)は、本質においても存在においてもその原因と異なるのですから、(3)私はここに何ら疑問の理由を認めません。

なおまた神が物の本質並びに存在の起成原因であるということを私がいかなる意味で解しているかは、エチカ第一部定理二十五の備考と系で十分明らかにしたと信じます。

第一部定理十の備考に出てくる公理は、同備考の終りで暗示しましたように、我々が絶対に無限な実有について有する観念から導いたものであって、三つ、四つ、或いはもっと多くの属性を有する実有が存在する或いは存在し得るという想定から導いたものではありません。

最後に、(4)貴下の求められる例について申せば、第一種のものは、思惟においては絶対に無限なる知性、延長においては運動及び静止です。また第二種のものは、無限の仕方で変化しながらも常に同一に止まる全宇宙の姿です(これについては第二部定理十四の前にある補助定理七の備考を御覧下さい)。

以上を以て、卓越の士よ、貴下並びに我々の友人の駁論に答えたと信じます。それでもまだ何か疑点が残るとお考えでしたら、どうか私に通告して下さる労をいとわれぬようお願いします。出来ます限りそうした疑点をも取り除いてゆきたいと思います。ではお元気で云々……

ハーグ、一六七五年七月二十九日

書簡六十五(1)　チルンハウスからスピノザへ

高名の士よ、

精神は神の諸属性のうち延長と思惟しか認識し得ないという貴下の御主張を証明していただきたいと存じます。このことはなるほど私にもはっきりわかる気がするのでありますが、しかし、エチカ第二部定理七の備考からは、その反対が導き出され得るようにも思われます。これは或いは私がこの備考の意味を十分正しく把握しないためにすぎないかもわかりません。そこで私がどんな理由でこうした帰結に達しているかを貴下に説明申し上げることにいたしました。もし私が貴下の意味を正しく理解していないのでしたら、貴下のいつもの御親切によって私を助けて下さるように心からお願い申します。

私の理由はこうです。私は今の個所から世界が確かに唯一であることを推知できるのですけれども、しかしその同じ個所から、世界は無数の仕方で表現されること、従ってまた各〻の個物も無数の仕方で表現されることが同様に明らかなのです。これからして、私の精神を構成する様態《モデイフイカチオ》と、私の身体を表現する様態は、同じ一つの様態であるとはいえ、やはり無数の仕方で表現されることになるように思われます。即ちそれはまず思惟によって、次は延長によって、第三には我々に未知な神の一属性によって表現され、このようにして無限に進むように思われます。なぜなら神の属性は無限に多く存するのであり、そして諸様態の秩序と連結はすべてのものにおいて同一であるように思えるからです。これから次の問題が起ります。精神が一定の様態を表わし、そしてこの様態が単に延長によってばかりでなく無数の他の仕方によって表現されるものとすれば、なぜ精神は単に延長によって表現されるかの様態のみを、換言すれば人間の身体のみを認識し、他の諸属性による他の表現を認識しないのかということです。これをもっと深く追求することは、時間の都合で私には出来ません。恐らく、これらすべての疑問は、しばしばの思索によって消失するものでもありましょうか。

ロンドン、一六七五年八月十二日

書簡六十六(1)　スピノザからチルンハウスへ

前書簡への返事

高貴の士よ、

とにかく貴下の御駁論に対するお答えとして私はこう申し上げます。各物は神の無限な知性の中では無数の仕方で表現されますけれども、しかし、この表現された無数の観念は、或る一個物の単一なる精神を構成することが出来ず、無数の異なった精神を構成するのです。〔異なった無数の属性に関係する(2)〕これら無数の観念の各〻は、私がエチカ第二部定理七のその備考で説明したように、また第一部定理十から明らかなように、相互に何らの連結を有しないからです。もし貴下がこれらのことに多少でも御注意下さるなら、もはや何の難点も残らないことを認められるでしょう、云々……。

ハーグ、一六七五年八月十八日

書簡六十七[1]　アルベルト・ブルフ[2]からスピノザへ

故国を立ちます時、旅行中に何か珍らしいことがありましたらお便りすることをお約束いたしました。今その機会が、しかもきわめて重大な機会が私におとずれましたので、それについて御報告してお約束の責めを果したいと思います。私は、限りなき神の御慈悲によってカトリック教会に導かれ、その一員となったのです。この経緯の一部始終は、ライデン大学の教授をしている著名練達の士クラーネン[3]氏に送った手紙で承知して頂けると思います。ここでは、特にあなたに関係の深いことのみを簡単に付加することにいたしましょう。

私は以前あなたの御頭脳の尖鋭さに大へん感心しておりました。それにつけましても今はあなたを歎き悲しむ気持でいっぱいです。あなたはすぐれた才能をお持ちになり、精神を、神から輝く天賦で飾られ、真理を愛し、否、真理に渇している御身でありながら、あの惨めな傲慢な悪魔の大王に迷わされ、欺かれているのです。いったいあなたの哲学全体は単なる空想、単なる幻影《キマイラ》以外の何物でありましょうか。しかもあなたは、その哲学に、現世におけるあなたの精神の平和ばかりでなく、あなたの魂の永遠の幸福をもゆだねておいでです。あなたのすべての信念が何とあわれな基礎の上に立っているかをお考え下さい。あなたはついに真の哲学を発見したと自負しておられます。あなたの哲学が、世界でかつて説かれた、現に説かれている、或いは今後説かれるであろうあらゆるもののうちで最上のものであることをどのようにして知られるのですか。未来の哲学のことは何も申さないとしましても、あなたはヨーロッパやインドや地球上の至るところで説かれている新旧すべての哲学を検討されたのですか。またそれを正当に検討されたとしても、あなたが最上のものを選んだということをどのようにして知られるのですか。あなたは言われるでしょう。私の哲学は正しい理性と一致し、他の哲学は正しい理性と矛盾する、と。しかし、あなたのお弟子たちを除くすべての哲学者は、あなたと意見を異にし、あなたがあなたの哲学について主張しておられることを彼らは同等の権利を以て自己並びに自己の哲学について主張し、あなたが彼らに対してやっておられるように、彼らはあなたに対して、あなたの虚偽と誤謬を非難しています。ですから、あなたの哲学が真理であることを明らかにするためには、その他の哲学には見出せない、そしてあなたの哲学にのみ当てはまる論拠を示さなければならぬこと明らかです。さもなければあなたは、あなたの哲学があなた以外のすべての哲学と同様不確実で無価値なものであることを容認しなければなりません。

しかし今私は、あなたが瀆神的な標題を付されたあの御本(4)だけを問題にし、あなたの哲学とあなたの神学を一緒にとり上げて論を進めてまいりましょう。なぜならあなたは、悪魔的狡智を以て、哲学と神学が区別さるべきこと、両者が異なった原理を有することを証明しようとされながら(5)、実はあなた御自身この両者を混同しておいでだからです。

あなたは恐らくこう言われるでしょう――他の人々は私ほどに何度もくりかえして聖書を読んではいない。キリスト教徒は全世界におけるその他の人々と異なり、何よりもまず聖書の権威を認めるのであるが、私は私の見解を実にこの聖書自身から証明しているのだ。どのようにかと言えば、私は聖書の中の明瞭な個所を明瞭でない個所に適用して聖書を説明し、私のこの解釈法から私の説を引き出し、或いはすでに前から私の頭で考えていたことをそれで確かめているのだ――と。

しかしあなたの言われることをどうかよく反省して見て下さい。あなたは、今言った適用を正しくやっていることをどうして知られるのですか。またその適用が正しくなされているとしても、それが聖書の解釈に十分であること、またそれで以てあなたが聖書の正しい解釈法を建設していることを、どうして知られるのですか。ことにカトリックの人々は、神の言葉全体が聖書に伝わっているわけでなく、従って聖書を聖書だけで説明することは出来ないと主張していますが、まったくその通りです。これは単に聖書が一個人によって説明され得ないというだけではなく、聖書の唯一解釈者たるべき教会自身によってもそれはなされ得ないというのです。というのは、使徒的諸伝承も亦顧みられなくてはなりません。このことは、聖書自身によっても、聖なる教父たちの証言によっても確かめられ、そしてそれは正しい理性や経験とも合致しています。このように、あなたの原理が全く誤ったものであり、破滅に至るものでありますからには、この誤った基礎に立ち、この基礎の上に築かれたあなたの教説全体は、どこに存在理由があるでしょうか。

それでもしあなたが、十字架にかけられたキリストをお信じになるなら、ひどいあなたの邪説を認め、あなたの本性の歪《ゆが》みを直し、教会と和解して下さい。

いったい、あなたの証明の仕方は、これまで神の教会を捨てた、現に捨てている、また今後捨てるであろうすべての異端者がこれまで用いた、現に用いている、或いは今後用いるであろう仕方と違っているでしょうか。実にすべての異端者は、自分の説を考案し強化するのに、あなたと同じ原理を、即ち聖書だけを用いているのです。

あなたは、改革派と呼ばれるカルヴィン派の人々、ルター派の人々、メンノー派の人々、ソチニ派の人々等があなたの説を反駁し得ないだろうからとて、おうぬぼれになってはなりません。彼らすべては、今申したように、あなたと同様惨めな者どもであって、あなたと等しく死の影に坐しているのです。

しかもその上あなたはキリストをお信じにならないのであってみれば、あなたの惨めさは筆舌に尽しがたいものがあります。だがそれでもなお救いの道がなくはありません。あわれな気狂いじみたあなたの理論の致命的僣越さを認識して、あなたの罪を悔い改めになればよいのです。あなたはキリストをお信じにならない。なぜ？　あなたは次のように言うのでしょう。キリストの教説と生涯は私の諸原理と合致せずまたキリスト自身に関するキリスト教徒たちの教説も私の教説と合致しないからだ、と。しかし私は再びお尋ねします。ではあなたは、神の国即ち神の教会にこれまで立ち現われたすべての人々——総大司教たち、予言者たち、使徒たち、殉教者たち、聖会博士たち、証聖者たち、童貞女たち、無数の聖人たち——よりも、否冒瀆にも主イエスキリスト御自身よりも、御自分を偉大だとお考えなのですか。あなたのみが教説において、生活法において、否すべての点において、彼らよりまさっているのですか。あなたは憐れな小人間、卑しい地上の虫けら、否塵芥《ちりあくた》、虫の餌《え》食《じき》でありながら、あなた自身を、言いようもない冒瀆さを以て、永遠なる父の化肉せる無限な智慧の上に置こうとなさるのですか。あなたは、ひとりあなた自身を、世界の初めから神の教会に属していたすべての人々——まさに到来しようとするキリストを信じた、或いはすでに到来したキリストを信じているすべての人々よりも聡明で偉大だと考えておいでなのですか。あなたのこのひどい、気狂いじみた、歎くべく呪うべき尊大さは、そもそもどんな基礎の上に立っているのですか。

あなたは、生ける神の子であり父の永遠なる智慧の言葉であるキリストが肉として現われ、人類のために悩み、十字架にかけられ給うたことを否定なさいます。なぜ？　それはそれらすべてがあなたの諸原理と合致しないからです。しかし、すでに明らかにしたように、あなたの原理は真実なものでなく、ただ虚偽な、根拠のない不条理なものにすぎないのでありますが、その上、私にはまだ申すことがあります。それは、たとえあなたが真の原理の上に立ち、いっさいをその上に築かれたとしても、あなたは世界の中にあるもの、起ったもの、或いは起っているもののすべてをその原理で説明することは出来ないし、また、或ることがあなたの原理に矛盾するように見えるからとてそのためそれを実際において不可能であり虚偽であると主張し切ることも出来ぬということです。というのは、たとえ自然の中に確実に認識され得ることが若干はあるとしましても、あなたが決して説明お出来にならないきわめて多くのこと、否無数に多くのことが存在します。それればかりでなく、あなたは、そうした諸現象と、きわめて確実とあなたが思うその他の事柄についてのあなたの説明との間にある明白な矛盾をさえも、取り除くことが出来ないのです。あなたの原理を以てしては、魔法や妖術に際して単に或る種の言葉を発しただけで起る、或いは単に一定の材料の上に記された言葉や符号を身につけるだけで起る多くのことがらの一つをも全然説明できぬでしょう。悪鬼に憑《つ》かれた人々に見られる驚くべき現象についても同様です。私はこうしたことどもについて私自身いろいろな例を見ていますし、またきわめて信用に価する多くの人々から、この種の無数のことについて、互に一致する最も確実な証言を聞いております。

仮にあなたの精神の中のいくらかの観念はその対象の本質と妥当に合致するとしましても、あなたは、すべての物の本質についていかにして判断出来るでしょうか。人間の精神の中にあるすべての物の観念がおのずからにして生ずるのかどうか、それともその多くの——すべてのではないにしても——観念は外部の対象によって産出されることが出来また実際に産出されるのかどうか、さらには善き、或いは悪しき諸霊の作用や明白な神の啓示にもよるのかどうか、そうしたことについてあなたは決して確実でないではありませんか。あなたは、次のようなことの現実的存在或いは非存在、その存在の可能性或いは不可能性を(つまりそういうものが自然の中に現実に存在するかしないか、或いは存在し得るか得ないかを)、他の人々の証言や経験に頼ることなしには、どうしてあなたの諸原理から正確に規定し、確立することが出来ましょう(あなたの判断そのものが神の全能に従属するものであることについては今は申さないでおきます)。例えば金属や地下の水を発見する為の魔杖、錬金術者たちの求めている石(6)、言葉や文字の力、種々の善霊悪霊の出現とその能力、知識及び行動、ガラスびんの中の植物や花が焼却された後でまた現われること、人魚なるもの、鉱山にしばしば現われるという小人《こびと》たち、実に多くの物に対する毛ぎらいや合性の感情、人間の身体の神秘性等々です。我が哲学者よ、あなたはたとえ今の千倍の尖鋭な才能に恵まれたとしても、今言ったことの一つだって全然解決が出来ないでしょう。もしあなたが、これらのこと及びこれと類似のことを判断するに当り、単にあなたの知性にのみ頼られるとしたら、あなたはきっと、あなたの認識出来ぬこと、あなたの経験せぬことを、皆一様に不可能だと考えるでしょう。実際はそれは、あなたが、信用に値する多くの証人の証言によって説得されるまでは、只不確実なこととだけしておかねばならないことですのに。これは私の想像ですが、もしユリウス・ケーザルに対し、誰かが、或る種の火薬の製造が可能であることを説き、その火薬は後代には一般に用いられるようになるだろうこと、その火薬の力は非常に猛烈で城も全都市も、否山でさえも空中に吹き飛ばすであろうこと、それを任意の場所に閉じこめて火をつけると、急に驚くべき範囲に広がりその作用を妨げるいっさいを粉砕するだろうこと、そんなことを言ったとしたら、ケーザルも、あなたと同じように判断したことでしょう。つまりケーザルは、決してこうしたことを信ぜず、そんなことを言う人間を、彼の判断や経験や最高の戦争知識に反することを彼に説得しようとする者として、呵々《かか》大笑《たいしょう》したことでしょう。

しかし本題にもどります。今申したような事どもをあなたが知らずまた判断出来ないとするなら、なぜあなたは、あわれな人間の身を以てして悪魔的尊大さでふくれ上り、カトリックの説教師たちさえ理解出来ないと言っているキリストの御生涯と御受難の恐るべき数々の神秘について軽卒な判断をされるのですか。さらになぜあなたは、キリストの後でキリストの使徒たちや弟子たちが、次いでは幾千の聖人たちが、カトリック信仰の真理の証明と確立のために神の全能な力を通して行った・また神のこの同じ全能の慈悲と善意を通して我々の時代にも全地上で無数に生じている・数限りなき奇蹟と徴証とについて、下らぬ無益なおしゃべりをして狂態を示そうとするのですか。もしあなたがこうしたことどもを反駁出来ないのでしたら(そしてまた決して出来ないはずです)、あなたは何でこれ以上反抗されるのですか。私に手を差し伸べなさい。あなたの誤謬と罪を悔い改めなさい。謙譲になり、そして新しく生れ変りなさい。

しかし我々はさらに、キリスト教の真の基礎をなしている事実の真実性について語り合いましょう。あなたは、事態を正しく考えられる限り、実に多数の人々の一致した意見の説得力をどうして否定することを敢えてされるのですか。それらの人々の多くは、学殖において、教養において、真正繊細な品格において、完全な生活態度において、あなたより遥かにすぐれていたしますぐれているのです。これらの人々は、皆異口同音に、キリストは生ける神の化肉せる御子であって人類の罪の為受難し、十字架にかけられ、死し、復活し、変容し、聖霊と一体になって永遠なる父と共に天国で神として支配しておられること、並びにこれに関するその他の諸教説を主張しています。さらに、人間の把握力を超越する、否一般の人間知性に反しさえする無数の奇蹟が神の教会において、同じ主イエスによって、また後にはイエスの御名で使徒たちやその他の聖人たちによって神の全能なる力を通して行われたこと（そしてこれらについては今日まで地上の至るところに具体的な証明や明白な印しが無数に残っています）、また今も行われていることを主張しています。あなたはどのようにしてそれらを否定しようとなさるのですか。もしそれが否定出来る位なら、古代ローマ人たちがかつてこの世に存在していた事実や、皇帝ユリウス・ケーザルが共和国の自由を圧迫してローマの政体を王制に変えたという事実も否定出来はしないでしょうか。いや、ローマ人の勢力について我々に長く残っている周知の数多くの記念碑とか、これまでローマ共和国やローマ王国の歴史ことにユリウス・ケーザルの詳しい伝記を書いた重要な諸著作家の証言とか、ローマ人に関する記念碑を自ら見、或いはそれをローマ人に関する歴史記録と同様に信じたまた現に信じている（それの存在は無数の人々によって確かめられています）多くの人々の判断とかを、昨夜これと反対の夢を見たということにでももとづいて否定するということ——例えばローマ人に関して残っている諸〻の記念碑は実在するものでなく単なる幻想に過ぎないとか、ローマ人について記されている事どもはガリヤのアマデュースやこれと類似の英雄たちについて語られているいわゆるロマンス本の中の幼稚な物語と同価値のものであるとか、ユリウス・ケーザルなる者はかつてこの世に存在せず、或いは存在したとしても実際にローマ人の自由を足蹴《あしげ》にして自ら皇帝の位に上ったような人間ではなく、ただ自己自身の愚かな空想によってか、彼に諛《へつ》ろう友人たちの説得によって自分がそうした偉業を成就したと信ずるようにされた一個の病的な人間だったとか、そう言った夢を見たということにでももとづいて否定するということ、それは出来ないとも限りません。そしてまたそれが否定出来るくらいなら、シナ王国がタタール人によって占領されたことや、コンスタンチノープルがトルコ帝国の中心であったことや、その他同様の無数のことをも否定出来るでしょう。しかし私がこうしたことを否定するなら、誰も私を正気の沙汰とは思わず、狂人だとして歎いてくれるでしょう。これらすべてのことは、無数の人々の一致した意見にもとづいており、従ってその確実性は全く疑う余地がないからです。そうした事並びに他のきわめて多くの主張をしたすべての人々が、皆思いちがいしていたとか、或いは、彼らが皆数世紀にわたって、否世界の初期から今日までのすべての世紀にわたって、他の人々を欺こうと欲していたとかいうことは、あり得ないことではありませんか。

第二に、次のことを考えて下さい。神の教会は世界の始めから今日に至るまで絶えることなくうち続き、そして動かずゆるがず存続しています。これに反し、他のすべての外教(Paganae)や異端(Haereticae)の宗教は、たとえすでに滅びていないとしても少くもよりおそく成立したものです。そして、これと同じことが、諸〻の王国について、またすべての哲学者の学説についても言われねばなりません。

第三に、次のことを考えて下さい。神の教会は化肉したキリストの御到来によって旧約の宗教から新約の宗教に変り、そしてそれは生ける神の子キリスト御自身によって建設され、次いで使徒たち、及びその弟子たちや後継者たちによってひろめられました。これらの人々は、世間の目から見れば、無学な人であり、彼らは、人間の常識に矛盾しあらゆる人間的推論を超越したキリスト教を説いたのですが、それでいてあらゆる哲学者を動揺させました。彼らは世間の目には卑しいつまらぬ下賤な人々であって、地上の王や君侯の力は彼らに味方せず、反対に彼らはこれらの人々からあらゆる迫害をうけ、世のあらゆる苦難をなめました。しかし、勢力あるローマの皇帝たちが彼らの活動を邪魔しようとすればする程、否出来るだけ多くのキリスト教徒をあらゆる種類の拷問で殺して彼らの活動を絶滅しようとすればするほど、それはますます盛んになりました。このようにして、短い期間のうちに、キリストの教会は全地上にひろまり、ついにはローマ皇帝自身もまたヨーロッパの王たちや君侯たちもキリスト教に改宗し、教会政治は、今日人々が驚歎するようなあの巨大な力に飛躍したのです。しかもこれらすべては愛、柔和、忍耐、神への信頼、及びその他のキリスト教的諸徳によって成ったものであって、世の君侯たちがその領土をひろげる際にやるような武器のひびき、大軍の力、国土の奪掠によって得られたものではありませんでした。そして、キリストが約束された通り、地獄の門は教会に対して何の力をもふるうことが出来ませんでした。ここにまた考えて頂きたいのは、ユダヤ人たちが恐ろしい、言いようもなく厳しい刑罰を受けて悲惨と不幸のどん底へおとしいれられたことです。これは彼らがキリストの御磔刑を引き起した責任者であったからです。どうかあらゆる時代の歴史の書をひもどいて繰りかえし読んで下さい。そうすればあなたは、これと似よりのことが、どんな社会にも起らなかったこと、夢にも起らなかったことを知られるでしょう。

第四に、次のことに注意して下さい。一定の諸特質がカトリック教会の本質を構成していて、これらの特質は、実際において、カトリック教会と不可分的関係にあります。それはまずカトリック教会の古さです。その当時まで真の宗教であったユダヤ教に代ったこのカトリック教会は、キリストによるその創始を十六世紀半以前に数え、この間決して中絶することのない継続においてその司牧者たちの列を導き、またこの結果として、この教会のみが神聖な神の諸書を純粋不壊の姿において有し、同時にまた書き記されざる神の言葉の同様確実にして真正なる伝承を有しているのです。次にその不可変性です。これによって教会の教えと諸秘蹟の施行は、キリスト御自身及び使徒たちによって設定された通りに完全且つ妥当に、その真の意味において保持されています。それからその不可謬性です。これによって教会は、信仰に関するいっさいを、この目的のためにキリストによって与えられた権能と、教会を花嫁とする聖霊の指導とに従って、最高なる権威と確実性と真理性を以て規定し決定しています。次にその非改革性です。教会は腐敗することも欺かれることも欺くことも出来ない以上、何ら改革を必要としないこと明らかです。次にその統一性です。これによって教会のすべての所属員は同じことを信じ、信仰に関して同じことを説き、同一祭壇を有し、すべての秘蹟を共有し、相互に服従し合いつつ同一目的のために働くのです。次にいかなる霊魂も教会から不可分離的であるということです。およそどんな口実のもとでも霊魂は教会から離れられないのであり、もし離れれば、死の前に痛悔によって再び教会と合体しない限り、それは永劫の罰を受けねばなりません。これからわかる通り、すべての異端説は教会から離れ出たものであり、これに反して、教会自身は、巌の上に建てられた如く常に首尾一貫してゆるぎなく確乎と継続します。それからその広汎な普及ということです。これによって教会は、我々のまのあたり見るように全世界に普及しています。こういうことは、どんな他の社会についても、即ち分離教会(7)の社会についても、異端者の社会についても、外教の社会についても、またどんな政治組織についても、どんな哲学説についても言われ得ないことなのです。これは、カトリック教会の前述諸特質のいずれもがどんな他の社会にも帰属せずまた帰属し得ないのと同様です。最後に世界の終末に至るまでのその持続ということです。これについては道であり真理であり生命であるお方(8)が教会に証言をお与えになっており、またこのことは、同じくキリスト御自身によって聖霊を通して教会に約束され賦与された上述のすべての特質を教会が所有しているということからも明らかに証明されます。

第五に、次のことを考えて下さい。教会のようなきわめて尨大な団体が驚歎すべき規律を以て指導され支配されている事実は、教会が全く特別に神の摂理のもとにあり、そしてその運営が聖霊によって絶妙に管理され保護され指導されていることを明白に示すものでありまして、それは恰かも、この宇宙の万物の中に見られる調和が、いっさいを創造し保持する全能と叡智と無限の摂理とを示しているのと同じでであります。事実、いかなる他の社会にも、こうした規律がこのように美しく、このように厳格に、このように持続的に保たれてはいないのです。

第六に、次のことを考えて下さい。男女を問わず無数のカトリック教徒(今日なおそうした幾多の者が生存し、私自身その幾人かの者を見且つ知っています)は賞讃すべき敬虔な生活をして来ており、また神の全能な力を通し、崇むべきイエスキリストの御名において、多くの奇蹟を行なって来ました。また今日なお突如として最悪の生活からキリスト教徒にふさわしい正しい敬虔な生活に転向する実に多くの人々があります。その上、カトリック教徒一般は、自分が敬虔で完全であればあるほどますます謙虚で自らを価値なき者と思い、敬虔な生活の名誉を他の人々にゆずっています。さらに、最大の罪人たちでも、常になおかつ神聖なるものへの正当な尊敬を保ち、自分の悪性を自白し、自分の悪徳と不完全性をとがめ、それから解放されて善き者になることを望んでいます。実に、この世に存在した最も完全な異端者や哲学者も、最も不完全なカトリック教徒にさえ及び得ないと言ってもよいくらいなのです。これらのことからしてもまた、カトリックの教は最も智慧に富み、最も深遠なものであることがきわめて明白になります。一言で申せば、カトリック教は、この世にあるその他のあらゆる教えにまさります。カトリックの教えは、人々を、あらゆる社会に属するその他の人々よりもすぐれたものにし、人々に現世における精神の平和と来世における霊魂の永遠なる福祉とへの確実な道を教え示してくれるからです。

第七に、強情きわまる多くの異端者たちや主要な哲学者たちが公然と告白していることによく意を留めて下さい。これらの人々は、自分たちが以前は惨めで盲目で無智で、否愚かで狂的でさえあったこと、傲慢尊大にふくれ上って自分を教説や学殖や生活の完全さにおいて他の人々よりはるかにすぐれていると誤り信じていたことをカトリックの信仰に入って初めて気づき知ったのでした。こうした人々の或る者は、それからきわめて敬虔な生活を送り、数限りない奇蹟の思い出を後に残しました。また或る者は、歓喜勇躍して殉難に赴きました。さらに或る者は、最も尖鋭な、最も深遠な、最も聰明な、従って最も有益な教会の博士に、否教会の支柱にさえなったのでした(聖アウグスチヌスはその一人です)。

最後に、無神論者たちのきわめて惨めで不安な生活に注意して下さい。彼らはしばしば精神の快活を誇示し、十分な精神の平和を以て楽しく生を送っているように見せかけたがっていますが、実際はそうでないのです。ことに彼らのきわめて不幸な、恐るべき死を考えて下さい。こうしたことについていくつかの例を私自身見ていますし、また甚だ多くの、否無数の例を他の人々の報告から、また歴史から、同様に正確に私は知っています。どうかあなたも早く彼らの例から学んで覚《さと》るところがあってほしいものです。

以上によりあなたは、あなた御自身を自らの知性の妄想にゆだねていることがどんなに軽卒であるかよくおわかりのことでしょう。実際、もしキリストが真の神でありそして同時に人間である——それはきわめて確かなことです——としたら、あなたはどんな状態に陥らねばならぬかを考えて下さい。あなたがいとうべき諸〻の誤謬と重大な諸〻の罪過を捨てない限り、永遠の劫罰以外の何ものがあなたを待ち受けてるでしょうか。それがどんなに恐ろしいものか、あなた御自身とくとお考え下さい。またあなたには、あなたのあわれな尊敬者たちを除く全世界を嘲笑される理由がまるでないこと、あなたの才能の優秀さを信じたりあなたの虚《むな》しい、否全く誤った瀆神の教説を歎賞されて傲慢尊大でいたりすることは、全く以て愚かしいこと、あなたは御自身から意志の自由を奪い去ることによって恥ずかしくもあなた自身を獣よりあわれなものにしていること、もしあなたが実際に意志の自由を経験せずまたこれを認めないとすれば、あなたの説が人々の最高の賞讃に値いするとか最も厳密な模倣にさえ値するとか考えるのはまるであなた自らを欺くものであること、これらのことをあなたはよくおわかりでしょう。少くもおわかりになることを私は希望します。

もしあなたが神やあなたの隣人から憐れまれることを欲しないなら(あなたはそんなことを決して欲しないでしょう)、少くもあなた御自身であなた御自身の不幸をお憐れみなさい。あなた

が御自身の不幸を現在より大きいものにするか小さいものにするかは、あなたの御努力次第です。(9)

我が哲学者よ、どうか正気に立ちもどってあなたの智慧の愚昧さ、あなたの智慧の狂乱さを認識して下さい。尊大な人間から謙虚な人間になり、そして医やされて下さい。聖三位一体におけるキリストにお祈りして、キリストからあなたの不幸を哀れみ、あなたを抱きとっていただくようになさい。聖なる教父たちや教会博士たちのものを読んで、あなたが亡びずに永遠の生命を得られるには何をなさねばならぬかを教えてもらいなさい。信仰に深い理解があり正しい生活をしているカトリック教徒たちの意見を聞いて、彼らから、あなたの決して知らなかったこと、あなたの驚ろくようなことをたくさん告げてもらいなさい。

私自身について申せば、私はこの手紙を真にキリスト教徒的なる意図を以て書いたのです。即ちまず、私が不信心者たるあなたにも愛を抱いていることを知らせて上げるためであり、また次にはあなたが他の人々を破滅に導くようなことを続けぬようにあなたにお願いするためでありま す。

私はこの手紙をこう結びます。神はあなたが欲しさえするならあなたの魂を永遠の劫罰から喜んで救うて下さるのです。神に服従することを躊躇なさいますな。神はこれまで実にしばしば他の人々を通してあなたを呼び、今再び、そしておそらく最後に、私を通してあなたを呼んでおられます。私は言いようもない神の御慈悲によってその恩寵を得た身といたしまして、同じ恩寵をあなたのため心からお祈りする者です。決してそれを拒みなさいますな。もしあなたが今あなたを呼び給う神に耳を傾けないなら、神の怒りはあなたに向かって燃え上がるでしょう。そしてあなたは神の無限な御慈悲から捨てられ、怒りの中にいっさいを破砕する神の正義の哀れな犠牲にならぬとも限りません。願わくは全能の神が、自らの御名のより大なる栄光と、あなたの魂の救いのために、さらにまたきわめて不幸なあなたの数多くの崇拝者に対する有益且つ模倣に値する前例たらしめんがために、永遠なる父と共に生き・聖霊と一体たる神として幾千代かけて支配する・我等の救世主イエスキリストを通して、かかる運命をあなたから防ぎ給わんことを。アーメン！

フロレンス、一六七五年九月三日

書簡六十七の二(1)　ニコラス・ステノから(2)　新哲学の改革者(3)へ宛てた真の哲学についての手紙

あなたの御著作であると人も申し私自身もいろいろな理由からそう思いますあの御本(4)の中で、あなたはいっさいを公共の安全に従属させておいでです。或いはむしろあなた自身の安全(それはあなたによれば公共の安全の目的なのです)に従属させておいでです。しかしあなたは、お望みの安全とはまるで反対の手段を選び、また最も留意すべきあなたの魂の安全を全く閑却しておられます。あなたがお望みの安全と反対の手段を選んだということは、あなたが公共の平安を求めながらいっさいを覆えし、またあなたをあらゆる危険から自由にしようとつとめながらあなたを徒らに最大の危険に曝していることから明白です。また最も留意すべきあなたの魂の安全を全く閑却していることは、あなたがすべての人間に神に関する思考及び言論の自由を許し、ただそれが国家に対する服従の義務(あなたは神に対する服従の義務よりも国家に対する服従の義務に重きを置いておいでです)を破壊するような種類のものでさえなければよいとしていることから明白です。こうしたあなたの御見解は結局、人間のいっさいの幸福を国家組織の幸福の枠内に、即ち物質的幸福の枠内に制限すると同じです。それにまたあなたが魂の配慮を哲学にゆだねると言っておられるのもあなたのためによろしくありません。それではあなたの哲学ばかりでなくあなたの魂もまた仮説にもとづいて形成された体系の上に立つことになるし、またあなたはあなたの哲学を解しない人々をまるで魂を欠いた或いは身体だけを持って生れた自働機械でもあるかのような生活状態にすてて置くことになるからです。

かつて私ときわめて親しかったしまた今も疎遠ではないと思うお方(私は古い交際の追憶が今なお我々に相互の愛を保持していてくれると信じます)がこうした暗闇の中にさまよっておられるのを見るにつけ、また私自身もかつて全然同一のではないにしてもきわめて重大な数々の誤謬に囚われていたことを思い出すにつけ、さらにまた私の救われた危険の大いさに照して私に対する神の御慈悲がいかに深かったかを覚るにつけ、私はあなたに対するいっそう大きな同情に動かされ、私自身が私の功績によってではなくキリストの御仁愛のみによって得たと同じ天上的恩寵を、あなたのためにお祈りするのです。そして私のこのお祈りにさらに行動を付け加えるため、私は我々の見出し且つたどるべき真の安全への道をあなたと共に検討しようとする十分の用意がある者です。そうした検討はきっとあなたも好まれるところでしょう。そしてあなたの書かれたものを拝見すればあなたが真理からひどく遠ざかっておられることは明らかですが、かつてあなたが平和と真理への愛を持ち、それが今この暗闇の中においてもまだあなたからすっかり消え切っていないのを見ている私としましては、こんな希望を抱くのです――もし我々の教会がすべての人に何を約束しているか、またその帰依者に何を与えているかをあなたに十分説明してあげさえすればあなたは我々の教会に対して容易に耳を藉《か》すようになられるであろう、と。

第一の点に関して申せば、教会はすべての人に真の安全、永遠の安全を約束しています。即ち誤ることのない真理と結合した確固たる平和を約束しています。そして同時にそうした大きな善を獲得するに必要な諸〻の手段を提示してくれます。それは第一には誤ってなされたことに対する確実な宥《ゆる》しです。第二には正しい行為のための完全な規範です。第三にはこの規範にもとづくあらゆる職業の真の実践的完全性です。教会はこうしたことを、学識ある者や或いは尖鋭な才能に恵まれて変転する世間的仕事に煩わされない者だけに提示するのでなくて、年と性と境遇とを問わずすべての人々に区別なく提示するのです。そしてあなたがこのことに不審の念を起されないように、私はあなたに次のことを知って頂きたく思います。それは、この道に来らんとする者には、非反抗の外に協力が要求されますけれども、しかしこれらのことは神の内的活動によって――教会の可視的肢体〔所属員〕を通して外的言葉を発する神の内的活動によってなされるということです。そして神は、来らんとする者に対し自らの罪を神の御目に映る態度で悲しまねばならぬこと、またこの悲しみにふさわしい行いを人間の目に向かって示さねばならぬこと、そして神、霊魂及び身体等についてかくかくのことを信ぜねばならぬことを命じはしますけれども、しかしそれは彼が自分自身の力でそうしたことをなさねばならぬと言った意味で命じておられるのではありません。彼にはただ、そうしたことを行い且つ信ずる人々に対して同意と協力を拒まないことだけしか要求されないのです(このことのみが彼の力の中にあるのです)。こうしたことを欲すること、また欲した場合それを行うことは、我々の協力に先行し・これに随伴し・これを完成し給うキリストの霊に依存するからです。あなたがまだこういうことを理解されなかったとしても私は不思議に思いません。また私はあなたにこうしたことを理解させるように行動することもいたしません。否、そうした行動をすることは私の力の中にはないのです。ただそれらのことが道理から全く離れているとあなたに思われませんように、私は、キリスト教の機構の実体を、この国の一新米として或いはむしろ今なおきわめて低い場所に停滞している一旅人としてなし得る限りにおいて、簡単に述べてみましょう。

この国の目的は、人間が、その外的行動ばかりでなく、その最も内奥的な思想をも、宇宙の創造者によって定められた秩序に従って導くようになることにあります。或いは同じことですが、魂があらゆる行動に際し、自分の創造者で審判者である神を観るようになることにあります。この点に関し、罪に汚れたすべての人間の生活は四つの段階に分たれます。第一の段階は、人間が一切の行動を、恰かも彼の思想が何らの審判者にも従属していないかのように行う段階でありまして、これはまだ洗礼に浄められない人々か、もしくは洗礼の後で罪にかたくなにされた人々の状態であります。この段階は盲目時代と呼ばれます。魂がおのれを見給う神に気づかないからであります。これは智書第二章に「彼らの悪しき性《さが》は彼らを盲《めし》いたらしめぬ[5]」とある通りです。そして死は眼前にあります。魂が破滅的な諸〻の快楽の中に葬られたかのように隠れているからです。この意味でキリストは「死者をしてその死者を葬らしめよ[6]」及びこれに類するその他のことを言っておられます。尤もこの状態にあっても神や霊魂について多くのことを、しかもしばしば真実なことを言うことはあります。しかし彼はそれらのものを恰かも遠く離れているもの或いは外部にあるものの如くに取り扱うので、このためそれらについて絶えざる疑惑、多くの矛盾、またしばしばの過失――たとえ外的行為の過失ではなくとも少くも思想上の過失――が生じます。そしてこれは、魂が、行為に生命を与うべき霊を欠いているため、まるで死んだ魂のようにあらゆる欲望の風に動かされるからであります。第二の段階は、人間が内と外から聞えて来る神のお言葉に反抗せず、自分を呼び給う神に気づき始める時であります。この段階では人間は、この超自然的光明の輝きによって自分の思想の中の多くの誤謬、自分の行為における多くの罪過を認めて自己のいっさいを神におゆだねします。一方神はその役者《えきしゃ》たちを通して彼に諸〻の秘蹟を施し、可視的表号の下に不可視的恩寵をお与えになります。この段階は再び生まれ変った者の初期であって小児時代と呼ばれ、そして彼等に説かれる神のお言葉は乳にたとえられます。第三の段階は、魂が絶えざる徳の修練によって諸〻の欲望を抑制し、聖なる書の中に隠されている玄義《ミステリア》の正しい理解に向かって準備する時です。しかしこの玄義が十分把握されるのは、魂がいよいよ浄められて第四の段階に到達した時であります。この第四の段階において魂は神を観始め、完全者の叡智を身につけます。そしてこの段階は、絶えざる意志の一致であり、それはしばしば神秘的一致でさえあります。こうしたことについて今日なお我々の間にも例があります。

　このようにして、キリスト教の全施設は、魂が死の状態から生の状態へ移行するようになることを目ざしています。換言すればそれは、始め心眼を神からそらしてこれを誤謬の上に付着させていた魂が、今や心眼をあらゆる誤謬から離し、これを常にあらゆる行動――肉体上並びに精神上の――において神に向け、自分とすべての秩序との創造者が欲することを欲し、欲しないことを欲しないようになることを目ざしています。こうしてあなたは、すべてを正当に考察なさる限り、真の哲学は――神について神に値することを教え、人間について人間にふさわしいことを説き、その遵奉者をあらゆる行いにおいて真の完全性へ導く真の哲学は――キリスト教の中にのみあることを見出されるでしょう。

　第二の点に関して申せば、教会のみがその約束するすべてのことを帰依者たちに果たしております。実にカトリック教会のみが各世紀において徳の完全な人間の実例を数々示して来たし、また今日も、後世に対し、尊敬すべき人間の実例をあらゆる年齢、性、境遇の人々の中に準備しつつあります。それに、教会が永遠の安全を約束するにあたり、この目的に対する諸手段を最大の忠実さを以て与えている以上、我々はこの約束の誠実さを疑うべきではありません。私は、教会に入ってまだ満四年になりませんのに、すでに聖徳の数々の例を目にしているので、ダビデと共に心から「汝の証詞《あかし》はいと高し」(7)と叫ばざるを得ないのです。教会の役者《えきしゃ》である司教たちや司祭たちについて申せば、日常の会話において私が耳にする彼らの言葉は、神的精神の人間的表徴であったことを、私は私自身の血にかけても保証出来るのでありまして、彼らの生活や雄弁も実に申し分ないものでありますが、これらについては今は語りますまい。また一般の信者たちにも、実に厳格な生活様式を守って今言ったと同じようなことがあてはまるたくさんの人々がいますが、それも今は申しますまい。ただ私はここに、注目すべき二種類の例だけを引用しましょう。その一つはきわめて悪しき生活から最も敬虔な生活に転向した人々であり、他はあなたのいわゆる無智者でありながら、何ら学問的な研究をすることもなしに、十字架上のキリスト像の下で、神に関する崇高な観念を得た人々です。この後の種類に属する者に私は職人とか奴隷のような仕事にしばられている人々を知っており、これは男にも女にもありますが、彼らは立派な諸徳の修練によって神の讃美と霊魂の理解にまで高められており、彼らの生活は敬虔で、その言葉は神聖で、そしてその行為にはしばしば奇蹟的なものがあります。それは例えば未来の予言とかその他種々なことなのですが、これについてもあまり長くなりますから今は深くふれないでおきます。

私はあなたが奇蹟に対してどんな駁論をなさるかを知っています。我々とても漫然と奇蹟に信を置くわけではありません。しかし或る人の魂が悪徳から徳へ完全に転向するという形で奇蹟が現われるのを見る時、我々は当然これをすべての徳の創造者に帰しないわけにはゆかないのです。実に、すべての奇蹟のうちでも、三十年、四十年或いはもっと長くの間あらゆる放縦な欲望にふけっていた人々が、いわば一瞬にしてすべての悪性を捨て、諸徳の最も神聖な実例となることを、私はこの上ない奇蹟と考えます。そうした例を私はいくつもこの目で見、この手で抱き、そしてそれは私にしばしば随喜の涙を流させたものです。我々の神のような神がどこにありましょう。どうか各時代の歴史を繙き、併せて教会の現状を考察して下さい。といっても我々の敵対者たちの書物によってではなく、また我々の間の死せる人々或いは少くもまだ小児時代を脱しない人々の書きものによってでもなく、我々から真のカトリック教徒と思われている人々の書物によって考察して下さい(これは他のどんな学説を学ぶ場合でも同じことです)。そうすればたしかにあなたは、教会が常に約束を守ったこと、また今も毎日守っていることを見出され、そこに教会が信頼できる証拠を見出されるでしょう。そしてそれはあなたを満足させるでしょう。ことにあなたは、ローマ教皇について、我々のその他の敵対者たちより遥かに穏健な考えを持っておられるし、また善行の必要をも認めておられるのですから。とにかくどうか我々の見解を我々の書いたものによって検討して下さい。これは諸〻の先入見の力に関するあなたの所説から申しても当然なことでしょう。

私はここに、教皇に対する権威を認めている聖書のいくつかの個所を引用したいところです。この権威をあなたが教皇に対して否定されているのは、聖書の中にあなたがそれを見出さないために、またキリスト教の国はユダヤ人たちの国と類似していることをあなたが認めないためにほかなりません。ですが、聖書の解釈に関するあなたの御信念は、教会のみがその唯一の解釈者であるとする我々の所説と異なっていますから、今の場合はこの議論は割愛し、私はただ次のことを申し上げます。キリスト教の支配はひたすら信仰、諸秘蹟、愛徳の統一を求めているので、ただ一つの首領のみを許容するのです。そしてこの首領の権威は、反対者たちの中傷するように、あらゆることを意のままに更新する点には存しなくて、ただ神の権利に属することと或いは必然的なことは常に変えずに存続させ、人間の権利に属すること、即ちどちらでもいいような第二義的なことは、教会が正義のために必要だと判断するところに従って、これを変えるという点にのみ存するのです。例えば悪しき人々が第二義的なことどもを必然的なことどもの破壊にまで濫用するのを見る場合、教会の首領はこのような態度を取らざるを得ません。反対に彼は聖書を解釈し信仰の諸教義を決定するような重大なことに当っては、使徒たちを通して神から伝えられた諸教義及び解釈を保存し、新しい人間的な教義や解釈はこれを入れないような風にやってゆくのです。私はここで教会の権威に従属する他のことどもについてはとくに申しません。教会にはキリストがしばしば説いたような信仰と行動の統一があるべきだということだけで、この王国的支配の必要な理由があなたには十分お分りでしょうから。

もし徳への真の愛を指導原理としておられるあなたですなら、また行動の完全性を喜ばれるあなたですなら、世界におけるあらゆる集団を探って御覧なさい。あなたはどこにも、完全性への追求が我々の間で見られるような情熱で企てられ、我々の間で見られるような喜びで遂行されているのを見ないでしょう。この資料だけであなたには十分な証明になると思います。実に「これは神の指なり(8)」なのです。

しかしこのことをもっと容易におわかりになるように、まずあなた御自身の中に降って、あなたの魂をお調べ下さい。もしあなたがすべてを妥当に検討されるなら、あなたの魂は死せるものであることを見出されるでしょう。あなたは動く物質の中に動いていて、まるで動かす原因が欠けているか或いは全然存在してないかのようにふるまっておられます。これはあなたの教えているものは肉体の宗教であって霊魂の宗教ではないからです。そしてあなたは隣人愛の中に個体の維持と種の繁殖に必要な行為を見ておいでです。これに反してあなたは、我々の造物主への認識と愛を獲得するためのあの諸行動についてはほとんど全く考慮を払っていません。あなたは万人に対する恩寵の光を否定されるゆえに、すべての人をあなたと共に死物であると信じています。これはあなた自身恩寵の光を経験されないからです。また確実性というものには証明的確実性のみあることを考えて、あらゆる証明にまさる信仰の確実性を御存じないからです。しかしあなたのその証明的確実性なるものは何と狭く限られたものでしょう。どうかあなたのすべての証明を検討した上で、思惟するものと延長するものとが合一する様式、動かす原理が動かされる物体と合一する様式について一つでも証明を与えてみて下さい。いや、そうしたことの様式について一応の説明さえ私に与え得ないであろうあなたから、そうしたことについての証明を求めたとて何になりましょう。このようにしてあなたは、仮説にもとづかずには、快楽や苦痛の意義、また愛や憎しみの感情を説明することが出来ないのです。同様にデカルトの全哲学は、あなたによってどんなに熱心に探究され改革され(reformata)ても、例えば物質に対する物質の衝激が物質と合一した魂によってどのようにして知覚されるかという一現象をさえ私に確証的に説明することが出来ないのです。さらに物質自身についてもあなたは、まだ仮説的にしか証明されない諸図形に関する数学的考察以外のどんな知識を我々に与えているでしょうか。まったく、神の言葉が、仮説的になされた人間の証明と矛盾するからとて、我々の耳目に明白であるその神のお言葉を否定したり、或いは精神が諸〻の物体的事物を知覚するための媒介となる身体の条件をすら理解しないあなたなのに、可滅的なものから不滅的なものに高められて再び魂と合一すべき身体の条件について見解を述べたりするとは、これほど道理から離れたことがあるでしょうか。

　実際のところ、霊魂及び身体の本性を説明すべき新しい原理を発見しようなどということは、虚構の原理を発見しようとするのと異ならないと私は確信します。そうしたものに関する真の原理が最も聖なる人々にさえ幾千年にわたって隠されていたのに、それが今世紀になって、徳の完全性をさえ得ていない人々によって始めて発見されるなどということは、神の摂理と矛盾するものであって、そのぐらいのことは、理性で考えたって明らかなことではありませんか。実に神、霊魂及び身体に関する真なる諸原理は、私の信ずるところでは、万物創造の始めから今日まで神の国という同じ社会に常に保持されているその諸原理のみであります。こうした諸原理に関する最初の教説者のうち、聖ユスティヌス[9]を世俗的哲学からキリスト教哲学に転向させたあの有名な老人[10]はこう申しています、「昔、神に愛された浄福な正しい哲学者たちがいて、神的精神の霊感のもとに語り、今現にあるような諸〻の事態が遠からず到来するであろうことを予言した[11]」。こうした哲学者たちによって唱道され、彼らと同類の後継者たちによって中断することなく連綿と我々に伝えられ、今日も同じ種類の哲学者たちを通して人々に――正しい理性でこれを求める人々に――明白であるところのこれらの諸原理のみを、私は真の原理と信じたいのです。そして、この原理を服膺する人々に見られる神聖な生活は、この教説が誤りなき真理であることを証明しています。

この哲学の原理や教説を、この哲学の敵対者たちの書いたものの中にでなく、また死者や小児に類するこの哲学の追従者たちの書いたものの中にでもなく、この哲学の達人たちの書いたものの中に求めて下さい。あらゆる智慧において完全で、神に愛され、そして恐らくはすでに永遠の生命に参与しているこの哲学の達人たちの書の中に求めて下さい。そうすればあなたは、完全なキリスト教徒がとりもなおさず完全な哲学者であることを知られるでしょう。たとえそれが一個の老女に過ぎなくとも、或いは下賤な仕事に従事する一個の婢に過ぎなくとも、また衣類を洗濯することによって生計を立てている世間から見て無智な者であってもそうなのです。そしてあなたは聖ユスティヌスと共に「私はこれを安全で有益な唯一の哲学であると知った(12)」と叫ぶでしょう。

もしあなたが御希望ですなら、私は喜んであなたの教説の矛盾や不確実な点を明らかにして、あなたの教説が我々の教説より劣っているわけを示してあげるでしょう。しかし私はむしろあなた御自身が、我々の教説に存する明白な信憑性と比較してあなたの教説の中にあるあれこれの誤謬を認められた上で、前述教説者たちの徒弟となられんことを望みます。また神的光りの輝きを通してあなたに明らかにされたあなたの諸〻の誤謬の反駁を、あなたの痛悔の最初の果実の一として神にささげられんことを望みます。そして、あなたの始めの諸書が多数の人々の心を神への真の認識からそらしたとするなら、それらの諸書の撤回は、あなた御自身の実例に強められて、アウグスチヌスの場合のように、きわめて多くの人々をあなたと共に神へ連れもどすでしょう。そうした恩寵があなたに与えられますことを、私は衷心からお祈り致します。さようなら。

〔フロレンス、一六七五年〕

書簡六十八[1]　スピノザからオルデンブルクへ

書簡六十二への返事

高貴、著名の士よ、

七月二十二日付のお手紙を受け取ってすぐ私はアムステルダムへ出かけました。これは前に貴下にお知らせしておいた書物[2]を印刷する目的からでした。私がそのことに携わっている間に、私が神に関する一書を印刷に付していてその中で神の存在しないことを証明しようとしているというわさが至るところひろまりました[3]。そしてこのうわさは多くの人々の心に入りこみました。この機を捉えて若干の神学者(おそらくこのうわさの張本人たちでしょう)が私をオレンジ公と当局に告発しようとしました。その上、私に好意を持っていると疑われている愚かなデカルト主義者たちが、この疑いを取り去ろうとして、私の意見や著作を絶えず罵倒し、今も罵倒することを止めません。私はこのことを信ずべき二、三の人から聞いたのですが、この人々はまた、神学者たちが至るところで私に対し何かたくらんでいることをも併せて言明してくれました。それで私は、事件の成行を見きわめるまで、この用意した出版を延期しようと決心しました。そして私が結局どうすることになるかがきまった上で、貴下にお知らせするつもりだったのです。しかし事態は日に日に悪い方に向かっているらしく、私はどうしたらいいか全く見当がつきません。

ではありますが私は、貴下のお手紙への御返事をこれ以上おくらせたくはありませんでした。私はまず貴下の親切な御忠告に対して深甚の謝意を表します。しかし私はその御忠告をもっと詳しく説明して頂きたいと思います。どんな教説が宗教的本務の実践を危うくするように見えると貴下が考えられるのか知りたいのです。私としましては、理性と合致するように思えることは宗教的本務のためにもきわめて有益であると信ずるのですから。次にもし貴下に御迷惑でありませんでしたら、神学・政治論の中で世の学者たちの疑惑を招いた個所はどこかを私に指摘して頂けませんか。私はこの論文の解説のため若干の註を付し、この論文に対して抱かれている諸〻の偏見を出来る限り取り除きたいと思っているのです。(4) ではさようなら。

〔ハーグ、一六七五年九月〕

書簡六十九(1)　スピノザからランベルト・ファン・フェルトホイゼンへ

卓越、著名の士よ、

我々の友人ニュースタット(2)は、私が、この数年来私の論文に対して出版されたいろいろの書物を反駁しようと企てていて、その際貴下の御手記[3]をも反駁しようとしていると申したそうですが、本当でしょうか。実は私は私の論難者たちの一人をも反駁する意図を持っておりませんでした。論難者たちのすべてが私には答弁に値しないように思われたからです。私の記憶する限り、私がニュースタット氏に申したのは、私が前記私の論文の中で意味のはっきりしない若干の個所をいくつかの註で解明し、そしてもし貴下のお許しがありますれば、それに貴下の御手記と私の答弁とを付加するつもりだということだけでした。そのことについて貴下の御了解を得てもらうように彼にたのんだのです。そしてもし私のあの答弁の中に表現のきつい若干の個所があるために貴下がそれをお許しになりたくないのでしたら、貴下においてその個所を自由に訂正するなり除去するなりして下さってよい旨申添えたのでした。だが私は何もニュースタット氏に対して怒っているわけではありません。私がこの手紙を書いたのは、ただ、貴下に事実を事実として申し上げ、私の求めるお許しを貴下から得られない場合、貴下の御手記を貴下の御意志に反してまで公表する気は毛頭なかったのだということをわかって頂こうと思ったからにほかなりません。それにしても、貴下のお名前を御手記に出しさえしなければ別に貴下の御名誉を損うことなくそれが出来ると思うのです。でも貴下が公表のお許しを私にお与え下さらない限り、何もいたそうとは思いません。

しかし、実際のところ、貴下がさらに私の論文の反駁に役立つと信じられるいくつかの議論をまとめ上げて先の御手記に付加しようと思われるなら、私にはいっそうありがたいわけです。私は貴下がそうして下さることを願って止みません。私にしますれば、誰の駁論よりも貴下の御駁論を吟味してみたい気持です。私は貴下が真理愛のみに導かれていることを知り、また貴下の御心情の類い稀なる公正さを存じておるからです。(4) それで貴下がこの労を引き受けて下さいますことを改めてお願いする次第です。(5) では何卒よろしく。

貴下の最も忠実なる　B・デ・スピノザ

〔ハーグ、一六七五年秋〕

〔表書〕ウトレヒト、ニュー・フラハト在住、医学博士

ランベルト・フェルトホイゼン様

書簡七十(1)　シュラーからスピノザへ

博学・卓越の士、最も尊敬する恩人

アンチモンに関する実験報告を同封した(2)私のこの間の手紙無事御許に届いたかと思います。貴下はその後お元気にお過しでしょうね。私もお蔭様で元気です。しかし我々のチルンハウスからは三ヵ月もの間便りがありませんでしたので、英国からフランスへ旅行する途中何かよくないことが起ったのではないかと不安な気持でおりました。ところが今手紙がまいりまして、私はとても喜んでおります。私は彼の希望にもとづいて貴下にその手紙の内容を御披露し、彼のていねいな御挨拶と共に、次のことをお伝えせねばなりません。彼はつつがなくパリに着き、我々が前以てすすめておいたように同地でホイヘンス氏を訪ね、あらゆる点でホイヘンス氏の気に入り、彼から高く評価されているのです。チルンハウスは、貴下からホイヘンスに会うようにすすめられ

たことや、貴下がホイヘンスの人となりを尊敬していることを告げたそうです。これを聞いてホイヘンスはたいへん喜び、自分も同様に貴下の御人柄に推服していると答え、また最近貴下から神学・政治論を送ってもらったが、この書はかの地できわめて多くの人々から尊重されていると申したそうです。そして同じ著者の著書がもっと出版されていないかどうかを熱心に尋ねたそうです。これに対してチルンハウス氏は、デカルト哲学原理第一部及び第二部の幾何学的証明しか知らないと答えました。とにかく、貴下について彼は、今申したことのほか何も語らなかったとのことです。このことは貴下のお気持にも添うものであろうと彼は考えています。

こないだホイヘンスは我がチルンハウスを自分のもとに呼び、コルベール氏(3)がその息子に数学を教えてくれる人を求めているが、もしそうした地位がいやでないなら世話をしようと言ってくれたそうです。これに対して我がチルンハウスはしばらく猶予を求めましたが、結局それに応ずる旨答えました。これに対しホイヘンスは、この斡旋がたいへんコルベール氏の意に叶い、ことにチルンハウスがフランス語を知らないため、彼の息子とラテン語で話さねばならないだろうから、いっそう好都合だと言っていた、という返事を持ち帰ったそうです。

最近貴下のなされた御駁論に対し、彼は次のように答えています。彼は私が貴下の御指示にもとづいて書いてやったあの若干の言葉で貴下の意のあるところを前より深くわかったこと、彼も同様の思想をかねがね持っていたこと(事実この問題はこれら二つの仕方の一つによってのみ説明されるのですから)、しかし彼はやはりこないだの彼の駁論の中で言った見解に従う者であることを答えています。彼にこうした見解をとらせたのは次の二つの理由によるのです。その一は、もしそうでないなら第二部の定理五と定理七が矛盾するように彼には見えるからです。即ち、定理五には観念されたもの(ideata)は観念の起成原因であることが主張されているが[4]、定理七の証明は、第一部公理四を引用している点から見て、これを否定しているように思えると言うのです。或いは(そしてむしろこっちの方がもっとありそうなことに私には思えるのですが)この公理について私のなしている適用が著者の意図と正しく合致していないのかも知れません。この点、お仕事のおひまの折、著者御自身からお聞きしたく思います。与えられた説明に私の従えぬ第二の理由は、このようにすれば、思惟の属性は他の諸属性よりはるかに広汎に及ぶことになりますが、属性の各〻は神の本質を構成するのですから、私はどのようにしてこの二つを矛盾なしに認め得るかを知ることが出来ないからです。なお、私の申したい一事は、私が他の人々の知能を私のそれに照して判断してよろしいなら、第二部の定理七及び八は一般にきわめて理解し難いということです。しかもそれは著者が、それに付した証明を、好んで短い簡潔な言葉ですませているからにほかなりません(尤もこれは著者にはそれらの定理が極めて明白に思えるためであることは疑いないのですけれども)。

なお、チルンハウスの報告によれば、彼はパリで或る一人の男に会いました。この男はきわめて学殖が深く、諸種の科学に通暁し、神学に関する世間並の偏見にも捉われていません。名前をライプニッツ[6]と申します。チルンハウスはこの男と親しい交際に入っています。それはこの男がたまたま、彼と同様、知性の完成という問題に専念していて、これを他の何ものよりもたいせつで有益なことと考えているからです。この男は、道徳上の諸問題においても甚だ研究がとどいており、そしてこの男は、感情に動かされずに理性の指令にのみ従って語るそうです。さらにこの男は、物理学において、ことにまた神や精神に関する形而上学の研究においても、きわめて卓越しているとのことです。結局チルンハウスは、この男こそ貴下のお書きになったものを伝える（まず貴下の御同意を得た上でですが）に最も値いする人間だと結論しています。そうすることが著者たる貴下に大きな利益をもたらすと彼は信じているのです。その理由は、貴下がお望みなら、詳しくお知らせするとのことです。だがもし貴下がそのことを好まれない場合は、チルンハウスがその約束通りに貴下のお書きになったものを厳秘に付しておくということについては少しも御心配になる必要がありません。現に彼はこれまで、そうしたものについて少しも口外していないのですから。このライプニッツは神学・政治論を高く評価しています。(7) 彼はこの主題について一度貴下に手紙を書いたそうですが、(8) 貴下は記憶されているでしょうか。

こんな次第で、もし特別の反対理由がありません限り、貴下がこれを寛大な御友情によってお許し下さいますことをお願いします。出来ますならなるべく早く御決心のほど知らせていただきたいものです。貴下の御返事を頂き次第、チルンハウスに返事を出そうと思います。私は何とかしてこの返事を火曜日の晩には出したいと願っています。何か重大な差し障りのため貴下からの御返事が遅くなるようなことのありません限りは。

ブレッセルス氏(9)はクレーヴから帰ってまいりました。彼はその故国のビールを多量に当地へ送って来ています。私は貴下にも半樽ほどお届けするよう注意しましたところ、彼はそうすると約束しました。彼からも貴下にくれぐれもよろしくとのことです。

最後にこの拙ない文章とあわただしい走り書きをお許し下さるようお願いします。そして貴下のお役に立つことがありましたらどうか私にお命じ下さい。どんなことでもいたします。

貴下の最も忠実なる僕　G・H・シュラー

アムステルダム、一六七五年十一月十四日

書簡七十一(1)　オルデンブルクからスピノザへ

このないだのお手紙により、貴下が公表なさろうとしている御本の出版が危険に瀕していることを知りました。それから貴下は、神学・政治論の中で読者に衝撃を与えている個所を解明し緩和しようと御計画なさっているとのことですが、これはたいへん結構と思います。そんな個所と私の思いますのは、何よりもまず、神と自然についてまぎらわしい表現で述べられている個所でありまして、きわめて多くの人々の意見に従えば、貴下はこの両者を混同しておられます。それから多くの人々は、貴下が奇蹟の権威と価値を否定していると思っています、実にこの奇蹟の上にのみ神の啓示の確実性は築かれ得るとほとんどすべてのキリスト教徒が信じていますのに。その上貴下は、世界の救い主であり人類の唯一の代願者であるイエス・キリストについて、またその化肉と贖罪について御自分の意見を秘していると人々は言っています。そして彼らは、上述三つの項目につき、貴下が自らの御意見を明瞭に示されることを要求しております。貴下がこれをなさり、そしてこの点において思慮分別あるキリスト教徒たちを満足させますならば、貴下の御身は安泰であろうと思います。私は貴下の最も忠実なる友として以上のことを簡単ながらお知らせする次第です。さようなら。

一六七五年十一月十五日

追伸　この短い手紙が貴下のおもとに無事着きましたらどうか早速御通知下さい。(2)

書簡第七十二(1)　スピノザからシュラーへ

〔書簡七十への返事〕

練達の士、尊敬する友よ、

本日到着した貴下のお手紙から、(2)貴下が元気でお暮しのことや、我々のチルンハウスがフランスへの旅をつつがなく終えたことを知ってたいへんうれしく存じました。彼が私のことをホイヘンス氏と話し合った際の態度は、確かに慎重だったと思います。その上私は、彼が彼の素志を達するのにそのように好都合な機会を見出したことを非常に喜んでいます。

しかし彼が第一部公理四の中に、第二部定理五と矛盾するように思えるどんなことを見出したというのか、私には見当がつきません。というのは、この定理には、各観念の本質(3)は神が思惟するものと考えられる限りにおいて神を原因に有するということが主張されているのに対し、あの公理の中には、結果の認識乃至観念は原因の認識乃至観念に依存するということが主張されているのですから。正直に申して私は、この点に関し、貴下のお手紙の意味を十分くみとることが出来ません。そして、貴下のお手紙の中か、チルンハウスのもとの手紙の中かに、急ぎ書きのための誤謬があるものと信じます。(4)なぜなら貴下は、観念されたもの(ideatum)は観念の起成原因であることが定理五の中に主張されていると書いていますが、実は反対に、正にこのことがその定理の中で明白に否定されているのです。そしてここからすべての混乱が生じているのだと私は今考えています。従って、差し当り、この問題についてもっと詳細に書くのはむだな努力でしょう。むしろ貴下が、彼の意味するところを私にもっと明瞭に説明して下さるまで、または彼のもとの手紙が全然誤りのないものであるかどうか私の知ることができますまで、私は待った方がよいと思います。

彼の手紙にあったライプニッツは、手紙を通して私の知っているその人物と思います。しかしフランクフルトの顧問官であった彼が、どんな理由でフランスに行っているのか、私には納得出来ません。彼は、その手紙から判断し得た限り、自由な精神を持ち、あらゆる科学に通じた人間と思われました。しかし、そんなに早く彼に私の書いたものを見せるのは適当でないと考えます。私はまず彼がフランスで何をしているのかを知りたく、また我々のチルンハウスが彼ともっと長く交際して彼の性格をいっそうよく知った上で彼をどう判断するかを聞きたいと思います。それはとにかく、我々の友に私からくれぐれもよろしくお伝え下さい。そしてもし何か彼に役立つことがありましたら、何なりと言ってくれるように申して下さい。そうすれば私はどんなことでも喜んでいたすでしょう。

尊敬する友ブレッセルス氏の到着を、いや帰着をお喜び申し上げます。彼がビールを送ると約束してくれましたことに対しては感謝にたえません。私も自分の出来るあらゆる手段で彼に報いたいと思っています。

最後に、私はまだ貴下の御親戚の実験をやってみていません。またやってみる気になれるとも思いません。実は、この問題を考えれば考えるほど、貴下たちは金を作り出したのではなくただアンチモンの中に含まれているわずかの金を分離したにすぎないのだと信ずる気に私はなるのです。しかしこれについては別な折にもっと詳しく申しましょう。今は時間がなくて出来ません。なお貴下にして上げられることがありましたら御遠慮なく申し出て下さい。いつでもお役に立ちましょう。

貴下の最も親しき友、最も忠実なる僕　B・デスピノザ

ハーグ、一六七五年十一月十八日

〔表書〕アムステルダム、ヘストフェールデ・フート、コールステーヒ在住

医学博士G・H・シュラー様

書簡七十三(1)　スピノザからオルデンブルクへ

書簡七十一への返事

高貴の士よ、

十一月十五日付のたいへん短いお手紙この土曜日に受け取りました。そのお手紙において貴下は、神学・政治論の中で読者に衝撃を与えた個所だけを指摘しておいでです。実は私としましては、貴下が前に忠告して下さった、宗教的本務の実践を危うくするように思える意見というのは、どんな意見のことかについても、あのお手紙で知らせて頂けると思っていたのでした。しかしそれはそれとして今私は貴下が挙げられたあの三つの項目について私の見解を卒直にお知らせいいた

しましょう。

第一の点に関して言えば、私は神及び自然については近代のキリスト教徒たちが通常説いている見解とはまるで異なった見解を抱いております。即ち私は、神がいわゆる万物の内在的原因であって超越的原因ではないと見ています。私は敢えて、いっさいが神の中に生き神の中に動いていると主張しています。これはパウロもそう言っておりますし、(2)またおそらくすべての古代の哲学者たちも、異なった表現でではありますが、そう言っているのです。否、古代のすべてのヘブライ人たちがそう言っていると申してもよいでしょう。このことはヘブライの種々の伝統――それは多くの点で歪曲《わいきょく》されて伝わっていますけれども――から推察し得るのであります。しかし或る人々が、神学・政治論は神と自然を同一視する思想に立脚していると考えているのは、自然というものを一定の質量或いは一定の物質的物体と解しての上ですから、全然誤まっております。

次に奇蹟に関して申せば、私は反対に、神の啓示の確実性はその教説の智慧の上にのみ築かれ得るのであって、奇蹟即ち無智の上には築かれ得ないと確信します。これは私が、神学・政治論の第六章で奇蹟を論じた際に十分詳細に示したところであります。ここに私の尚付言したい一事は、私の考えによれば、宗教と迷信との間の主なる相違は、迷信は無智を基礎とし、宗教は智慧を基礎とする点にあるということです。そして、キリスト教徒たちが他の人々と彼らの信仰や隣人愛によって区別されず、また聖霊のその他の果実《フルクタス》によっても区別されず、ただ彼らの意見によって区別されるに過ぎないというのも、(3)キリスト教徒たちは、すべての人々と同様奇蹟にのみ、即ちすべての悪の源泉である無智にのみ頼り、このようにして彼らの信仰(それが本来は真なるのであっても)を迷信に変えているからだと思います。しかしこの弊風に対して適当な対策を施

すことを王たちが許すかどうかは、私の甚だ疑問とするところであります。(4)

最後に、第三の項目について私の見解をもっとはっきりさせるため、私はこう申します。我々の救いのためにはキリストを肉に従って認識することは絶対に必要なわけではないのです。しかし神のあの永遠なる子(5)についてなら、換言すれば万物の中に顕現し・ことに多く人間の精神の中に顕現し・なかんずく最も多くイエス・キリストの〔精神の〕中に顕現した神の永遠なる智慧についてなら、全然別に考えなくてはなりません。実にこの智慧のみが何が真であり何が偽であり何が善であり何が悪であるかを我々に教えてくれるのである以上は、この智慧なしには何人も福祉の状態に達することが出来ないからです。そして、今も言ったように、この智慧はイエス・キリストを通して最も多く顕現したのですから、彼の弟子たちはこれを、彼から啓示されたところに従って説き教え、そして彼らは、キリストのこの精神を、他の人々よりいっそう多く誇り得ることを示したのでした。ところで若干の教会がこれに加えてさらに、神は人間の本性を具えたと主張していることについて言えば、私は彼らの言うことが何のことかわからぬと彼らにははっきり言明して来ました。否、卒直に申せば、彼らの言うところは、円が四角形の本性を具えたと言うのにおとらず不条理に私には思われるのです。

これで私が問題になっている三つの項目に関してどう考えているかは十分明らかになったと思います。これが貴下のお知り合いのキリスト教徒たちの賛同を得られるかどうかは貴下が私よりよく判断おできになるでしょう。さようなら

〔ハーグ、一六七五年十一月又は十二月〕

書簡七十四(1)　オルデンブルクからスピノザへ

前書簡への返事

私の手紙があまり短かすぎたのに御不満な御様子ですから、このたびは少し長く書いて先のうめあわせをいたしましょう。貴下は、貴下のお書きになったものの中で宗教的本務の実践を破壊するように読者に思われる意見はどれか、そうした意見の列挙を期待しておられたようです。そこで私は読者に最も大きな難点となっているのは何かをこれから申しましょう。貴下はあらゆる事象とあらゆる行動の運命的必然性を信じておられるように見えます。しかし人々の考えでは、もしこのことが容認され肯定されるとしたら、すべての律法、すべての徳、すべての宗教の中枢(nervus)は断ち切られ、すべての報償と刑罰は意味がなくなるのです。およそ強制力を持つもの、必然性を包蔵するものに対しては、人は責任がなく、従って、貴下のような御見解の下では、どんな人間も神の前に言い分が立つ(excusabilis)と彼らは考えるのです。もし我々が運命によって駆られ、またいっさいが或る厳酷な手にあやつられて定まった不可避の道を行くとするなら、罪や罰に対するどんな余地があるか彼らは解し得ないのです。この難点を解決するのはなかなか困難なことです。貴下がこの問題に対してどんな手段をお与えになることが出来るか私は知りたくてなりません。

私が挙げた三つの項目について貴下は快く御意見を聞かせて下さいましたが、その御意見に関しても次の疑問が残ります。第一に貴下は奇蹟と無智を同意同義の語と考えておられるようにあのお手紙から受け取られますが、いったいどんな意味で貴下はそう思われるのですか。ラザロが死者の中から復活し、またイエス・キリストが死から復活されたことは、明らかに、創造された自然のすべての力を超越し、ひとり神の能力にのみ帰せられることではありませんか。そして一定の限界に閉じこめられた有限な知性の枠を必然的に越えることがいつも非難すべき無智の証明になるとは限りません。はかない我々人間どもにはその理由や成立の仕方を示すことも説明することも出来ないような事柄が多く存するのであり、そうした事柄を理解し実現し得る知識と能力を、創造されざる最高の神的精神に対して認めることは、創造された人間の精神と知識にとって至当であると貴下はお考えにならないのですか。我々は人間なのでありまして、人間的なすべてのことが我々にふさわしいと思わねばならぬでしょう[2]。

次に貴下は神が実際に人間の本性を具えたということを理解しかねると申しておられるのですから、私はお尋ねしなくてはなりません。貴下は我が福音書のあの言葉やヘブル書のあの章句をどう解されるのですか。前者には「言葉は肉となりぬ[3]」と言明されてあり、後者には「神の御子は御使《みつか》いたちの本性をそなえず、アブラハムの裔《すえ》の本性をそなえたり[4]」と証言されてあります。そして福音書全体の趣旨も、神の独り子、ロゴス(それは神でありまた神と共にあったものです[5])が人間の本性の中に顕れ給うたこと[6]、また彼はその受難と死によって罪人たる我々のための身代金を即ち贖罪[7]の代価を支払い給うたということに帰着すると思うのです。福音書やキリスト教(私は貴下がキリスト教に好意を寄せていられるものと思います)の真理を保持するためには、これらのことと及びこれと類似のことどもについてどう考えねばならぬかを私は貴下からお聞きしたくてなりません。

もっと多くのことを書くつもりでおりましたが、友人たちの来訪のため果たしかねています。彼らに対し応対の義務をおこたるわけにもまいりません。しかしこの手紙にまとめたことだけでも十分ではないかと存じます。或いは哲学者たる貴下にはもうあきあきした気持をお与えしているかもわかりません。ではさようなら。そして私が常に貴下の御造詣と御学識との崇拝者であることをお忘れなく。

ロンドン、一六七五年十二月十六日

書簡七十五(1)　スピノザからオルデンブルクへ

前書簡への返事

高貴の士よ、

貴下が私に公表しないようにと要求されたものが何であったかがとうとうわかりました。しかしそれは、まさに私が出版しようとしていた書物に含まれている全教説の根幹を成すものなのですから、どんな意味で私がすべての事象、すべての行動の運命的必然性を主張しているかをここで簡単に説明したいと思います。

(2)私は神を決して運命に従属させているのでなく、かえっていっさいが神の本性から不可避的必然性によって成起すると考えているのです。これは、神が自己自身を認識することが神そのものの本性から生ずるとすべての人々が考えているのと同じわけです。確かに何人もこのこと〔神が自分自身を認識するということ」が神の本性から必然的に生ずることを否定していません。それでいて何人も、神が何らかの運命に強制されて自分自身を認識するのだと考えず、むしろ反対に、神は必然的にではあるが全く自由にそれをなすと考えています。

次に(3)万物のこの不可避的必然性は、神の法をも人間の法をも廃棄するものではありません。思うに、諸々の道徳律は、律法或いは法としての形式を神自身から受けていると否とを問わず神聖であり有益であります。また徳や神への愛から生ずる善は、我々がこれを審判者としての神から受け取っているとしても或いはそれが神的本性の必然性から出ているとしても、それはそのゆえに望ましさの程度を増減することはないでしょう。一方また悪しき行為や感情から生ずる悪は、それが必然的にそうしたものから生ずるからとて、その故に、恐ろしさの程度を減ずることはありません。最後に我々は、我々の行うことを必然的に行うと偶然的に行うとを問わず、やはり希望と恐怖によって導かれているのです。

さらに、人間が神の前に言い分が立たない(inexcusabilis)のは、人間は、同じ材料から時には尊い器を作り時には卑しい器を作る陶器師の手の中にある粘土のように神自身の手の中にある(4)という理由からにほかなりません。

もし貴下がこれらのわずかなことを多少でも念頭に置かれるなら、貴下は通常この見解に対してなされるすべての反対論に容易に答弁され得ると信じます。これは私と共に多くの人々のすでに経験しているところです。

奇蹟と無智を私が同意語と見なした理由はこうです。神の存在や宗教を奇蹟の上に築こうとつとめる人々は、彼らに不明瞭な事柄を他のいっそう不明瞭な事柄、彼らの全然理解しない事柄で証明しようとするものであり、このようにして彼らは新しい種類の証明法を導入しているのですが、それはいわゆる帰謬法(redigendo ad impossibile)ではなくていわば帰無智法(redigendo ad ignorantiam)〔人の無智にもとづく証明法〕なのです(5)。とにかく私は奇蹟に関する私の見解を神学・政治論の中で十分に説明したはずです。ここにはただ次のことだけをつけ加えておきましょう。即ちもし貴下が、キリストは議会にもピラトにもまた不信者たちの誰にも現われず、ただ信心深い人たちにのみ現われたこと、神には右側も左側もないこと、神はその本質上一定の場所にのみ存在するのではなく至るところに存在すること、自然はどこでも同一であること、神は世界の外の、人間の勝手に作り上げる想像的空間には顕現しないこと、最後に人間の身体の組織は空気の圧力によって然るべき形を保っているにすぎないこと、そうしたことを考えるなら、キリストのこの出現はアブラハムに神が出現したあの出現に、――アブラハムが三人の人に会ってこれを食事に招いた時の神のあの出現(6)に似ていることを貴下は容易に気づかれるでしょう。しかし貴下は言うかも知れません。使徒たちは皆キリストが死から復活して実際天に昇ったことを心底から信じた、と。私もこれを否定しません。現にアブラハム自身も神が自分と一緒に食事したと信じたし、またすべてのイスラエル人は神が火に囲まれて天からシナイの山に降りて来て彼らに直接語ったと信じています。しかしこれらのこと並びにこの類の多くのことは、人々の――神が自分の意志をこうして示そうとしたその人々の――把握力と見解に適応して生じた出現乃至啓示にすぎません。そこで私は次のように結論します。キリストが死者たちの間から復活したということは、実際は精神的なものであって、それは信者たちにのみ、その把握力に応じて、示されたのであります。言いかえてみれば、キリストは、生と死によって類い稀なる神聖性の例を示した時、すでに永遠性を賦与され、また死者たち（ここで私は死者ということを、キリストが「死者たちにその死者たちを葬らしめよ[7]」と言ったその死者の意味[8]に解します）の間から復活したのです。そしてまた彼は、彼の弟子たちが彼の生と死のこの例に従う限りにおいて、弟子たちを死者たちの間から呼び起しているのです。なお福音書の全教説をこの仮説に従って説明することも困難でないでしょう。

のみならずコリント前書第十五章もこの仮説のみによって説明されることが出来るのであり、このようにしてのみパウロの議論は理解されるのです。反対にもし従来のような仮説に従ったなら、パウロの議論は一見きわめて無力なものになり、容易に反駁され得ると思います。私はまた、ユダヤ人たちが具象的に解釈した事柄をキリスト教徒たちは精神的に解釈したということをもここに付加しておきましょう。

人間の弱少ということは私も貴下と共に認めます。しかし今度は私の側からお尋ねしたいと思いますが、我々はかない人間は、どこまで自然の力、自然の能力が及ぶか、また何がその力を超越するかを決定し得るほど自然について大なる認識を持っているでしょうか。いや何人も僭越でなしには自然の力を限定することが出来ません。ですから我々が、いろいろの奇蹟を出来るだけ自然的原因によって説明しようとすることも、あながち過度の自負とばかりは言えぬでしょう。一方、不条理であるがゆえに我々が説明することも証明することも出来ないことは、それについての判断を差し控え、そして前に言ったように、宗教を聖書の中に教えられている智慧の上にのみ築くのが適当と思います。

最後に、ヨハネ福音書の或る個所やヘブル書の或る個所が私の言ったことと矛盾すると貴下は

信じておいでですが、これは貴下が東方言語の表現をヨーロッパの話法の尺度で測っているからに他なりません。ヨハネはその福音書をギリシャ語で書きはしましたが、しかしやはりヘブライ的な書方をしているのです。

それはとにかくとして、神が雲の中に顕現したとか、幕屋の中や宮の中に住んだとか聖書が言っている場合、貴下は神自身が雲や幕屋や宮の本性を具えたとお信じになりますか。しかもキリストが自分自身について語った最大のことは、自分が神の宮であるということです[9]。そしてこれは勿論、私が前の手紙で申したように、神は最も多くキリストの中に顕現したからなのです。これをヨハネは、もっと効果的に表現しようとして「言葉は肉となりぬ」と言ったのです。しかしこの問題については、これで十分でしょう。

〔ハーグ、一六七五年十二月〕

書簡七十六[1]　スピノザからアルベルト・ブルフへ

書簡六十七への返事

他の人々から聞いた時は容易に信じがたかったことが、今あなた自身のお手紙で確かになりました。あなたは、あなた自身の言うように、ローマ教会の一員となったばかりでなく、その最も尖鋭な闘士となり、すでに人々を呪詛し、反対者たちを激しく罵倒することを覚えたのですね。お手紙に対して私は、何も御返事しないつもりでおりました。あなたをあなた自身とあなたの御家族とへ連れもどすのに必要なものは、理性による説得よりも、むしろ時日の経過だと信じたからです。以前ステノ[2]（今やあなたは彼の跡を追っているのです）についてあなたと語り合った時にあなたが是認してくれたあの数々の論拠についても、今は申さないことにしましょう。しかし私と共にあなたのすぐれた才能に大きな期待をかけていた若干の友人たちは、私が友としての義務を捨てないようにとか、現在のあなたをではなく、最近までのあなたを考えてくれるようにとか、その他そうしたたぐいのことをしきりに申すのです。私はとうとうこれに動かされて以下のわずかばかりの言葉をあなたにお書きする次第です。どうか平静な心でお読み下さい。

私はあなたをローマ教から引き離すため、ローマ教会の反対者たちがよくやるように、司祭たちや司教たちの非行をここに数え立てようとは思いません。そうした攻撃は一般に卑しい心情から出ているものであって、相手を啓発するよりも憤激させるに役立つだけです。のみならず私は、ローマ教会には学殖の高い、品行の立派な人々が他のどんなキリスト教会によりも多くいることを認めます。ローマ教会にはきわめて多くの所属員がいるだけに、その中には各種の人物が多くいるわけですから。しかしあなたが理性と共に記憶力を失いでもしない限り、どんな教会にも、神を正義と愛を通して崇敬する多くの立派な人々が存在することを決して否定出来ないでしょう。こうした種類の人々を我々はルター派の中にも、改革派の中にも、メンノー派の中にも、狂信者の中にも、たくさん見ています。いや、他の人々について言うまでもなく、あなたは、アルバ公の時代に宗教のため剛毅と自由の精神をもってあらゆる種類の拷問を甘受したあなたの祖先を知っているはずです。これで見れば、敬虔な生活様式はローマ教会の独占物でなくてすべての教会に共通であることを認めなくてはなりません。そして我々は、このことによって、我々が神の中にありまた神が我々の中にあることを知る(3)(ヨハネ第一書の第四章第十三節にもあるように)のですから、これからして、ローマ教会を他の教会と区別するすべてのことは、全く余計なものであり、従ってそれは単に迷信からのみ生じたものであるということになります。実際、私がかつてヨハネにならって申したように(4)、正義と愛とは真の正統信仰の唯一にして最も確実なるしであり、また聖霊の真の果実であります。そして、これが見出されるところ、そこにキリストは実際にあり、またこれの存在しないところ、そこにはキリストが存在していないのです。キリストの精神によってのみ我々は正義と愛へ導かれ得るのですから。もしこれらのことをよくお考えになったなら、あなたは自分自身を見失って御両親を激しい悲しみに陥らせることはなかったでしょうに。御両親は、今あなたの運命をひどく悲しんでおられるのです。

だがあなたのお手紙にもどりましょう。お手紙の中であなたはまず、私が悪魔の大王に誘惑されていることを歎いています。しかしどうか心を落付けてあなた自身に立ちかえって下さい。健全な精神を所有していた時代のあなたは、いっさいを絶対的に生じ且つ維持する力のある無限なる神を尊崇していたはずです。しかるに今やあなたは、神の敵である大王を夢想しています。この大王は神の意志に反して人々を、しかも大多数の人々(というのは善い人は稀ですから)を誘い欺くものとされています。だから神は、これらの人々をこの悪魔の大王に引き渡して、永遠の劫罰を与えていることになります。つまり、神の正義は、悪魔に対しては何の罰も受けることなしに人々を欺くことを許しておきながら、反対に、悪魔から不幸にも誘われ欺かれた人々に対しては、罰を受けることなしにあるのを許さないということになります。

こうした不条理ももしあなたが無限永遠なる神を尊崇しているのでしたらまだしも我慢が出来

たでしょう。しかるにあなたの神は、シャチョンの伯爵がティーネン（オランダでの呼び名で申します）の町で何ら罰を受けることなしに馬どもに与え食わせたあの神なのです。(5) あわれなるあなたはそれでいて私を欺いてくれるのですか。あなたはまだ読んでもいない私の哲学を幻影《キマイラ》と呼ぶのですか。おお、判断力を失った青年よ、あなたがかの最高永遠なるものを呑みこんでそれをお腹の中に持っていることが出来る(6)などと信ずるように誰があなたを惑わしたのですか。

それでもあなたはなお理性を用いて論をすすめようとしているかに見えます。そして私に尋ねています、「あなたの哲学が世界でかつて説かれた、現に説かれている、或いは今後説かれるであろうあらゆるもののうちで最上のものであることを、どのようにして知られるのですか」と。これはむしろ私からあなたに返上したいお尋ねです。私は最上の哲学を発見したと自負しているのではありません。しかし私は自分が真の哲学を理解していることを知っています。どうしてそれを知っているかとお尋ねなら、あなたが三角形の三つの角は二直角に等しいことを知っていると同じ仕方で知っているとお答えするでしょう。そしてこの答で十分なことは、健全な頭脳の所有者なら、また一見真に見えて実は偽である諸〻の観念を我々に吹きこむ不純な霊の存在などを夢想することのない人なら、誰でも否定しないでしょう。実に真理は、真理自身と虚偽とを顕わすもの(7)だからです。

あなたはついに最上の宗教を発見した、或いはむしろ最上の人々を発見したと自負して、それらの人々に軽々しく自分をまかせきっているのですが、そのあなたはしかし「それらの人々が、かつて宗教を説いた、現に説いている、或いは今後説くであろうあらゆる人々のうちで最上のものであることをどのようにして知り得るのですか。あなたはヨーロッパやインドや全地球上の至るところで説かれている新旧すべての宗教を検討されたのですか。またそれを正当に検討されたとしても、あなたが最上のものを選んだということをどのようにして知られるのですか」。私がこれをお尋ねするのは、あなたが御自分の信仰に対して何らの理性的根拠も与えることが出来ないでいるからです。あなたは言うでしょう。自分は神の霊の内的証言に満足しており、これに反してその他の人々は悪魔の大王から迷わされ欺かれている、と。だがローマ教会の外にあるすべての人々は、あなたが御自分の宗教について主張していることを、同じ権利を以て、自己の宗教について主張しています。

さてあなたが付言された無数の人々の一致した同意とか、教会の絶えることなき継続とかについて言えば、それはパリサイ人たちの間でも言われているおきまりの文句です。実にパリサイ人たちも、ローマ教会の帰依者たちに劣らない自信を以て、無数の証人を引合に出しており、そしてこれらの証人はまた、ローマ教会の証人と同様の頑固さを以て、人から聞いたことを自分自身の経験したことのように報告しています。次にパリサイ人たちは、自己の系譜をアダムにまで遡らせています。そして、彼らの教会が、異教徒やキリスト教徒の敵意と憎悪にもかかわらず、不動確固に今日まで続いてきていることを、同様の尊大さで誇っています。ことに彼らは、どの派よりも古さというものを拠りどころとしています。彼らは異口同音に、彼らが諸伝承を神自身から受けて、彼らのみが、書かれた神の言葉及び書かれざる神の言葉を保持していると称しています。きわめて多くの異端説が彼らの間から起ったにかかわらず、彼ら自身が、何らの国家的強制力によらずに、ただ迷信の力だけで、数千年の間変ることなくつづいて来たことは、何人も否定し得ません。彼らの物語る奇蹟は、幾千の饒舌者の口をもってしても語り切れぬほど多くあります。しかし彼らが最も自慢しているのは、他のどんな民族より遥かに多くの殉教者を持っていること、またその帰依する信仰のために、異常な精神の確乎さを以て受難する人々の数が、日ましに増大していることです。そしてこれは嘘ではありません。現に私自身も、例えば「忠信なるユダ」[9]と呼ばれる一人物を知っていますが、彼は人々からもう死んだと思われた時に、炎のただ中で「神よ、汝に吾が霊をゆだねまつる」[10]で始まる讃歌を歌い出し、歌のさ中に息が絶えたのでした。

あなたがひどく賞讃するローマ教会の規律は政治的なものであり、それが多くのことに有益であることは私も認めます。そして、大衆を欺き人心を抑制するのに最も適当な方法と思われますが、しかしマホメット教会の規律は、ローマ教会のそれを遥かに凌駕しています。というのは、この迷信が始まった時以来、彼らの教会にはどんな分裂も起らなかったのです。[11]

こんな次第で、あなたは、事態を正しく考察される限り、あなたの第三番目に挙げていることだけがキリスト教徒にとって有利であることを知られるでしょう。即ち、無学で下賤な人々が、ほとんど全地上をキリストへの信仰に改宗させ得たということです。しかしこの論拠はローマ教会にのみあてはまるのでなくて、キリストの名に帰依するすべての人にあてはまるのです。

しかし仮に、あなたの挙げる論拠のすべてがローマ教会のみに当てはまると仮定しましょう。あなたはそれで以てこの教会の権威を数学的に証明出来ると考えるのですか。そういうことは決して出来ないのに、あなたはなぜ、私の諸証明が悪魔の大王にそそのかされ、反対にあなたのそれが神から鼓吹されていると私に信じさせようとするのですか。ことに、あなたがこの教会の奴隷となったのは、神への愛によるのではなくて、迷信の唯一の原因である地獄への恐れによったのであることが私には明らかであり、あなたのお手紙も明瞭にそれを物語っているではありませんか。あなたがあなた自身に少しの信も置かず、多くの人々から非難を受けているような人々にのみ信を置くこと、それがあなたの謙譲なのですか。また私が理性を用い、我々の精神の中にあって決してゆがめられることも損われることもできない神のこの真の言葉に満足することを、あなたは尊大であり僭越であると思うのですか。この致命的な迷信を捨て去りなさい。そして、あなたが禽獣のたぐいと見られたくなければ、神から与えられた理性を認めてこれを育くみなさい。不条理な数々の誤謬を玄義《ミステリア》などと呼ぶことをお止めなさい。また、我々にとって知られないもの、まだ発見されないものと、不条理として証明されている事柄とを混同しないようになさい。例えば、この教会の恐るべき諸秘密《セクレタ》の如きものですが、これらは正しい理性に矛盾すればするほど知性を越えるものとあなたは信じているのです。

なおまた聖書は聖書のみによって解釈されねばならぬという神学・政治論の根本原則を、あなたは、何らの理由もなく大胆に誤りであると称していますが、この原則は私の単なる想定ではありません。その真実不動なものであることが明白に証明されているのです。ことに第七章を御覧下さい。そこには反対者たちの意見への駁論も掲げてあります。さらに第十五章の終りに証明されていることをも見て下さい。

もしあなたが以上のことに注意され、その上教会の歴史(そうしたものにあなたはちっとも通じていないようですね)を検討して、ローマ教会の伝統が多くの点でどんなに誤っているかを知り、またローマ教皇自身どんな運命とどんな術策でキリスト生誕六百年の後に教会に対する指導権を得るようになったかを知られるなら、あなたはきっと覚るところがあるでしょう。そうなる

ことを、あなたのため心から祈ります。では御機嫌よう、云々
〔ハーグ、一六七五年十二月〕

書簡七十七(1)　オルデンブルクからスピノザへ

書簡第七十五への返事

万象の運命的必然性という思想は宗教的本務の行使を妨げ、報償と刑罰の効力を失わせるから、私はそうした思想が公表されるのを好まないのですが、私のこの気持を貴下は正しく見抜いて下さいました。しかしこれに関して貴下のこないだのお手紙に説かれてあることは、まだこの問題を解決して人心を鎮めるに役立たないと思います。なぜと申すに、もし我々人間が精神及び肉体上のすべての行動において、ちょうど粘土が陶器師の手中にあるように神の力の中にあるのだとしましたら、我々がどのように行動しようと、それはそれ以外に行動することが全然不可能であったのですから、どうして我々の誰も咎められることが出来ましょう。我々はことごとく神に対してこう言い返し得るではないでしょうか、「あなたの不変不動の運命とあなたの不可抗的な力とが我々をこのように行動すべく強いたのであって、我々はそれ以外に行動することが出来なかったのです。だから何の理由で、また何の権利で、あなたは我々を最も厳しい刑罰にゆだねるのですか。我々は決してそれを避けることが出来なかったではありませんか。あなたは最高の必然性を以て、あなたの意のまま、あなたの欲するままに、すべてを行いすべてを導いているのです

から」と。もし貴下が「人間が神の前に言い分が立たない(inexcusabilis)のは、人間は神の力の中にあるからにほかならぬ」と言われるなら、私はこの議論を正に裏がえしにして、いっそう大なる権利を以て、こう言えると思います「人間は神の力の中に在るからこそ完全に許され得る(excusabilis)のだ」と。実際、何人も容易にこう駁することが出来るでしょう、「神よ、あなたの力には抗らうことが出来ないのです。ですから私がそれ以外に行動しなかったということは当然許されなくてはなりません」と。

次に貴下が奇蹟と無智を今なお同義語と解しておられるのを見ますと、貴下は神の力と人間の知識——それがたとえ最も賢明な人間の知識であっても——を同一限界に閉じこめておいでのように感ぜられます。まるで神は、人間が全精神力をつくしてもその理由を明らかにし得ないようなことは何事をもなし或いは生じ得ないかのように！　その上、キリストの受難、死、埋葬、復活に関するあの物語はきわめて生き生きした自然的な色どりで書かれているように思われますので、貴下が歴史の真実性について確信せられる限り、貴下は本当にあの物語を文字通りによりも比喩的に解すべきだと信ぜられるのかどうか、その点敢えて貴下の御良心に訴えてお尋ねいたします。またこれらの出来事につき福音史家たちによってきわめて明瞭に記載されている諸〻の付帯事情も、あの物語は文字通りに解さるべきであるということを、あくまで我々に信じさせる力を持っているように思われます。あの主題に対しては簡単にこれだけを申し上げます。どうか私の申したことを悪くおとりにならないで下さい。そして貴下が友人としての卒直さを以て御返事下さらんことを切にお願いいたします。

ボイル氏から貴下にくれぐれもよろしくとのことです。王立協会の目下の仕事につきましてはまたの折にお知らせしましょう。では御機嫌よう。今後ともよろしくお願いします。

ハインリッヒ・オルデンブルク

ロンドン、一六七六年一月十四日

書簡七十八(1) スピノザからオルデンブルクへ

前書簡への返事

高貴の士よ、

私が、前の手紙(2)で我々は陶器師の手の中にある粘土のように神の力の中にあるから言い分が立たない(inexcusabilis)と申しましたのは、何人も、神から弱い本性や無力な精神を与えられたからとて神を非難することは出来ない、という意味に解していただきたかったのです。円が神から球の諸特質を与えられなかったことを歎いたり、胆石に苦しむ小児が神から健全な身体を与えられなかったことを歎いたりすることが出来ぬように、無力な精神を持つ人間も、神が自分に心の強さ(fortitudo)や神への真の認識と愛を拒んだことを歎いたり、神が自分に諸〻の欲望を抑制し制御し得ないほど弱い本性を与えたことを歎いたりすることは出来ないのです。すべての事物の本性には、与えられたその原因から必然的に生ずること以外の何ごとも属しないのですから。さらに、強い精神を持つことが各人の本性に属しないこと、また健康な身体を持つことも健康な精神を持つことと同様に我々の力の中にないことは、経験と理性を否定しようとしない限り何人も否定することが出来ません。しかも貴下は、人間が本性の必然性から罪を犯すのなら人間は許さるべきである(excusabilis)という見解を固執されます。しかし貴下はそれからどんな結論を引き出そうと欲するのかを説明しておられません。神がそうした人間に対して怒ることが出来ないとでも結論されるのでしょうか。それともそうした人々は福祉に値する、換言すれば神への認識と愛を持つに値するとでも結論されるのでしょうか。もし貴下が前者を考えているのでしたら、私も神は怒ることがないこと、いっさいは神の決定に従って生ずることを全く容認します。だがそうした人々がそのゆえにすべて幸福でなければならぬということは私の認め得ぬところです。実際、どんな人々も許され得るのではありますが、それにもかかわらずそうした人々は福祉を欠き、多くの仕方で苦しみを受けねばなりません。馬は馬であって人でないことにつき許され得るのですが、それにもかかわらず馬は馬であって人間であり得ません。犬から咬まれて発狂した人は許さるべきではありますが、やはり窒息死をとげるほかはないのです。最後に、自己の欲望を支配し得ず或いは律法への恐れによってもこれを抑制し得ない人間は、なるほどその弱さのゆえに許さるべきではありますが、しかしその人間は精神の満足即ち神への認識と愛を享受することが出来ず、必然的に滅びます。

聖書に、神が罪人たちに対して怒るとか、神は人間の行動について認識し判定し裁判する裁き主であるとか書いてあるのは、人間的言い方に従い民衆の伝来的見解に順応して語っているのであること——これは私がここにわざわざ御注意申し上げる必要はないと思います。聖書がそうした言い方をするのは、聖書の意図が哲学を教えることにはなく、また人々を賢明にすることにもなく、ただ人間を従順にすることにのみあるからです。

私が奇蹟と無智を同意語に解していることがどうして神の力と人間の知識を同じ限界内に閉じこめることになるのか私にはわかりません。

なおまたキリストの受難、死、埋葬を私はあなたと同様に言葉通り解しますが、その復活は比喩的に解します。勿論この復活は福音史家たちによって実にいろいろな付帯事情をつけて語られているのであり、従って少くも福音史家たち自身は、キリストの身体が復活して神の右に座すべく天に昇ったと信じたこと、また不信者たちもキリストが弟子たちに現われたその場所に一緒に居合せたとしたらそれを見ることが出来たであろうと福音史家たち自身は信じたこと、これは我々も否定し得ないことを私は認めます。しかしその点において福音史家たちは誤り得たのです(だが勿論そんな誤りのために福音書の教説自身が損われるということはありません)。こうした誤りは他の予言者たちにも起ったことであり、そのことについては若干の例を前の手紙で挙げました。これに反して、キリストは後でパウロにも現われたのですが、そのパウロは、自分はキリストを肉によってではなく霊によって識ったと誇っているのです。

高貴なボイル氏の著書目録に対して厚く御礼申し上げます。最後に、王立協会の目下のお仕事については折を見て知らせて頂きたく思います。(3)

では御機嫌よう、尊敬する士よ。そして私があらゆる熱意と愛情とを以て貴下のものたることをお信じ下さい。

〔ハーグ、一六七六年二月七日〕

書簡七十九(1)　オルデンブルクからスピノザへ

二月七日付で書かれたこないだのお手紙には、もっと検討せねばならぬと思われるいくつかのことがまだ残っております。貴下はこう言われます、すべての事物の本性には、その原因から必然的に生ずる以外のどんなことも属しないのであるから、人間は神が自分に神への真の認識や罪を避けるに十分な力を拒んだことを嘆くことが出来ない、と。しかし私は申します。神は人間の創造者として人間を自らの姿に従って創ったのであってこの神の御姿という概念には明らかに智慧と善意と能力とが含まれているし、それにまた身体の健康は機械的諸法則に依存し反対に精神の健康は選択と熟慮に依存するのであるから、人間にはどうしても健全な身体を持つ力以上に健全な精神を持つ力があるはずである、と。貴下は付言されます。人間は許されることは出来る、しかし多くの仕方で苦しみを受けねばならぬ、と。これはちょっと考えると無慈悲のように思われます。そして貴下がこの証明として付け加えられたこと、即ち咬まれて発狂した犬は許さるべきではあるがやはり殺されるほかはない(2)ということも、この問題に解決を与えているとは思われません。なぜなら、そうした犬の殺害は、他の犬、他の動物、さらには人間自身をその狂的咬傷から防ぐのに必要でない限り、残忍のしるしであります。これに反して、もし神が人間に健全な精神を与えていたとしたら(それは神に出来ることです)、人間は何ら悪徳に染まるおそれがないでしょう。そして実際人間が、決して避け得なかった罪のために神から永遠の罰に、或いは少なくも一時的の厳しい罰にゆだねられるというのはきわめて残酷に思われます。その上、聖書全体の内容は、人間が罪を避け得ることを想定し暗示しているように見えます。聖書には多数の呪詛と約束、報償や刑罰の告知がありますが、これらすべては罪の必然性を否定し、刑罰を避け得る可能性を示しているように思われるのです。もしそうでないとしたら、人間の精神の活動は身体のそれと同じく機械的なものと言わねばならないでしょう。

さらに、貴下が相変らず奇蹟と無智を同意語に解しておられるのは、被造物は創造者の無限な力と智慧に対する洞察力を有することが出来る、或いは有せねばならぬ、という前提にもとづいているように思われます。しかし私は依然として貴下と全く反対の信念を持つ者です。

最後に、キリストの受難、死、埋葬は文字通り受け取るべきだがその復活は比喩的に受け取らねばならぬという御主張を、貴下は何の論拠によっても確立しておられないように思われます。私の考えでは、福音書において、キリストの復活は、残余のことどもと同様に事実通り正確に報ぜられているのです。そして全キリスト教及びその真理は復活のこの信条によって支えられており、これが除かれればイエス・キリストの使命とその天上的教説は崩壊してしまいます。キリストが死者の間から復活された後その弟子たちに復活——言葉の本来の意味における——の真実性を確信させるためどんなに大きな努力を払われたかは貴下も御存知なくはないでしょう。これらすべてを比喩に変えようとするのは、福音書の物語の全真実を倒壊しようとつとめるのと同じです。

以上わずかばかりの駁論を私は、哲学する自由にもとづいて再びここに書きしるしました。どうか悪くおとり下さいませんようにくれぐれもお願いいたします。

ロンドン、一六七六年二月十一日

王立協会の現在における諸種の研究と調査につきましては、神が私に生命と健康を許します限り、いずれ詳しくお話しいたしましょう(3)。

書簡八十(1)　チルンハウスからスピノザへ

高名の士よ、

第一に私のきわめて理解し難く思いますのは、運動や形状を有する諸物体の存在がどのようにしてアプリオリに証明されるかということです。絶対的に考えられた限りの延長の中には何らそうしたものが見出されないからです。第二に御示教願いたいのは、貴下が無限なるものに関する御書簡(2)の中で次のお言葉で申されていることはどんな意味に解さるべきかということです。「しかし彼らは、そうしたものがあらゆる数を超越するということを、その部分がきわめて多いということから結論してはおりません」。私の見るところ、実際、すべての数学家は常に、この種の無限なるものに関して、その部分の数が非常に大ですべての数えられる数を超越していることを主張しています。それに貴下はあそこで挙げられた二つの円の例の中で、貴下の当の主題であるこのことを詳しく説明することはしておられないようです。即ち貴下は、その個所で、彼らがこのことを「その間の空間が過度に大である」ということからも、また「その最大限と最小限が我々に知られていない」ということからも結論していないことを示しておられるだけであって、貴下の主張されたように、彼らがそれをその部分の多数ということから結論してはいないということは証明しておられません。[3]
〈それから、[4]私がライプニッツ氏から聞いたところによりますと、ユエ[5]と申すフランス国皇太子の教師(これはなかなか学識のある人物です)が近く信仰の真理について書き、そして貴下の神学・政治論を反駁するそうです。ではさよなら〉

一六七六年五月二日

書簡八十一[1]　スピノザからチルンハウスへ

前書簡への返事

高貴の士よ、

私が無限なるものに関する書簡[2]の中で申したこと、即ち部分の無限ということは部分の多数ということから結論されはしないということは、次の考察から明らかです。即ちもし無限ということがその部分の多数ということから結論されるとしたら、我々はそれより大なる部分の数というものを考えることが出来ず、そうした数は与えられたどんな数よりも大でなければならぬことになります。しかしこれは誤りなのです。なぜかといえば、異なった中心を有する二つの円の間の全空間の中には、その空間の半分の中のものに比し二倍の数の部分を考えることが出来ますが、それでいて全空間の部分の数ばかりでなく、その空間の半分の部分の数も、すべての数えられる数より大であるからであります。

次に、デカルトが解したような延長から、即ち静止する物質としての延長から諸物体の存在を証明することは、貴下が言われる通り困難なだけではなく、全然不可能でもあります。というのは、静止する物質は、出来得る限りその静止に固執し、そして自己の外部にある自己よりいっそう強力な原因によってでなくては運動させられないからです。この理由からかつて私は、デカルトが採用した自然に関する諸原理は不条理とは言えないまでも無用なものであると主張するに躊躇しなかったのです。(3)

ハーグ、一六七六年五月五日

書簡八十二(1)　チルンハウスからスピノザへ

博学の士よ、

私はどのようにして延長の概念から事物の多様性がアプリオリに証明され得るかについて貴下御自身のお考えを知らせて頂きたく思います。貴下は私にデカルトの見解を思い出させて下さいました。デカルトの見解によれば、事物の多様性は、それが神からひき起された運動によって延長の中に生じた結果であるということを仮定することによってのみ延長から導出され得るのです。従って、私の考えでは、デカルトは諸物の存在を静止した物質から導出しているわけではありません。「動かす者としての神」という仮定を貴下が無視されません限りは。ところで、貴下御自身も諸物体の存在がどのようにして必然的に神の本質からアプリオリに生起せねばならぬかをこれまで証明しておられません。デカルトはこの証明を人間の把握力を超越するものと信じました。しかし貴下がこれと異なった考えを持っておいでのことを私はよく知っていますので、この問題について貴下にお尋ねする次第です。尤も貴下が今日までこれについて明らかにしようとされなかった何かの深い理由がありでもすれば別ですけれども。そしてきっとそうした理由がおありだと思います。そうでないとしたら、貴下がこうしたことについてはっきりしない言い方をしておくということはなかったでしょうから。ただ固く信じて頂きたいのは、貴下が事態を私に卒直に告げて下さろうと、またそれをお秘《かく》しになろうと、貴下に対する私の友情は変らないであろうということです。

しかし私がこのことを特に知りたいと望みます理由を申せば次のようです。これは数学において私の常に気づいているところですが、我々はそれ自体で観られた各物から、換言すれば各物の定義から、少くも一つの特質は導出することが出来ます。しかし多数の特質を得ようとすれば、定義された物を他の物に関係させることが必要です。そうすれば、それらの物の定義の結合から新しい特質が出て来ます。例えば、私が円周だけを観察するとしたら、私はそれから、円周がすべての個所で相似的或いは同形的であり、この特質によってそれは他の曲線と本質的に異なる、ということだけしか結論出来ぬでしょう。それ以外の特質はそれから導出し得ないのです。しかし、これを他の物に関係させるなら、即ち中心から引かれた半径なり、円内で相互に交叉する二つまたは多数の直線なりに関係させるなら、それからもっと多くの特質を導出し得るでしょう。このことは貴下の御論文〔エチカ〕の第一部の中でおそらく最も重要な定理である定理十六(2)と或る意味で矛盾するように思われます。あの定理は、与えられた各物の定義から多数の特質が導出され得ることを恰かも既知のこととして仮定しているのですから。しかしそうしたことは、定義された物を他の物に関係させなければ不可能だと私には思われます。そしてこの結果としてさらに、それだけで観られた或る属性から、例えば無限なる延長から、どのようにして諸物体の多様性が生じ得るか私にはわからないのです。それとも貴下は、このことはやはりそれだけで観られたただ一つの属性から導出されるのでなく、すべての属性を合せたものからのみ導出されるとお考えなのでしょうか。そうでしたらどうかこの点につき御示教を得たく、同時にまたどんな風にこの導出が考えらるべきかを説明して頂きたく思います。ではさよなら云々。

パリ、一六七六年六月二十三日

書簡八十三(1)　スピノザからチルンハウスへ

前書簡への返事

高貴の士よ、

単なる延長の概念だけから事物の多様性がアプリオリに証明され得るかどうかとのお尋ねですが、私はすでにそれが不可能であること、従ってデカルトが物質を単なる延長として定義しているのは正しくないこと、それは必然的に、永遠無限の本質を表現する一属性によって説明されねばならぬことを十分明瞭に示したと信じます。しかしこの問題については、もし私に命がありましたら(2)、たぶんそのうち、もっと明瞭に貴下とお話出来るでしょう。今までのところ私は、これについて未だ何も順序立てて書く機会がありませんでしたから。

貴下の付言されたこと、我々はそれ自体で観られた各物の定義から一つの特質しか導出出来ないということは、おそらく最も単純な事物の場合、或いは理性の有(私は図形をもこの中に数え入れます)の場合には当てはまるでしょうが、実在的事物の場合は当てはまりません。というのは、私は、神をその本質に存在が属する実有として定義することだけによって、それから神の多くの特質——例えば神は必然的に存在するとか、唯一、不可変、無限等々であるとかいうような——を結論しています。このようにして私はなお他の多くの例を挙げることが出来るのですが、それは今は割愛しましょう。

最後に、貴下が前に知らせて下さったユエ氏の論文(神学・政治論を駁したもの)がもう出版されましたかどうか、また貴下がその本を一部私に送って下さることが出来ますかどうかお調べいただきたく存じます。それから光線屈折に関する最近の発見がどんな種類のものであるかを貴下がもう御存知でしたらお知らせ願います。では高貴の士よ、さよなら。今後とも何卒よろしく云々

〈貴下のB・d・Sより〉

ハーグ、一六七六年七月十五日

書簡八十四[1]　一友人へ

——国家論について——

親愛なる友よ、

貴書昨日落手しました。厚き御配慮を蒙り、心から御礼申し上げます。本来ならばこの機を逸せずに……すべきところでありますが、私は今或る仕事にたずさわっています。私はその仕事の方がいっそう有用であると考えますし、それにまたその仕事は、あなたからもいっそう喜んでもらえるものと思います。と申すのは、私は以前あなたのおすすめで始めた「国家論」の著述をやっているのです。この論文の六つの章がすでに出来上りました。第一章はこの作品にとっていわば序論となるものです。第二章は自然権について、第三章は最高権力の権利について、第四章は最高権力の管轄範囲に属する諸政務について、第五章は国家が意図すべき最終・最高の目的について、第六章は君主国家が圧制政治に陥らぬためにはどんな風に組織されねばならぬかについて取扱っております。目下第七章にかかっているのですが、この章の中で私は、前の第六章で述べた、よく整備された君主国家の秩序に関するすべての細目を、方法的に証明するのです。その後で貴族国家並びに民主国家に移り、最後に、諸法律及び国家論に関する他の特殊的問題に移るつもりです。ではさようなら云々

〔ハーグ、一六七六年〕

訳注

書簡一

三頁 (1) ラテン文。原書簡は今は紛失して存しない。一六七七年に出た遺稿集(Opera Posthuma、以下略してO・P・と呼ぶ)の中のものが現在唯一の典拠である。

(2) オルデンブルクについては解説四三九頁参照。

(3) ラインスブルフはライデンの西六乃至七マイルにある農村。自由なキリスト教の一派コレギアント派の本拠地であった。スピノザとオルデンブルク会見の小家は現存し「スピノザの家」の名の下に知られている。

四 (4) 有名な化学者ロバート・ボイルを指す。

(5) "Certain Physiological Essays." これは一六六一年出版されたもので英文。スピノザの受け取ったのはラテン語のものであるが、ラテン語の完全訳は一六六五年ロンドンで、続いて一六六七年アムステルダムで出たのだから、オルデンブルクがここに送ると言ったのは、そのうちの一部を予めラテン語に訳して見本刷にしたものであると考えられる。

(6) この書簡ばかりでなく後の書簡にも時々日付が二通りに書かれてあるが、これは旧暦(ユリウス暦)と新暦(グレゴリオ暦)を並べて書いたのである。

書簡二

一五頁 (1) ラテン文。原書簡今は存しない。O・P・の中のものが唯一の資料。この手紙は無日付だが、書簡一及び三から判断して一六六一年九月半ばのものであろう。

一六 (2) 実体と属性の区別がまだはっきりされていない。ここはむしろ属性を指す。

一七 (3) ここの欄外に「エチカ第一部の始めから定理四までを見よ」と注してある。これはO・P・の編集者が付したものであろう。

(4) この添付物は今は存しない。しかし書簡二、三、四及び短論文付録一、エチカ等にもとづいて大体再建され得る。短論文付録一とエチカの始めとの中間的内容のもので、次の如きものと推定される。

定義一、神とは各〻が自己の類において無限で最高完全な無限数の属性から成る実有である(書簡二、短論文付録一定理四の系、エチカ一部定義六参照)。

定義二、属性或は実体とはそれ自身によってまたそれ自身において考えられるものであると解する。従ってその物の概念は他の物の概念を包含しない(書簡二、及び四、エチカ一部定義三参照)。

定義三、様態或いは偶有性とは他の物の中に在り且つ他の物によって考えられるものであると解する(書簡四、エチカ一部定義五参照)。

公理一、実体は本性上その偶有性に先立つ(書簡四、短論文付録一公理一、エチカ一部定理一参照)。

公理二、実体と偶有性以外には何物も実在的に即ち知性の外に存しない(書簡三及び四、エチカ一部定理四証明参照)。

公理三、異なった属性を有する物は相互に何らの共通点を有しない(書簡三及び四、短論文付録一公理四、エチカ一部定理二参照)。

公理四、相互に何ら共通点を有しない物は一が他の原因となることが出来ない(書簡三及び四、短論文付録一公理五、エチカ一部定理三参照)。

定理一、自然の中には同じ属性を有する二つの実体は在り得ない(書簡二及び三、短論文付録一定理一、エチカ一部定理五参照)。

定理二、実体は産出されることが出来ぬ。たとえ他の何らかの実体によってでも。むしろ、存在することが実体の本質に属する(書簡二及び三、短論文付録一定理二及び四、エチカ一部定理六及び七参照)。

定理三、各〻の実体は本性上自己の類に於て無限で最高完全である(書簡二、短論文付録一定理三、エチカ一部定理八参照)。

備考、属性或いは実体の存在はその定義から帰結される。各〻の定義或いは明瞭判然たる観念は真だからである(書簡四参照)。

(5) ノーヴァム・オルガヌム一の四十一。

(6) ノーヴァム・オルガヌム一の五十一。

(7) ノーヴァム・オルガヌム一の四十八。

(8) この欄外に更に「ベーコンのノーヴァム・オルガヌムの第一巻短言四十九参照」と

注がついている。O・P・の編集者の付けたものと思われる。

一八 (9) 理性の有(entia rationis)とはスピノザ自身の定義によれば「認識された事物をより容易に把住し説明し表象するに役立つ思惟の一様式にほかならぬ」もの(「形而上学的思想」一ノ一)。

書簡三

一九頁 (1) ラテン文。原書簡今は存しない。O・P・がその唯一の資料である。

二〇 (2) 偶有性(accidentia)。この語は、スピノザが書簡二へ添えた封入物の中で用いられているのをオルデンブルクが引用したもので、書簡四に再びスピノザのタームとして出てくる。その個所への注参照。

二一 (3) 我々の哲学クラブとは例の王立協会のこと。フランシス・ベーコンに始まった英国の実験的研究方法の信奉者たちは一六四五年頃哲学クラブなる団体にまとまり、その会員はしばしばロンドンやオックスフォードに集って実験をなしまたそれについて討論した。はっきりした存在ではなかったので「見えざるクラブ」とも呼ばれた。一六六〇年王立協会となり、一六六二年七月十五日法人としての免許状を受けた。ボイルはその最も有力な会員、オルデンブルクは最初の書記。

(4) 説明出来ぬ形相とか隠れた性質とかはアリストテレスを延いてスコラ哲学で流行した物の神秘的説明法。詳しくは第六書簡への第二注参照。

書簡四

三一頁 (1) ラテン文。原書簡今は存しない。O・P・がその唯一の資料。無日付だが書簡三及び五から見て一六六一年十月のもの。

三三 (2) definitio sive idea. スピノザにあっては定義はしばしば観念または真の観念と等置される。

(3) 共通概念＝公理(エチカ一部定理八備考二)。また＝妥当な観念(エチカ二部定理四十備考二)。

三四 (4) 偶有性(accidentia)とはスコラ学派で好んで用いられた用語の一つであって物の何らかの性質を表す語であるが、スピノザはこれを実体に依存するすべての様態の意味に用いた。事実スピノザは「偶有性即ち様態」(accidentia sive modificationes)と言っている。しかしこの用例はスピノザ哲学の初期にしか、正確に言えば短論文付録一と書簡集の初めの方にしか用いられず、後では accidentia なる語はこの意味では用いられなくなり modificatio か modus か affectio かがこれに代って用いられている。すでに一六六三年の「形而上学的思想」の中に「有は実体と様態に分たれるが実体と偶有性には分たれない」(同書一ノ一)とある。

書簡五

三五頁 (1) ラテン文。原書簡今は存しない。O・P・が唯一の資料である。

三五 (2) この書物については書簡一への第五注参照。

書簡六

三六頁 (1) ラテン文。二通りの形で残っている。オルデンブルクに宛てた原書簡はロンドンの王立協会が所有している。O・P・に出ているものはこれとほんの少しの相違が所々にあり、これはスピノザがオルデンブルクへの手紙の下書をとって置いて出版の目的のため後から多少手を入れたものと見られる。最大の相違は、O・P・のものにはロンドン稿にある最後の自伝的内容の数節が省かれていることである。ハイデルベルヒ版はスピノザが出版のため筆を入れたO・P・のものを正文とし、ロンドン稿を副文として、両方とも掲げている。本邦訳は正とされたO・P・のものにもとづいたが、所々ロンドン稿で補った。無日付の手紙であるが、おそらく一六六二年初めのものとされる。

三七 (2) この手紙及び以下に出て来る硝石に関する論争を理解するには次のことを念頭におかねばならぬ。

まずボイルの実験である。彼は硝石をルッボに入れて火で熱して熔融させ、この熔融したものに炭を入れる。炭は燃え、やがて燃え止む。さらに数度炭を入れれば、炭はまた燃えるが、ついには全然燃えなくなる。この残ったものを十五分ぐらい強く熱する。以上の操作によって硝石の中の揮発性部分はすべて発散してしまうことになる。ところでこの残った固形部分を二等分し、その一を水に溶かし、これに硝石精(硝酸)を注ぐ。他の一は水に溶かさずにやはり硝石精を注ぐ。この二つの溶液を窓近くの空中に置き蒸発させる。前者からは数時間で硝石が生ずる。後者は結晶するのが前者よりおそく、これに水を加えて蒸発させたらやはり硝石様のものが生じた。

この実験からボイルはこう結論する。硝石は硝石精（硝酸）と固形塩の二要素に分解されること、この二要素は相互にもまた硝石自身とも性質の異ったものであること、この二要素を再び合せるとまた元の硝石が生ずること等々である。彼はこれを硝石の再生と名づけた。この実験を現在の化学で説明すると

一、硝石（KNO_3）を炭と熱すると炭酸カリ（K_2CO_3）が出来る（これが彼のいわゆる固形塩である）。

二、硝酸を固形塩（K_2CO_3）に注ぐと次の反応で硝石が再生する。$K_2CO_3+2HNO_3=2KNO_3+H_2O+CO_2$

ここから、ボイルが硝石の不均一性を唱えるのは正しいのであって、この点スピノザの方が不完全である。しかしボイルも、固形塩と硝石精をもって直ちに硝石の二要素としたのは現在の化学から見て不完全である。

ここに注意せねばならぬのは、ボイルはこの実験を以て、硝石の再生を説明したばかりでなく、広く自然現象一般の機械的力学的説明の一助としたことである。当時は物の「形相と質料」についてのアリストテレスの考えがなお受け入れられ、形相は物の実体そのものを成り立たせる所以の本質的性格と見られ、「実体的形相」という語が用いられた。ことに当時の化学者や錬金術者たちは形相を以ていっさいを説明し得る魔法的な力または霊の如きものと見た。また彼らは彼らの説明し得ぬ物の諸性質をば「隠れた性

質」と名づけ、神秘的な説明に満足していた。ボイルはこれらを打破しようとしたのである。彼は、すべての複雑な自然物はその諸部分の運動、形状、位置等々その第一義的性質から生れるとし、そして物の第二義的性質(所謂感覚的性質、例えば熱、響、色、味等)は第一義的性質から説明されるとし、「隠れた性質」なる概念を否定しようとした。つまり彼は、ガリレオ流の機械的力学的な自然の説明を受継いだのである。或いは原子論的自然観を採ったのである。

スピノザは元よりボイルのこの傾向に賛成するものであった。否、いっそう徹底的にこれを貫こうとするのであった。しかしボイルが「実体的形相」や「隠れた性質」の駆除を正面の意図としたのに対し、スピノザにとってはそうした概念はいまさら問題にならぬのであった。彼はボイルの述べるような自然観を若くしてベーコンやデカルトを通して学びとり、それはすでに彼にとってありふれた常識に過ぎなかった。これは当時の彼の著(出版は翌年になるが)「デカルトの哲学原理」や「形而上学的思想」の中の所々の叙述をみても明らかである。その上、実験を何より重んずる自然科学者ボイルと、実験に限度を認め、経験は物の本質を説明し得ずとし、物の本質は理性と推論と数学的方法によってのみ把握されるとする哲学者スピノザとの間には、議論の前提に始めから大きな相違があった。こうした力点の置き所の違いが両者の論争を激しいものにしたと言えよう。ことにすべての人から賞讃されることにのみ慣れていたボイルは、心中ひそかに自負する自分の諸実験を、スピノザから厳しく批判されてややいら立った観があった。これらの事情を念頭に置いてこの手紙及びこれに関連する後の幾つかの手紙は読まるべきである。これらの手紙は、自然科学に対するスピノザの根本的見解を伺わせてくれる点においても興味が深い。

二九 (3) ここの欄外に次の注がある。「溶解した固形塩に硝石精を注ぐとなぜ沸騰が生ずるのかとお尋ねなら二十四節〔二十五節?〕への注意を読んでいただきたい」

三〇 (4) ここの欄外に次の注がある。「私がこの実験をした時空気は非常に澄んでいた」。

三三 (5) 機械的性質とあるのは mechanica affectio の訳語。スピノザにおいて頻出する affectio なるタームは様態、状態、情態、性質、変状、規定等の意味に用いられている。

(6) ベーコンのノーヴァム・オルガヌム一の六十六。

(7) デカルト著の「哲学原理」第二部。

(8) この三行(「敢えて……」以下の)はロンドン稿にはなくO・P・のものにのみある。スピノザ自らここに注して曰く「私が出した手紙の中ではこのことはわざと省略した」。スピノザが自分の手紙の草稿や写しを出版の目的でとって置いて時に加筆もしたことはこれでもわかる。

四〇 (9) 以下最後までO・P・になく、ロンドン稿にのみある。

四一 (10) 短論文と知性改善論とを一にしたものと推定される。これについては岩波文庫「知性改善論」の解説を参照されたい。

(11) ここに「人々が神の属性と見ているものを私は被造物と思考する」と言っているのは、スピノザのいわゆる神に属せざる属性、即ちプロプリヤ(全智、全能、永遠、無限……等々)を指しているのであろう(「短論文」一部二章終り及び七章、「エチカ」一部付録の最初等々参照)。これに反して「人々が被造物と思考しているものを私は神の属性と見る」と言っているのは勿論思惟と延長を――特に延長を――指しているのである。

書簡七

四二頁 (1) ラテン文。原書簡、今はない。O・P・が唯一の典拠。この手紙は無日付だが、中に報告されてある王立協会の改組は一六六二年七月十五日であるから、この手紙は同年七月後半または八月のものであろう。

(2) 二人の反対者とはフランシス・リヌス(一五九五年ロンドン生まれのジェスイット教徒。言語学者で数学家)とトマス・ホッブス。

(3) New Experiments, Physico-Mechanical, touching the Spring of the Air and its Effects, Oxford 1660.

(4) この仕事(反対者への駁論)はまもなくまとまり、前記の著書の第二版に付録としてつけられたが、後単行本としても出版された(書簡十四及び同書簡への第五注参照)。

書簡八

四四頁 (1) ラテン文。この原書簡はアムステルダムの統一バプティスト教会の図書館に在る。O・P・所載のものは個人的の個所を除いて短くし且つ所々訂正してあるが、これは編集者によってなされたものと考証されるから、原書簡の方が正文とさるべきである。ハイデルベルヒ版もO・P・のものを捨て原書簡のみを掲げてある。

(2) ド・フリースについては解説四三二頁参照。

(3) 正しくはカセアリウス(Johannes Casearius)一六四一—一六七七。スピノザのラインスブルフ時代スピノザの家に同居していた青年。スピノザの「幾何学的方法で証明されたデカルトの哲学原理」は彼のためまとめられたものである。

四五 (4) Gio. Alfonso Borelli(一六〇八—一六七九)。ナポリ生まれの数学家。

四六 (5) Andreas Tacquet(一六一二—一六六〇)。アントワープ生まれの数学家。

(6) Christoph Clavius(一五三七—一六一二)。バンベルクに生まれローマに死す。数学家で星学者。

四七 (7) 現在の「エチカ」一部定義三及び四を一つにしたもの。

(8) スピノザは一六六二—六三の冬ハーグに滞在していたようである。

(9) 短論文第一対話末段参照。

(10) 現在の「エチカ」一部定理十の備考。

(11) 現在の「エチカ」一部定義六。

四八 (12) P・バリングについては解説四三三頁参照。

(13) 現在の「エチカ」中のどれに当るか不明である。

書簡九

四八頁 (1) ラテン文。この書簡の草稿は前書簡と同様アムステルダムの統一バプテスト教会の図書館にある。O・P・中のものは個人的な内容を除いて短くしまた少し訂正しているが、これはスピノザ自身の手になるものであるとされるから、ハイデルベルヒ版はO・P・の方を正文とし原草稿を副として、両方とも掲げている。本訳はO・P・のものに従い、原草稿によって補っている。

四九 (2) O・P・と同年に出た蘭訳遺稿集(Nagelate Schriften 以下N・S・と略称する)には特にこうした標題がついている(解説四二五頁及び書簡十二への第三注参照)。

(3) 以下十一行O・P・には省かれてある。

(4) スピノザと思想的に反対の立場にあったコルトホルトはスピノザの著作を「闇の産物」と難じ、それと関連してスピノザがその仕事を夜になし主として十時から三時頃まで著述に従ったと述べているが、この個所はコルトホルトの記録が少くとも夜の仕事ということに関しては事実であったことを物語っている。

(5) 原草稿に「あなたたちの講読会で出された質問」とある個所がO・P・には「あなたから出された質問」とのみになっておりまた以下に頻出する「あなたたち」という複数がO・P・には皆「あなた」と単数に直されているのは興味深い。なぜならそれはスピノザ講読会及びその若干会員の存在を世に明らかにしたくないとの配慮から出たものだからである(O・P・の出版当時ド・フーリスは死んでいたから差支えないが他の人々はまだ生存していた)。

五三 (6) この個所は意味が取りにくく、研究者によっていろいろ解釈が異なるようである。私はこれを、我々の知性は抽象的能力ではなくて具体的な個々の思惟活動それ自体である、換言すれば可能的知性は存せず現実的知性のみ存する、というスピノザの持説と関連させて受け取りたい。

(7)「エチカ」一部定理三十一参照。

(8) 前書簡への注で注意したように、ここに言う第三定義は現在の「エチカ」では定義三及び四の二つに分たれている。

(9) 創世記二十五の二十六。尚ヤコブという名はヘブライ語で踵の意を含む。

(10) この個所はスピノザにおける属性の概念の説明のためにしばしば引用されている。

五三 (11) 以下終りまで原草稿にもO・P・にもなくN・S・にのみある。

書簡十

五三頁 (1) ラテン文。今は存しない。O・P・が唯一の典拠。無日付だが、一六六三年春のものであろう。

書簡十一

五四頁 (1) ラテン文。今は無い。O・P・からのみ知られる。

五五 (2) スコラ派で説かれている実体的形相及び諸性質については第六書簡への第二注参照。

五七 (3) Pierre Gassendi(一五九二—一六五五)。フランスの物理学者で哲学者。エピクロスの影響を受け原子論的理論を立てた。

(4) これは不可視的神秘的な「実体的形相」とは正に反対のもの。

五九 (5) 書簡六への最後から一つ前の注参照。

五九　(6) Considerations touching the Usefulness of Experimental Natural Philosophy 及び Experiments and Considerations upon Colours を指す。

書簡十二

六〇頁　(1) ラテン文。もともとO・P・に出ていたが、その原書簡(或いは草稿または写し)は一八六〇年アムステルダムの本のせり売りの際に出てパリの或る本屋の手に入ったことが明らかになっている。しかし今は失われたらしい。別にライプニッツが原書簡または其の草稿から写したものが残っており、これはハノーヴァーの図書館に保存されてある。ハイデルベルヒ版はO・P・のものを正文としライプニッツ稿を副として両方とも出している。二つの間にそう大きな差違はない。

(2) ロデウェイク・マイエルについては解説四三三頁参照。

(3) 書簡九の場合と同様N・S・にはこの書簡にこうした標題がついており、この書簡はこうした名の下にスピノザの友人間で回覧されていたらしい(解説四二五頁参照)。後のチルンハウスの手紙(書簡八〇)の中に「無限なるものに関する貴下のお手紙」とあるが、これもこのことを物語るものである。

(4) W・マイエルはこれを書簡八にもとづきP・バリングと想像し、フローテンは書簡十五より推してド・フリースだと見ている。

六三　(5) スピノザは essendi というスコラ的用語をあまり好まぬのである。エチカ一部定理二十四系参照。

二三〔(6)〕 (6) エチカ一部定理十五備考参照。

六四 (7) 同備考参照。

六六 (8) 二つの円ＡＢ及びＣＤとあるのは何を指すかは明らかだが用語が妥当でない。ライプニッツの写しには二つの円ＡＢＣＤとあり、Ｎ・Ｓ・には二つの円ＡＢとのみある。

(9) 「デカルトの哲学原理」第二部定理十の前の補助定理や定理十参照。

六七 (10) ここに近代の逍遙学派とはスコラ学派を指すものであり、また古人とはアリストテレスを指すらしいが、以下に掲げた証明は、必ずしもアリストテレス的と言えない。

六八 (11) ヒヤスダイ・クレスカスは一三四〇年バロセロナ生れ。主著は「主の光」。マイモニデスを駁し、「無限への進行」をあり得ることとした(この点スピノザも同見解)。

(12) 「こうあります」(sic sonat)とあるが、ここにあるのはウォルフソンの指摘する通り、クレスカスからの文字通りの引用ではなく、大意的パラフレーズにすぎず、しかも幾分理解しにくく書かれている。これはクレスカスにはこうあるのである(「主の光」一の三の2)。「原因や結果が有限であろうと無限であろうと、それらあらゆる原因、結果の、原因である或る物が存在せねばならぬという結論は避けられない。なぜなら、結果以外の何物もないとすれば、それらの結果はそれ自体では単に存在の可能性を持つにすぎず、従ってそれはその非存在よりもその存在を優勢ならしめる或る物を必要とするからである。しかしこのようにその存在を優勢ならしめるところのものはその結果の原因なわけであり、そしてこれがいわゆる神と呼ばれるところのものなのである。」

(13) この質問はスピノザ著「デカルトの哲学原理」の出版に関したものであろう。

書簡十三

六八頁 (1) ラテン文。今は無い。O・P・が唯一の典拠。

六九 (2) カセアリウスを指す。彼については書簡八への第三注参照。

(3) 実際に送った手紙の中にはこのカッコの中の句は省いたことをスピノザは特に自ら注している。

七〇 (4) ロデウェイク・マイエルを指す。

(5) 一六六三年五月末または六月のこと。

(6) 当時オランダの政治的指導者であった有名なウィット及びその周囲の人々を指すものと考えられる。これについては岩波文庫神学・政治論解説参照。

七一 (7) 実体的形相や諸性質については書簡六への第二注参照。

七三 (8) calx nitri は硝石を熱して残る固形塩を意味する。仮に硝石灰(しょうせきばい)と訳しておく。

(9) スコラ学派では物の或る種の性質(色、臭等)はそれが属する実体から離れて独自の実在性を有すると考えた。これを実在的偶有性(accidentia realia)と呼んだ。

七四 (10) テレンチウスの有名な句 Homo sum; humani nihil a me alienum puto. を少し変えて用いたもの。

書簡十四

七八頁　(1)　ラテン文。今は存しない。O・P・が唯一の典拠。

(2)　ピーテル・セラリウスは一六三六年フランドル生まれ。アムステルダムに居住。学識ある風変りな人物として知られた。アムステルダムとロンドンの間をしばしば往復し、またロンドンといろいろ深い交渉を持っていたので、スピノザとオルデンブルクとの間の文通を世話するのに適当な人物であった。

七九　(3)　Skeptical Chemist, 1662. このラテン訳 Chymista Scepticus も同年中に出版された。

(4)　塩、硫黄、水銀を指す。

(5)　この書の原名は De elatere et gravitate aeris, 1663. その出版の動機については書簡七参照。この書はスピノザの死後その蔵書中に発見された。

(6)　「新しい物理機構学的実験」なる書の原名及びフランシス・リヌスについては書簡七への第二及び第三注参照。

書簡十五

八二頁　(1)　ラテン文。O・P・には出ていない。原書簡は一八二五年ロンドンでせり売りに出たが間もなくフランスのヴィクトール・クーザンの所有となり、一八四七年初めて公表された。イギリスのスピノザ研究家フレデリック・ポロックはこの手紙をクーザンの蔵書の中に発見し、初めてと思い、自分の著書の中でその英訳を発表した(一八八〇)。この書簡は今ソルボンヌ大学の所有となっている。

(2)　「幾何学的方法で証明されたデカルトの哲学原理」への序文を指す。(書簡十三参照)。

八二 (3) こうした個所は現在の「原理」の序文には見られない。おそらくマイエルがスピノザのすすめを容れてこれを除いたのであろう。

(4) 前記の個所を割愛した代り以下の趣旨が序文の後部に付加されている。

八三 (5) 事実「原理」初版(一六六三)には小型字の十一行が七六―七七頁に後から挿入されている。

書簡十六

八三頁 (1) ラテン文。今はない。O・P・からのみ知られる。

八六 (2) セラリウスについては書簡十四への第二注参照。

書簡十七

八六頁 (1) この書簡はもとオランダ文だったらしいが、スピノザ自身によってラテン語に訳され、それがO・P・に入れられたのである。N・S・にあるオランダ文は、原書簡の再現ではなく、前記ラテン訳をさらにオランダ訳にしたものと見られる。従ってハイデルベルヒ版はO・P・のラテン訳を正文としている。

(2) バリングについては解説四三三頁参照。

(3) バリングは一六六二年「燭台上の光明」(Het Licht op den Kandelaar)を出し次いでメンノー派擁護の二書を出して激しく世の非難を受けた。

八七　(4)　この前の冬(elapsa hieme)とあるから一六六三―六四の冬のことのようにとれるが、スピノザは一六六三年四月フォールブルフに移っており、その冬ラインスブルフに再び行ったということはないから、これは一六六二―六三の冬のことに解せねばならぬであろう。

八八　(5)　「エチカ」五部定理一参照。

(6)　「エチカ」二部定理十七、その系及びその備考参照。

書簡十八

八九頁　(1)　オランダ文。原書簡そのものは今は存在しないが、N・S・にあるのは原書簡の再現である。O・P・のラテン文は訳文であり、且つスピノザ自身によったものでないから、ハイデルベルヒ版はオランダ文を正文とし、ラテン文を副として出している。

(2)　ブレイエンベルフについては解説四三五頁参照。

(3)　「幾何学的方法によって証明されたデカルトの哲学原理」及びその付録たる「形而上学的思想」を指す。

九一　(4)　これは同書にL・マイエルが付した序文の中でなされているのである。

(5)　一六六四年のペスト病のことであろう。

(6)　「原理」一部定理十二、「形而上学的思想」二部七、十、十一。

九二　(7)　「形而上学的思想」一部三、二部十一。

九三　(8)　「形而上学的思想」二部七参照。

九三 (9) 「形而上学的思想」二部九。

(10) 「形而上学的思想」二部十一参照。

書簡十九

九四頁 (1) もとオランダ文。原書簡はかつてFrans Halmaの所有で一七〇五年彼により公表されたがその後失われた。O・P・に出ているラテン文のものはスピノザ自身に依る訳と見られ、N・S・のオランダ文はさらにそのラテン訳からの重訳とされる。ハイデルベルヒ版がO・P・のラテン文を正文として採用したのは当然である。

一〇一 (2) 短論文二の十八。

(3) 以下終りまでO・P・には省かれてありN・S・にのみ出ている。

(4) スピノザが、幼い頃から親しみなれた言葉とは何語を指すのか明らかでない。ヘブライ語またはラテン語と想像する人もあるが、スペイン語かポルトガル語――おそらくポルトガル語であろう。スピノザはオランダ語に十分達者でなく、彼の蔵書の中にはMostaertのオランダ語書簡文範があった。

(5) ランゲ・ボーハールトはスヒーダムの郊外に在る。メインスマによればここにスピノザの友シモン・ヨーステン・ド・フリース（書簡八の発信者）の姉妹のトレインチェが住んでいた。シモンの兄弟のイサーク・ヨーステン・ド・フリース（シモンの死後その遺言でスピノザに年金を与えた人）もまたここに住んでいたらしい。

書簡二十

一〇三頁（1）オランダ文。この手紙はアムステルダムの統一バプテスト教会の図書館に保存されてある。O・P・の中のラテン文はスピノザ以外の人の訳でN・S・の中にあるオランダ文は原書簡の再現されたものである。従って正文はこのオランダ文である。

一〇四（2）ここまでは「付録」一部六の文字通りの引用であるが、以下は大意を汲んだ含蓄的引用である。

一一六（3）ここに二マイルとはおそらく二仏マイル、つまり七英マイルのことであろう。

一一七（4）この引用は正しくない。なぜならスピノザはこうしたことを決して主張せず、ただ議論を進める上に仮定として用いているだけだからである。

（5）デカルト著「哲学原理」一部三十一以下。

一二〇（6）前書簡（九九頁）参照。

一二三（7）詩篇四十二の一及び二。

一二四（8）オランダ文には「貴下が……親しみなれた言葉」の「貴下が」は「私が」となっており、ラテン文も同様である。おそらくブレイエンベルフの誤記であるかさもなくばスピノザの前書簡にあった文句をそのまま引用した際引用の印を落してテキストに入れたのであろう。

書簡二十一

一二五頁 (1) もとはオランダ文。原書簡は今は紛失している。しかしO・P・のラテン文はその訳でスピノザ自身が出版に供えて自らなして置いたものであり、N・S・のオランダ文はその重訳である。従ってハイデルベルヒ版はラテン文を正文としている。

一二六 (2) 「付録」二部八終り。

(3) 前書簡のブレイエンベルフの文句(一二二頁)をおうむ返しに使ったものと思われる。

一二七 (4) 「付録」二部七―九。

一三〇 (5) 「付録」一部三及び二部十一。

一三一 (6) 「付録」一部三。

一三三 (7) 「付録」二部七―九。

(8) テキストには「現在理性に対して有している」とあるがN・S・には「理性に対して」の句が省かれてある。

一三四 (9) スピノザ当時のオランダの神学者フーティウス(書簡四十三への注参照)派の人々を指す。

(10) 十六世紀のイタリヤの神学者レリオ・ソチニ及びその甥ファウスタス・ソチニの流をくむプロテスタントの一派。

(11) 列王記略上二十二の十九以下。歴代志略下十八の十八以下。

一三五 (12) マタイ伝二十二の三十七以下。

(13) 第五という数は何から数えるのかハッキリしない(或いはこの議論が原書簡で文段上第五段目にとりあつかわれていることを示すものかもしれぬ。)N・S・にはこの番号がない。

(14) 文字通りには「真理は真理と矛盾しないから」である。この一句はテキストではすぐ前のカッコの中の一文のつづきとしてカッコの中に入っている。しかしこれには異説がある。(レオポルドやウォルフ)。やはりこれはカッコの外に出して読むべきであろう。

(15) 書簡十九(九九頁)参照。

(16) 書簡二十(一二〇頁)参照。

一三六

(17) スピノザ著の「デカルトの哲学原理」は一六六四年P・バリングの手で蘭訳されてアムステルダムから出版された。

(18) この蘭訳の出版によりスピノザは却ってデカルト主義者たちとの間に摩擦をひきおこし、むしろこの書を厄介に思い始めたのであった。なおこの一句はスピノザがこの蘭訳(所謂バリング版)に自ら相当の手を加えたことを間接に証拠だてるものとして注目される(やがて出版の拙訳「デカルトの哲学原理」への解説参照)。

書簡二十二

一三六頁

(1) オランダ文。原書簡はアムステルダムの統一バプテスト教会の図書館に保管されている。N・S・のオランダ文はこの原書簡の再現であり、O・P・のラテン文はスピノザ以外の人によるその訳である。従ってテキストとしてはオランダ文が正文とされる。

一四四 (2) 保存されているブレイエンベルフの原書簡には以上の三行に対し欄外に「これは印刷しない」と編集者の指定があり、従ってO・P・にもN・S・にも省かれてある。

書簡二十三

一四五頁 (1) もとオランダ文。原書簡は今回の大戦の前までベルリンの国立図書館に保存されていた。早くからスピノザによって出版の目的のためにラテン語に訳され、O・P・にあるのは即ちそれ。N・S・のオランダ文はそれの重訳。従ってテキスト的にはO・P・のラテン文が正文とされる。

一四九 (2) エチカの四部定理三十七備考二。従ってエチカのこの備考はこの手紙の書かれた当時即ち一六六五年春にすでに出来上っていたことがわかる。

書簡二十四

一五一頁 (1) オランダ文。原書簡はアムステルダムの統一バプテスト教会の図書館にある。N・S・のオランダ文はその再現であり、O・P・のラテン文はスピノザ以外の編集者による訳文。従ってオランダ文がテキスト的に正文とされる。

書簡二十五

一五四頁 (1) ラテン文。原書簡今は無い。O・P・からのみ知られる。

一五五 (2) セラリウスについては書簡十四への注参照。

(3) この家庭的不幸が何であったかは不明であるが、何か経済的事情に関連するものであったように言われている。

(4) Certain Physiological Essays. 1661. このラテン訳は Tentamina Physiologica cum historia fluiditatis et firmitatis として出た。書簡一への第五注参照。

(5) 書簡十一への終りの注で一寸ふれた Experiments and Considerations upon Colours, 1663 及びそのラテン訳 Experimenta et considerationes de coloribus.

(6) New Experiments and Observations upon Cold, 1665.

(7) 一六六五年一月チャールス二世は議会の圧迫によりオランダに戦いを宣したのであった。

(8) 英国の物理学者天文学者、生物学者ロバート・フック（一六三五―一七〇三）の Micrographia, 1665. を指す。フックが一六六三―六四年に王立協会に報告した顕微鏡的諸観察を集めたものである。

書簡二十六

一五六頁

(1) ラテン文。今は無い。O・P・からのみ知られる。無日付だが手紙の初めにある文句から一六六五年五月のものであると推定される。

(2) クリスチァン・ホイヘンス(Christiaan Huygens 1629—95)は著明なオランダの物理学者、天文学者。その父コンスタンチン・ホイヘンスがゼールヘムに大きな土地を持っていたので彼もゼールヘムの郷士と呼ばれた。

一五七 (3) ローマの Giuseppe Compani の作。ホイヘンスはその兄弟 Matteo からその製法を聞き出そうと努力したが聞き出し得なかった。

(4) デカルトの「哲学原理」三部一五四。

書簡二十七

一五七頁 (1) もとオランダ文だがスピノザ自身によってラテン語に訳され、それがO・P・に入れられた。N・S・のオランダ文のものはその重訳である。だからO・P・のラテン文が正文とされる。但し原書簡そのものはライデン大学図書館の所有となって現存しているのでハイデルベルヒ版にはこれも掲げられている。

一五八 (2) 倫理学を形而上学と物理学の基礎の上に建てようというのは現在の「エチカ」の構成様式と合致する。

(3) 原書簡にはここに「貴下も知っているように万物の必然性は形而上学に関し、そして形而上学の知識は常に先行せねばなりませんから」と入っている。ラテン文の方にはこれが省かれている。

(4) 「他の手紙」の代りに原書簡には「私の宿の主人から委託便の手紙を」とある。

(5) 以下は原書簡にのみありO・P・にもN・S・にも省かれている。

書簡二十八

一五九頁 (1) ラテン文。O・P・には入っていない。スピノザの原草稿はアムステルダムの統一バプテスト教会の図書館に保管されている。一八六二年フローテンが初めてこの書簡を「スピノザ著作集補遺」で発表した。原書簡の草稿の裏には編集者によって「価値なし」と記入されてあり、そのためO・P・やN・S・に入れることを止めたのであろう。その理由は、内容が個人的なものであったからというにあったらしい。なおこの手紙は無日付だが、この手紙の終りの英蘭戦争の記述からして、この手紙はローウェストッフ海戦の少し前に書かれたものであることが明らかだが、同海戦は一六六五年六月十三日だから、この手紙は同年五月末から六月初めのものとされる。

(2) バウメーステルについては解説四三四頁参照。

(3) 舟でハーグからアムステルダムへ行くにはフォールブルフを経由せねばならなかった。

一六〇

(4) 赤バラの砂糖づけ(conserva rosarum rubraum)。コレルスの伝記によればスピノザは二十年来肺を病んでいたというが、この書簡はスピノザの肺患に関して最も早く出ている記述個所である。赤バラの砂糖づけは当時肺のカタル症状によくきくとされ、スピノザの友人で医者のアドリアン・クールバッハの「花苑」(Bloemhof)なる書(アムステルダム一六六八)にはその処方としてこうある、「バラのつぼみを二倍量の砂糖と共に臼でひき少量の水で濃く煮る」。

一六一

(5) 当時の「エチカ」は現在のそれの如く五部ではなく三部から成っており、その第三部は今のそれより範囲の広いものであった。今の第三部は定理が五十九までしかないから、定理八十といえば、実質的には今の第四部の半ば近くまでに進んでいるわけである。

一六一 (6) 一六六五年五月終り、オランダ艦隊は英艦隊攻撃のため一旦出動したが、逆風のため大事をとって海岸に止っていたので、オランダ政府も国民も憤慨していた。政府の指導者ウィットはついに見かねて艦隊に出動をすすめ、六月十三日ローウェストッフの海戦となり、オランダは敗北した。

(7) スピノザの友人であり保護者であるウィットの焦躁感を反映したものと見られる。

書簡二十九

一六二頁 (1) ラテン文。O・P・には出ていない。この書簡はアムステルダムの統一バプテスト教会の図書館に保存されている。フローテンが一八六二年始めて公表した。

一六三 (2) ここにいう九月四日付のスピノザの手紙は今は紛失して存しない。本書簡（書簡二十九）に書かれてあることから推して、スピノザのこの手紙には「神学・政治論」のことが書かれていた筈である。

(3) 書簡二十五の第五注参照。

(4) Athanasius Kircher (1601—1680)。ドイツ生まれのジェスイット教徒。哲学者、数学者、言語学者。その著「地下の世界」(Mundus subterraneus) は地球内の諸〻の力と作用について論じたもの。

一六三 (5) Origin of Forms and Qualities according to the Corpuscular Philosophy, 1666.

(6) 「神学・政治論」の起草を指す。（これについては岩波文庫「神学・政治論」解説参照）。

（7）第一の海戦は一六六五年六月十三日ローウェストッフで行われてオランダの敗北となったが、勢力を立て直したオランダ艦隊は、ロイテルの指揮の下に、ウィットも同船して、八月十四日出港した。しかし暴風のため英艦隊への攻撃はその目的を達しなかった。

（8）Johannes Hevelius 一六一一年ダンチヒ生まれの星学者。同地に私設の天体観測所を建てて研究した。

（9）Cometographia 1668.

（10）Prodromus cometicus 1665.

一六四　（11）Descriptio cometae 1666.

（12）フォールブルフ時代のスピノザの家主ダニエル・テイデマンの兄弟メザッハ・テイデマンがハーグ、バヘイネ街の「アダムとイヴの家」に住んでいてスピノザ宛の手紙はしばしばここにとどけられたらしい。

書簡三十

一六四頁　（1）断片。ラテン文。O・P・には出ていない。スピノザのこの手紙は一六六五年十月十日オルデンブルクからボイルにやった手紙の中に抜粋されているものである（ボイル全集六巻、ロンドン一七七二、二百頁以下）。そして一八八三年のフローテン――ランド版に初めて出された。

一六五　（2）デモクリトス（四六〇―三七〇ＢＣ）を指す。彼は人類の虚栄心と愚さを絶えず笑ったがゆえに一部から笑う哲学者と呼ばれたと伝えられている。
一六五　(3)　「神学・政治論」の起草を意味する。

書簡三十一

一六六頁　(1)　ラテン文。今はない。O・P・からのみ知られる。
一六七　(2)　キルヘルの「地下の世界」については前々書簡への注参照。
(3)　他の人々とはスピノザがデカルトの哲学を教えようとしている人々のことを指す。
一六八　(4)　「幾何学的方法によって証明されたデカルトの哲学原理」の巻頭のL・マイエルの序文中においてである。
(5)　ヘヴェリウスについては前々書簡への注に記した。オーズー(Adrien Auzout)は十七世紀のフランスの科学者。パリ学士院会員。
(6)　フランスでは当時コルベールの主張により外国の有名な学者たちをパリへ呼ぶことに力を入れていた。ホイヘンスは一六六五年招聘を受け、一六六六年パリに移った。
一六九　(7)　英蘭戦争の間スエーデン政府は英国に味方してオランダを攻撃するため軍隊を送るように促がされた。しかしこの計画は実現されなかった。
(8)　ミュンスターの司教ベルンハルド・フォン・ガーレンは英国と同盟して一六六五年オランダを攻撃した。

書簡三十二

一六九頁（1）　ラテン文。原書簡はロンドン王立協会所有。しかしその原稿はスピノザの手許にあって出版の目的でスピノザにより加筆されていた。O・P・所載のものはそれである。ハイデルベルヒ版は当然、これを正文とし、ロンドン稿を副として、二つとも採録している。本訳は前者によったが、時にロンドン稿で補っている。

一七三（2）　書簡二及びそれへの添付物（書簡二への注に詳しい）参照。

一七三（3）　想念的に(objective)とは「想いとして」或いは「観念として」の意である。これについては岩波文庫の「知性改善論」や「エチカ」の注に詳述してある。

一七五（4）　ペルメル街にはボイルの姉妹の Lady Ranelagh が住んでおり、オルデンブルクはその家で彼女の子供たちの教育を見てやっていた。

書簡三十三

一七六頁（1）　ラテン文。今は紛失している。O・P・のみから知られる。

一七八（2）　十七世紀のユダヤ人たちの間にはメシヤの出現及び帝国の再建への希望があった。一六六六年は黙示の年とされたが、その前年 Sabbatai Zevi(1626—76)が小アジアで自らをメシアと宣した。ユダヤ人の故国パレスチナへの復帰は万事の終末に先行するはずだから、この件は当時のすべての人々の関心を引いていたわけである。スピノザのこれに対する返事は失われて存しないが、スピノザの見解の一部は神学・政治論三章の終りからほぼ窺われる。彼はユダヤ人の復帰そのものは可能なことと思っていたようであった。

一九《頁》 (3) この書簡三十三以後約十年間オルデンブルクはスピノザ宛の手紙を書いていない。それは英蘭戦争の継続(一六六五―六七)、一六六五年の英国のペスト流行、同年のロンドンの大火、彼(オルデンブルク)のロンドン塔への禁錮(一六六七年六月―八月)等による彼の心境の変化及び彼がスピノザに対して一種の偏見を抱き出した(書簡六十三参照)ことにもとづくと見られる。

書簡三十四

一九一頁 (1) もとオランダ文。スピノザが自らラテン語に訳した。O・P・所載のものはそれである。N・S・のオランダ文はラテン訳からの重訳であり、もとのオランダ原文は今はない。O・P・にもN・S・にもこの手紙の宛名人が記されていないので、フローテンとランドはホイヘンス宛のものとしたが、後シュタインの「ライプニッツの手紙」によりこれがフッデ宛のものであることが判明した。O・P・にもN・S・にも宛名人の名が出してないのは当時のオランダの為政者の一人であったフッデがスピノザと交際あったことを世に知られるのは不利であろうという編集者の心づかいからである。スピノザからの手紙が三通続いて出ているのにフッデからの返事が一つも出ていないのも同じ理由からである。

(2) フッデについては解説四三八頁参照。

(3) ここから一八一頁九行までは「エチカ」一部定理八備考二の後半とほとんど全く同じである。

書簡三十五

一八二頁 （1） この書簡については前書簡についてと全く同じことが言われる。前書簡への注参照。なおこの手紙は「エチカ」一部の始め（定理八、十一、十二、十三等）を理解する上に参考になる点が多い。

書簡三十六

一八五頁 （1） この書簡についても前々書簡及び前書簡についてと全く同じことが言える。

一八九 （2） zz とか xx とかを z^2、x^2 と書くことはすでにデカルトによって考案されていたが、当時はまだ一般に利用されていなかった。

書簡三十七

一九〇頁 （1） ラテン文。今はない。O・P・からのみ知られる。但しスピノザの草稿のやや短い写しが残っていてアムステルダムの統一バプテスト教会の図書館に保管されてありハイデルベルヒ版はその両方を掲げている。本訳はO・P・のものに従ったが写しからも若干補ってある。

一九一 （2） 以下の内容は知性改善論の中心思想と同じである。

一九二 （3） これと同じ考えが知性改善論にも述べられている。

（4） 知性改善論一六及び一七参照。

一九二（5） 以下は古い写しにのみある。

書簡三十八

一九二頁（1） オランダ文。原書簡は今はない。但しN・S・にあるオランダ文はその原文によったもので、O・P・のラテン文はスピノザ以外の編集者による訳文と見られる。だからテキスト上オランダ文が正文とされる。

（2） メールについては解説四三九頁参照。

一九三（3） 確率の問題は当時かなり人々の関心をひき、オランダではホイヘンスもフッデもウィットもこの研究に従った。スピノザにも「確率算定論」の一論文がある。

書簡三十九

一九五頁（1） もとオランダ文。原書簡は今はない。スピノザによってラテン訳され、それがO・P・に入っている。N・S・のものは原書簡の写しかそれともラテン訳からの重訳か必ずしも明らかでないが、この手紙の受取人イエレスは編集者の一人であったからたとえ重訳としてもそれは原書簡の蘭文と大差ないものと見てよいであろう。しかしハイデルベルヒ版はO・P・のラテン文を正文としている。

（2） イエレスについては解説四三二頁参照。

書簡四十

一九七頁
(1) この書簡については前の書簡と同じことが言える。
(2) Johannes Fridericus Helvetius はオレンジ公の待医。一六六七年錬金術に関する一書を発表し、また一六八〇年には「神学的哲学」なる書を出版した。
(3) Isaac Vossius (1618—89)。知名な言語学者。
一九八
(4) 投入した目的物が何であるかこの文には書いてない。おそらくは金か？
(5) デカルトの「第二駁論への答弁」に付した公理五、即ちスピノザ著「デカルトの哲学原理」第一部公理九を指す。
(6) デカルトによる所謂アポステリオリの証明。スピノザの「デカルトの哲学原理」第一部定理六参照。

書簡四十一

二〇一頁
(1) もとオランダ文。原書簡今はない。O・P・のラテン文がスピノザ自身の訳か編集者の一人による訳か明らかでない。しかしこの書簡の場合もハイデルベルヒ版はO・P・のラテン訳をN・S・のオランダ文の上位に置いている。
二〇三
(2) 一六六七年三月から七一年一月に至る四年間にスピノザの書簡はこの一通しか残っていない。その理由としてW・マイエルは次の事情を挙げている。即ち六七年には彼の友シモン・ド・フリースが死し、六九年には同じくP・バリングが死し、六七年にはオルデンブルクがロンドン塔に禁錮され、六八年には友人クールバッハがアムステルダムで投獄されて牢中で悲惨な死をとげるなど、彼の周囲には数々の不幸がつづいた。そしてこの数年間当局の自由思想家に対する圧迫や監視がことに厳しく人々は思想的内容の手紙を書くことを用心し、受け取ったものも直ちにこれを破るという風であった。その上スピノザ自身は神学・政治論の執筆で寧日なき有様であった。

書簡四十二

二〇四頁 (1) ラテン文。原書簡今はない。O・P・からのみ知られる。

(2) フェルトホイゼンについては解説四三五頁参照。

(3) オーステンスについては解説四三九頁参照。

(4) 理神論は世界を神から作られたものとするが、一旦作られた以上は神の支配を離れて自己独自の法則に従って進むとする。かくて理神論者は宗教からあらゆる超自然的要素を排除し宗教を理性の教の上に立てようとする。

二〇五 (5) Marin Mersenne(1588—1648)。フランスの神学者、哲学者、数学者。デカルトの友人。

二〇八 (6) スピノザの友人、ロデウェイク・マイエルを指す。彼については解説四三三頁参照。

二〇九 (7) この個所にスピノザは後からこう注している「彼の言うところは正しくない。何故なら私の明白に示したのは奇蹟が何ら神の認識を与えぬこと、神の認識はむしろ自然の確固たる秩序からいっそうよく得られることである」。但しこの注はO・P・にはなくN・S・にのみ出ている。因みにこの注の趣旨は神学・政治論第六章の要約である。

二一〇 (8) 神学・政治論第六章。

二二一　(9)　同じく第十九及び二十章。

二二二　(10)　イスラエルの民が神への尊敬と礼拝を小牛へ移し、小牛を拝み、彼らをエジプトから連れ出した神はこの小牛であると信じた時のことを指す。神学・政治論第二章及び出エジプト記三十二章参照。

二二三　(11)　詩篇九十七の七及び九。

二二四　(12)　神学・政治論第十一章終り近く。

書簡四十三

二三〇頁　(1)　ラテン文。原書簡の原稿はアムステルダムの統一バプテスト教会の図書館に保存されているがO・P・に出ているものはこれとやや相違がある。O・P・のものは発送された手紙自体か或いはスピノザが出版の目的で原稿の一部を訂正したものか明らかでない。ハイデルベルヒ版はO・P・のものを正とする。日付は不明であるが前の書簡四十二の返事だからここに置かれてある。或いは年代的には次の書簡四十四の後のものかも知れぬ。しかし一六七一年代のものであることだけは確かである。

(2)　無神論者という名は当時こんな意味を持っていた。書簡四十四参照。

二三一　(3)　Gisbert Voetius (1588–1676)。オランダの神学者。カルヴィンの恩寵説を信じ反対者と激しく論争しデカルトとも反目した。

(4)　「エチカ」五部定理四十一、その備考及び定理四十二参照。

(5)　「神学・政治論」四章及び十三章参照。

三三 (6) 以下七行と同じ趣旨が書簡七十五にも出ている。
(7) デカルト著「哲学原理」一部三十九、四十、四十一。
(8) 以下八行と殆んど全く同じことが書簡七十五にも出ている。
三四 (9) 岩波文庫「神学・政治論」上五六頁。
(10) エフダ・アルパカールは十三世紀におけるトレドのユダヤ教団の有力者でフェルジナンド三世の侍医。彼及び彼の見解については「神学・政治論」十五章(岩波文庫同書下一四五頁以下及びそれへの注)参照。
(11) 神学・政治論十五章(岩波文庫同書下一四四頁)参照。

書簡四十四

三六頁 (1) オランダ文。O・P・のラテン文はスピノザによってでなく編集者の一人によって訳されたものであり、N・S・にあるオランダ文は原書簡をそのまま再現したものとされる。だからテキスト的にはN・S・の蘭文が正文とされる。
(2) 当時のライデン大学の哲学教授でデカルト主義者の Kranen のことであろうとされている。この人なら書簡六十七にも出てくる。
三七 (3) 神学・政治論(ラテン文)は一六七〇年匿名で出版され間もなく Glazemaker により蘭訳された。しかしこの手紙にあるスピノザの希望を容れてかそれは出版されずスピノザの死後一六九三年になって始めて世に出た。
(4) Homo Politicus. この書は一六六四年匿名で出たが、著者はブランデンブルグ選挙侯の大臣 Christophorus Rapp なるものであるとされている。メインスマやフロイデンタールはそれぞれ自著にこの本の抜萃を掲げているが、一言にして言えば、マキアベリーの君主論の所見を一般民衆に適用したようなものである。

(5) スピノザのこの計画は実行されなかった。エルボーゲンはスピノザのこの企てが知性改善論の始めの道徳論的序論の中に織り込まれていると主張しているが、これは当らぬ(岩波文庫「改善論」一二の注参照)。またポロックは国家論全体の中にこの計画が実現されていると見ているが、これも当ってると言えぬ。しかし国家論の一部分(十章四―八など)の中に多少こうした考慮の痕跡が認められるのは事実である。

(6) タレースはBC六〇〇年頃のギリシャの哲学者。以下に出ている逸話は Diogenes Laertius や Cicero や Alexander ab Alexandro 等に出ている。スピノザの引用はその興味本位的な形から見ておそらくこの最後のものからなされたものであろう(このアレキサンダーについては書簡五十三への注参照)。

(7) 「そして一切は神々のものである」この一句はN・S・にはなくO・P・のラテン文にのみある。

書簡四十五

三八頁

(1) ラテン文。原書簡はアムステルダムの統一バプテスト教会の図書館に保存されてあり、O・P・のものは大体その忠実な再現であるが、なお多少の省略個所がある。ハイデルベルヒ版は原書簡を利用してO・P・のものを補っている。

三六八 (2) ライプニッツについては解説四四一頁参照。
三六九 (3) Notitia Opticae promotae, Frankfurt a. M., 1671.
(4) フッデについては解説四三八頁参照。O・P・にはフッデの名前がかくされその代り……となっている。彼の名をかくした理由は書簡三四の注に述べたのと同じである。
(5) Franciscus de Lana (1631―87)。ジェスイット教徒でローマにおける哲学及び数学の教授。ここに言う彼の著作「序論」(Prodromus)は一六七〇年 Brescia で出版。
三七〇 (6) Johannes Oltius いかなる人か不明である。
(7) O・P・には以下が省かれてある。
(8) Hypothesis Physica Nova, Mainz 1671.
(9) メドサン(Médecin)とは当時必ずしも医者のみを意味せず広く自然科学者を意味した。

書簡四十六

三七〇頁 (1) ラテン文。原書簡はハノーヴァーの国立図書館にある。O・P・に出ているのはスピノザの手許にあった草稿によったものらしい。両者の間にさほど重要な相違はない。ハイデルベルヒ版はその両方を掲げO・P・のものを正文としている。
(2) 以下二行はO・P・になく原書簡にのみある。
三七一 (3) 機構学的点(punctum mechanicum)とは今日像点(イメージ・ポイント)と呼んでいるところのもの。

（4）パンドカ・レンズ(Lentes pandochae)とはすべての光線を受け入れるレンズの意味である。

（5）O・P・ではここにもフッデの名前が消されてある。その理由は書簡三十四への注参照。

三三一

（6）以下終りまで原書簡の方が詳細だからそれによって訳した。

（7）原書簡にはスピノザの印章が押されてある。それは楕円形の輪の中にバラの絵を彫り、その左側にB、上にD、右側にSとそれぞれ頭文字を配し、バラの下にCAUTE（御用心）と彫られたものである。

（8）この宛名はスピノザの手でフランクフルトと書かれてあるが、それが消されてその側に別人の手でマインツと直されてある。

（9）ライプニッツとスピノザ間の手紙は以上二通しか書簡集に出ていないが、この後も文通がつづいたらしい。そしてライプニッツは後にスピノザをハーグに訪ねている。しかしスピノザの死後、書簡集が出版される時、ライプニッツは自分の名前を出さないように共通の友人シュラーに頼んだが、どんな手違いからかその名が消されてなかったので、ライプニッツは不快に感じ、自分はスピノザとあまり交際がなかったように世人に示そうとしている。

書簡四十七

三三三頁

（1）ラテン文。原書簡今はない。O・P・からのみ知られる。

二三三　(2)　ファブリチウスについては解説四四二頁参照。

(3)　スピノザをファルツ選挙侯カール・ルードウィッヒに推薦したのはウルバン・シュヴロー Urbain Chevreau (1613—1701) であった。シュヴローはフランスの学者で当時ファルツ宮廷に留っていた。彼の手記によれば、彼はスピノザを「デカルトの哲学原理」の著者としてカール・ルードウィッヒに推したのであるが、自由思想家であったカールはすでに神学・政治論の著者としてのスピノザを知っていて招聘する気になったもののようである。ことに自国内の改革派キリスト教の諸教会の統一を志していたカールにとっては、神学・政治論の中で示された普遍的信仰の教義はきわめて魅力的なものであったにちがいない。

(4)　Non potui non obscundare とある。つまり神学者ファブリチウスは実はスピノザの招聘を快く思わなかったらしいが、主君の強いての依頼によってやむを得ず取りついだものと思われる。

書簡四十八

二三四頁　(1)　ラテン文。原書簡今はない。O・P・のみから知られる。

二三五　(2)　この翌年フランス軍がハイデルベルヒを占領し、ハイデルベルヒ大学は閉鎖された。

書簡四十八の二

二三五頁　(1)　一七〇三年ドイツの学者ハルマンがオランダに旅しアムステルダムでスピノザの著

作の出版者だったヤン・リューウェルツの子同名ヤン・リユーウェルツに会った時、スピノザの一書簡を見せられた。「それは半枚の紙にオランダ語で書かれた短い手紙だった」とハルマンはその旅行日記(ドイツ文)に記し、つづいてここに訳したような叙述が出ているのである。この手紙は勿論O・P・には出ていず、一八九九年フロイデンタールによって始めてこの抜萃が発表された。

(2)　イエレスは、異端説を奉じているという世間の非難に対し、自己の立場を明らかにしようとし、キリスト教と新哲学とを調和した自己の信仰記録を書き残した。これが「普遍的キリスト教信仰の告白」である。この著作はイエレスの死後一六八四年リューウェルツの店から出版された。

三三六　(3)　こうした内容は出版された著作の中には出ていない。イエレスがスピノザの注意を容れてこれを除去したのであろう。

(4)　Dirck Kerckring　一六三九年ハンブルクに生まれ、早くからアムステルダムに来た。若き日のスピノザの愛人であったと言われるクララ・マリヤの夫となった人。スピノザと後々まで交際があり、ケルクリンクの二著書はスピノザの死後その蔵書の中に見出された。

(5)　「知られたる真理」という本がどんな種類の本であるか明らかになっていない。おそらく印刷されず原稿のまま回覧されていたものであろう。

(6)　Vallon とはいかなる人か明瞭でない。W・マイエルは後のウトレヒト大学教授 Vallan のことと見ている。

三六　(7)　Hendrik van Bronckhorst 医者でデカルト主義者。スピノザの「デカルトの哲学原理」のオランダ訳にスピノザへの讃美詩を付した人。

(8)　「普遍的キリスト教信仰の告白」は前に注したように一六八四年出版されたが、その巻末に出版者リューウェルツの手に成ると思われる跋文が付せられている。それによればイエレスはこの「告白」の原稿を「都市の外に住むある友人」(スピノザを指す)に送ったが、その返事としてスピノザは「お送り下さった……」というここに訳した手紙(原文オランダ語)をくれたのであった。この手紙のことはすでにフランスの学者ベイルの著書の中にも出ている(但しベイルはラテン文で引用)。この手紙は一般に前述ハルマンの見た手紙(A)と同一物であると考えられているが、ハルマンの見た手紙には、イエレスの原稿に対し、「別に賞讃も是認もしておらず」とあり、また五頁に疑問の余地のある内容があったとされるのに反し、今の手紙はもはや全然訂正の余地なき満足なものであることが述べられているのだから、後の手紙(B)はイエレスがスピノザの注意を容れて直した最後的原稿を送った場合の返事とも考えられ、そうするとこの二つの手紙は同一物でなく、異なった二通の手紙であることになる。

書簡四十九

三七頁　(1)　ラテン文。原書簡はコペンハーゲンの王立図書館にある。一八八二年フローテン—ランド版に初めて発表された。

(2)　グレフィウスについては解説四三六頁参照。

(3) デカルトの死に関する書簡というのは、スエーデンに住んでいたアムステルダム出の医者でデカルトの最後の病気の治療にも関係したJohannes a Wullen がデカルトの死んだ日(一六五〇年二月十一日)アムステルダムの医療団体監督 W. Piso に宛てて書いたものである。グレフィウスの持っていた手紙はその写しであって、これは今ライデンの大学図書館にある。

(4) de V 氏とはどんな人か明らかでない。或いは前の書簡四十八の二に出てくる Vall-on のことかも知れない。

書簡五十

三一七頁

(1) もとオランダ文。原書簡今はない。スピノザによりラテン語に訳され、それがO・P・に入れられた。N・S・のオランダ文はその重訳と見られる。O・P・のラテン文が正文とされる。

(2) ホッブス(一五八八—一六七九)は英国の有名な哲学者で国家学者。オランダの当時の指導的政治家ド・ウィットをめぐる幾多の国家理論家たちにとって彼の所説は重きをなしていた。スピノザも彼から決定的影響を受けたが、スピノザは国家権力の無制限的絶対性を主張するホッブスとは反対の立場にあり、スピノザの「国家論」は或る意味においてホッブスの所説への対決とも見られる。

三一八 (3) 「形而上学的思想」一部六。

三一九 (4) フーティウスの後継者としてウトレヒトの哲学教授となったマンスフェルト(Regner van Mansvelt) を指す。彼はスピノザの神学・政治論を駁した書 Adversus Anonymum Theologico-Politicum, Liber Singularis, Amsterdam, 1674. を出した。この書はスピノザの死後その蔵書の中にあった。

書簡五十一

二四〇頁 (1) もとオランダ文。原書簡今は紛失している。O・P・のラテン文はスピノザによる訳。N・S・のオランダ文はその重訳である。

(2) ボクセルについては解説四三八頁参照。

二四一 (3) フランス、オランダ間の戦いを指す。一六七四年八月十一日(オレンヂ公麾下のオランダ軍とコンデ公麾下のフランス軍は Séneffe に戦ったが勝敗がつかなかった。越えて九月オランダ軍は Oudenarde にフランス軍を攻撃したが不成功に終った。因みにスピノザがウトレヒトにあるコンデ公の本営に招聘されたのはこの前年のことであった。

書簡五十二

二四一頁 (1) もとオランダ文。原書簡今はない。O・P・のラテン文はスピノザ自身の訳と一応考えられるがこの点確かでない。

書簡五十三

二四三頁 (1) もとオランダ文。原書簡今はない。しかしその古い写しはアムステルダムの孤児院ド・オランエ・アッペルにある。O・P・のラテン文はスピノザによって訳されたもの。N・S・のオランダ文はその重訳だが原書簡の写しも利用して足りないところを補っている。

二四四 (2) Plutarchus(約四六―一二〇)。有名なギリシャの著作家。その英雄伝は衆知の書。

(3) Suetonius(約七五―一三〇)。ローマの史家。十二ケーザル伝はその主著。

(4) Johannes Wierus(一五一五―一五八八)。ベルギーの医者。「幽霊について」なる書を出す。彼の全集は一六六〇年アムステルダムから出た。

(5) Ludwig Lavater(一五二七―一五八六)。チューリッヒの改革宗教派牧師。幽霊や前兆に関する彼の著書は一五八〇年ジュネーブで出て各国語に訳された。

二四五 (6) Geronymo Cardanus(一五〇一―一五七六)。ローマの医師で数学家。

(7) ここに言うメラントンとはドイツの宗教改革者フィリップ・メランヒトン(一四九七―一五六〇)のことであろう。

(8) Plinius secundus(約六二―一一三)。ローマの統領。その書簡集で知られる。

(9) Alexander ab Alexandro(一四六一―一五二三)。ナポリの人文学者。その著「聖なる日々」(Dies Geniales, Rom 1522)はローマの古事に関しての編纂書であり、この書はその後もしばしば出版されまた注釈された。オランダでも一六七三年ライデンから出ている。

二四六 (10) Petrus Thyraeus(一五四六―一六〇一)。ウュルツブルクの教授。一六〇〇年ケルンで「霊の出現について」なる書を出した。

二四六頁 (11) この四行は原書簡及びN・S・にのみある。スピノザから出したこの前の手紙(書簡五十二)の終りは欠けて伝わっていないからこの四行だけではスピノザがどう書いたのかはっきりしないが、とにかく我々は、この個所を読んで、オランダの神学者リンボルヒの報告(フロイデンタール Lebensgeschichte Spinozas 211)を思い出す。それによれば、スピノザは或る会食の席で人々が祈るのを見て笑ったというのである。ポロックは、スピノザにそういう事実はありそうもないと疑っているが、この書簡のこの個所を併せ読む時、そうした類のことはあったであろうことが想像される。

(12) ここ及び書簡五十五の末段を見ればスピノザは愚者、狂人という言葉を幽霊についてのみ言っているに対しボクセルはこれを幽霊の物語を書き伝えた諸著作家についても言っているものと解して論を進めているようである。

書簡五十四

二四七頁 (1) もとオランダ文。原書簡今はない。O・P・のラテン文はスピノザの訳でN・S・のオランダ文はそのラテン語からの重訳である。

(2) プリニウスの書簡集はスピノザの死後その蔵書中にあったが、スエトニウスの著書は見当らなかった。

書簡五十五

二五三頁 (1) 前書簡と同じことが言える。

二五四　(2)　優越的に(eminenter)とは当時の哲学用語としては原因が結果より多くの完全性を有する場合について言われるのであるが(スピノザの「デカルトの哲学原理」一部公理八参照)、ここ及び以下では単に「一層高い意味において」「いっそう高い程度において」という程の意味で用いられている。

二五八　(3)　スプリナはケーザルの不幸を予言した占卜者の名。ケーザルとスプリナについてはスエトニウスの「ユリウス・ケーザル伝」八十一章。

書簡五十六

二五九頁　(1)　前書簡及び前々書簡と同じことが言われる。

二六二　(2)　認識と表象とを峻別することは知性改善論の主要テーマの一であり、「エチカ」でもしばしばこの点にふれている。

二六三　(3)　スピノザの蔵書の中には大型の二巻から成る一五四八年版のアリストテレスラテン語訳全集は見出されたが、プラトンのものは一つも発見されなかった。

(4)　隠れた性質や実体的形相については既に幾度も注した。志向的形象(Species intentionales)とは対象から発して心の内に入り込み心に知覚や思惟を生ずるようにする媒介物を意味する。スコラ学的用語。

二六四　(5)　こうした言い伝えはDiogenes LaertiusやCiceroにも出ているが、スピノザの引用はAlexander ab Alexandro(書簡五十三への注参照)あたりの編纂した古事記録からとったもののようである。古代哲学者たちのこうしたことどもに関するスピノザの知識は大抵の場合伝説的水準を出ていない。

書簡五十七

二六四頁 (1) ラテン文。原書簡は今ない。O・P・からのみ知られる。この手紙は次のスピノザの返事の文句から明らかなように、直接チルンハウスからスピノザに宛てたものではなく、チルンハウスからシュラーに宛てたものを、シュラーがスピノザに関する部分だけ筆写してスピノザに送ったものである。だから、もとの手紙にはもっと初めの方があったのを、この手紙ではその部分が省かれているのである。

(2) チルンハウスについては解説四四〇頁参照。

(3) N・S・には「彼の『方法』の前述の個所で……」とあり、これで見れば、この手紙の省かれた部分にその個所が指示されてあったはずである。O・P・では、その始めの部分を省いたので、ここは原文を少し変えて「始めの個所」と直したのである。

二六五 (4) この文章は、幾分わかりにくく書かれてあり、スピノザもその返事(書簡五十八)の中に「よく意味がとれない」と言っている。私は大体の意味を汲んで意訳しておいた。

二六七 (5) 以下六行テキストが不完全な形で伝わっていることは研究者たちのひとしく指摘するところである。シュラーという人物は、他の多くのことからも明らかになっている通り、性格が慎重でない方で、その手紙の内容にもいろいろな間違いを残しているが、ここもおそらく何か写しちがいがあったものと見られる。私は強いて文章の連絡をつけて多少の自由訳を施したが尚若干の無理が残る。

（6）以下三行はN・S・にのみある。

書簡五十八

二六八頁 （1）ラテン文。原書簡今はない。O・P・からのみ知られる。

（2）シュラーについては解説四三四頁参照。

（3）Jan Rieuwertsz を指す。一六一七年アムステルダム生れの出版者。デカルトの諸著作の蘭訳及びスピノザの全著作の出版者として知られる。

（4）前書簡への第四注参照。

二六九 （5）「エチカ」二部定理四十七備考参照。

（6）「エチカ」一部定義七。

（7）「エチカ」一部定理二十八証明。

二七〇 （8）以下殆ど文字通り「エチカ」三部定理二の備考にも出ている。

（9）ローマの詩人オヴィディウスの Metamorphoses の中にある言葉。スピノザは「エチカ」でも数回この句を引用している。

二七一 （10）「エチカ」二部定理十四、三部定理二の備考参照。

二七二 （11）スピノザ得意のこの持説は書簡四十三や七十五にもくりかえされている。

書簡五十九

二七三頁 (1) ラテン文。原書簡今はない。O・P・からのみ知られる。

(2) この手紙はチルンハウス自身の手紙のようであるが、この手紙も初めの方は省かれている。これも、この手紙を仲介したシュラーのやったことと思われる。

(3) 当時の用語例では、アプリオリの論証とは原因から結果へと進む論証であり、これに対してアポステリオリの論証とは結果から原因へと遡る論証のことであった。

二七四 (4) ここの「可能的観念」(ideae possibiles)とは何を指すか必ずしも明らかでない。W・マイエルはこれを「生得的観念」のことと解し、アッピューンは「自分が自力で形成し得る観念」のことと解している。

二七五 (5) 「一定点を通過する絃の二線分の積が常に相等しい」のところは原文には「二直線の線分によって作られた無数の矩形が相互に等しい」とあるがこれでは現代の考え方から言って分りにくいから意味が通るように訳し変えた。

書簡六十

二七六頁 (1) ラテン文。原書簡今はない。O・P・からのみ知られる。

(2) ここの「円は一定点を通過する絃の二線分の積が常に相等しい図形である」のところも原文では「円は無数の矩形から成る」とあるのだが、前書簡への注で言ったと同じ理由からここも意味が通りやすいように訳し変えた。因みに円の中に無数の矩形が潜在的に含まれているという思想は、「エチカ」二部定理八の備考の中にも見られる。
(3)「知性改善論」九五参照。

書簡六十一

二七八頁
(1) ラテン文。原書簡今はない。O・P・からのみ知られる。
(2) カン(Caen)はフランスのノルマンディー半島にある都市。
(3)「神学・政治論」を指す。
(4) この手紙が着いたか着かぬか我々にはわからぬ。この手紙は今残っていないし、またかつて残っていたという記録もないから。

書簡六十二

二七九頁
(1) ラテン文。原書簡今はない。O・P・からのみ知られる。
(2) 七月五日付というスピノザのこの手紙は今残っていない。
(3) ここに論文とはエチカを指す。
二八〇
(4) オルデンブルクがスピノザと交際あることをそろそろ世間にはばかり出したことが窺われる。

書簡六十三

二八〇頁
(1) ラテン文。原書簡はアムステルダムの統一バプテスト教会の図書館に保存されてある。O・P・に出ているものは短くて不完全なので、ハイデルベルヒ版は原書簡を正文とし、O・P・のものを副としている。

二八一 (2) チルンハウスは一六七五年春イギリスの王立協会の会員たちと交誼を結ぶべく同国へ旅したのであった。

(3) ここの欄外に次の注がついている、「ここに挙げた諸〻の疑問を解いて下さってそのお答を私まで送って下さるよう切におねがい申し上げます」。これはシュラーが付したものであろう。

(4) ここは文字通りには「不可能に帰する方法によって」(ad impossibile deducente)とある。「不可能(または不条理)に帰する方法」とは証明せんとする命題を一旦否定してみてそれから不可能なこと、不条理なことが生ずることを明らかにし、それによってその命題が真たらざるを得ぬことを証明する方法である。普通に帰謬法或いは間接還元法と呼ばれる。

二八三 (5) ここの欄外に次のような注がある、「無限の仕方で変化しながらも常に同一に止まる全自然の姿。第二部定理十三への備考を見よ」。これはO・P・の編集者が付したものと見られている。

(6) スピノザの指図とは何であったかわからぬので、この個所の意味が十分明らかでない。ゲプハルトは次のように想像している。スピノザは匿名で出した「神学・政治論」の著者が自分であることを世間に知らさないようにと友人たちに指図してあったらしい。だからシュラーはいつ開封されるかもわからぬ普通の手紙の中で「神学・政治論」に関するニュースにふれるのをこれまで避けていたのであろう、と。しかし七五年頃は既に「神学・政治論」がスピノザの著であることが一般に知られていたから、いまさらこんな配慮も必要であったとは思えぬ。これに対しW・マイエルは certiorem facere non fui ausus「あえて御報告申し上げませんでした」の non が nunc の誤りと見て、「あえて今御報告申した次第です」と解した。つまり、今のことはスピノザの為に快くない報告だが、どんなことでも隠さず知らせてくれるようにとのかねての指図に基き報告したという意味にとっている。

二八三 (7) D. A. Gent とはいかなる人か不明である。

(8) Jan Rieuwertsz のことであろう。彼については書簡五十八への注参照。

書簡六十四

二八三頁 (1) ラテン文。原書簡今はない。O・P・からのみ知られる。

二八四 (2) 文字通りには「事態を不条理に帰する方法によって」(deducendo rem ad absurdum)とある。これについては前書簡への第四注参照。

二八五 (3) 「エチカ」一部定理十七の備考参照。

(4) 以下は所謂直接無限様態及び間接無限様態(「エチカ」一部定理二十一乃至二十三)についてスピノザ自ら説明を与えている唯一の個所である。

書簡六十五

二八六頁（1）ラテン文。原書簡今はない。O・P・からのみ知られる。

書簡六十六

二八七頁（1）ラテン文。原書簡今はない。O・P・からのみ知られる。
（2）アッピューンの仏訳はここに〔 〕の中のような説明を付加している。以下にあるエチカの引用個所との関連から言ってもそうした方が解しやすいであろう。

書簡六十七

二八八頁（1）ラテン文。原書簡今はない。O・P・のみから知られる。
（2）ブルフについては解説四三六頁参照。
（3）Kranen は当時のライデン大学の哲学教授でデカルト主義者。
二八九（4）「神学・政治論」を指す。
（5）「神学・政治論」十四及十五章。
二九三（6）所謂賢者の石。卑金属を金に変化させるに役立つものとされた。
二九九（7）ギリシャ教会を指す。
（8）ヨハネ伝十四の六。
三〇二（9）ここの三行の原文は元来意味不明瞭とされている。私は達意的にやや自由訳を施した。

書簡六十七の二

三〇三頁 (1) ラテン文。原書簡は今はない。O・P・にも出ていない。一九二一年W・マイエルがChronicon Spinozanum 1, 33—44の中で初めてその複写を発表した。この手紙には宛名人としてのスピノザの名もまた彼の著書の名も明らかに出されていないが、これが「神学・政治論」の著者たるスピノザに宛てて書かれたものであることは、その内容を読めば明白である。スピノザがこの手紙の筆者ステノを知っていたことは、書簡七十六の初めの個所からも明らかであり、またスピノザはその蔵書の中にステノの一著書を持っていた。多分以前にステノから贈られたものであろう。

(2) ステノについては解説四三七頁参照。

(3) ここに新哲学とはデカルト哲学を指し、その改革者(Reformator)とはスピノザを指すものと考えられる。(本書簡三一二頁参照)

(4) 「神学・政治論」を指す。

三〇六 (5) 智書二の二十一。

(6) マタイ伝八の二十二。

三〇八 (7) 詩篇九十三の五。

三一一 (8) 出エジプト記八の十九。

三一二 (9) Justinus 初代キリスト教護教家、殉教者。始めギリシャ哲学を学び、一三〇年頃キリスト教に入り、キリスト教を「安全で有益な唯一の哲学」とした。

三一三 (10) ユダヤ教の教師 Tryphon を指す。

(11) 文字通りこのままはないが、大体こうした意味のことがユスチヌスの「Tryphon との対話」の七章にある。

三一三 (12) 「Tryphon との対話」の八章。

書簡六十八

三一四頁 (1) ラテン文。原書簡今はない。O・P・からのみ知られる。

(2) エチカを指す。書簡六十二参照。

(3) 例えばハーグのテオドール・ライキウスが一六七五年八月十四日(即ちスピノザがまだアムステルダムに滞在中)その友に宛てて書いた次のような手紙が残っている。「当地では神学・政治論の著者が同書より遙かに有害な、神及び知性に関する一書を書き上げたという噂さが流布されています云々」

三一五 (4) スピノザはこの計画を実行し、「神学・政治論」の一、二の原本に、全部で三十九の注を手ずから書いた(岩波文庫「神学・政治論」解説参照)。

書簡六十九

三一五頁 (1) ラテン文。O・P・にはない。原書簡はライデン大学の教授 H. W. Tydemann (1778—1863) が発見し、一八四四年石版刷のものを発表。原書簡は一八六五年 Tydemann

の蔵書競売で売られ、その後在否不明。

（2） Joachim Nieuwstad は一六六二—七四ウトレヒト市の書記官をしていた人。スピノザは一六七三年ウトレヒトのフランス陣営に滞在の際彼と知り合ったらしい。

三一六 （3） ヤコブ・オーステンスへ宛てたフェルトホイゼンの手紙（書簡四十二）を指す。

三一七 （4） 書簡四十三でスピノザはフエルトホイゼンを強く攻撃しているが、今彼の人格に対しこうした暖い言葉を発しているのは、一六七三年のウトレヒト滞在の時、同地で医者をしていたフェルトホイゼンと直接会って認識を改めたものと思われる。フェルトホイゼンも、自分の著作集の序文に、「私はスピノザと多くの会話を交えた」と書いている。

（5） フェルトホイゼンがスピノザのこの希望を容れたかどうかは不明である。とにかく、スピノザは神学・政治論に注はつけたが、ここに言っているような形での増大は実現していない。

書簡七十

三一七頁 （1） ラテン文。O・P・には載っていない。しかし原書簡はアムステルダムの統一バプテスト教会の図書館に保存されていて、一八六二年フローテンが「スピノザ著作集補遺の中で始めて発表した。

（2） この個所はテキストには cum processu Anonymi とあり、これによれば「或る匿名者による実験報告を同封した」の意味になるが、W・マイエルは Anonymi が Antimonii の誤記だとしている。これによれば「アンチモンに関する実験報告を同封した」の意味になる。スピノザは書簡七十二から見てもこの実験者を知っているのだからここに「或る匿名者云々」とあるのは適当でないし、それにこの実験報告は、同じく書簡七十二からわかるように、アンチモンに関するものだから、この方がいいように私には思われる。

三一八 (3) Jean Baptiste Colbert はルイ十四世の蔵相であり、また、書簡三十一への注で言ったように、ホイヘンスをパリへ招いたのも彼であった。

三一九 (4) これはチルンハウスなりシュラーなりの誤解であり、事実はこれと反対が主張されているのである。書簡七十二を見よ。

(5) 今まで三人称で述べられていたのが、ここから突然一人称になっている。シュラーの書いたものがしばしば正確を欠くものであることがここでも示されている。

(6) ライプニッツは一六七二—七六年の間主としてパリに滞在していた。これは、ルイ十四世にエジプト遠征をすすめてドイツに対する彼の脅威を除こうとする目的を以て派遣されていたのであった。

三二〇 (7) ライプニッツは、語る相手によっては「神学・政治論」に対し酷評を浴せ、「哲学の自由に関する堪え難いまでに破廉恥な書」とか、「戦慄すべき著書」などと言っていて、態度が一貫しない。

(8) この手紙は今保存されていない。

(9) ブレッセルルスとはいかなる人か明らかになっていない。

書簡七十一

三二一頁（1）ラテン文。原書簡今はない。O・P・からのみ知られる。

三二二（2）オルデンブルクは、スピノザ宛の自分の手紙が途中どうにかなって他人の目につい たりするようなことを恐れ始めているのである。

書簡七十二

三二三頁（1）ラテン文。O・P・には載っていない。原書簡はJ.J. van Voorstのコレクションの中に発見され、一八六〇年競売に出、以後所有者が数回変る。今も存在するはずだが、誰が所有しているか明らかになっていない。フローテンがその写しにもとづき始めて「補遺」で発表。
（2）シュラーからのこの手紙は十一月十四日出したものだから、アムステルダムからハーグへの手紙が当時大体四日かかったことがわかる。
（3）エチカには「観念の本質」の代りに「観念の形相的有」とある。
（4）スピノザがこう疑うのも当然である。書簡五十七でも六十三でも同様なことがあったからである。

書簡七十三

三二四頁（1）ラテン文。O・P・に出ている。原書簡は今ないが、ライプニッツによる写し（ライプニッツの注の付いた)が残っていてハノーヴァーの図書館に保存されている。ハイデルベルヒ版は二つとも掲げているが、O・P・のものを正文としている。

三三五 (2) 使徒行伝十七の二十八、コリント前書三の十六及び十二の六、エペソ書一の二十三。

(3) 「神学・政治論」緒言(岩波文庫同書上四六頁)参照。

三三六 (4) オレンジ公やそれを支持するカルヴィン派説教僧たちへの反感をもらしたものである。

(5) 短論文一部九章参照。

書簡七十四

三三七頁 (1) ラテン文。原書簡今はない。O・P・からのみ知られる。

三三八 (2) テレンチウスの有名な句 Homo sum 云々をやや変えて用いたもの。この句はスピノザも先にオルデンブルクへ宛てた手紙(書簡十三)の中で利用している。

(3) ヨハネ伝一の十四。

(4) ヘブル書二の十六参照。

(5) ヨハネ伝一の一。

(6) ピリピ書二の七。

(7) テモテ前書二の六。マタイ伝二十の二十八。

書簡七十五

三一九頁

(1) ラテン文。O・P・に出ている。原書簡は今ない。しかしライプニッツの写し(彼による注の付いたもの)はハノーヴァーの図書館にある。ハイデルベルヒ版は二つとも掲げ、O・P・を正文としている。

(2) 以下六行と同じ趣旨が書簡四十三にも出ている。

三二〇

(3) 以下八行とほとんど全く同じことが書簡四十三にも出ている。

(4) ロマ書九の二十一、エレミヤ記十八の六。

三二一

(5) 書簡六十三への第四注及びエチカの一部付録中頃参照。

(6) 創世記十八の一以下。

三二二

(7) マタイ伝八の二十二、ルカ伝九の六十。

(8) この「死者にその死者を葬らしめよ」の句は一般には死者自身にその死骸を葬らせよという意に解されているが、スピノザは始めの死者を、神の道と魂の救いに関心を持たぬ世俗人の意味に解したのである。こうした解釈が当時珍らしくなかったことは、例えば、彼の文通者の一人であるステノが同様の解釈をしていることからも窺われる(書簡六十七の二参照)。

三二三

(9) ヨハネ伝二の十九、マタイ伝二十六の六十一、マルコ伝十四の五十八。

書簡七十六

三二三頁

(1) ラテン文。O・P・に出ている。原書簡は今無い。しかしライプニッツの写しが今も残っている。O・P・のものとライプニッツのものとの間に大きな相違はない。ハイデルペルヒ版は両者共掲げ、O・P・を正文としている。

三二四 (2) ステノについては書簡六十七の二への最初の注及び解説四三七頁参照。

三二五 (3) 「神学・政治論」巻頭参照。

(4) ヨハネ第一書四の七―八及び「神学・政治論」十四章。(岩波文庫同書下一三二頁以下)

三二六 (5) 史実的に明らかなのは、一六三五年フランスとオランダの同盟軍がスペイン軍を攻撃した時、フランスの将軍でシャチョンの伯爵のガスパールがベルギーの町ティーネン(Tienen または Tirlemont)を奪掠したということだけである。ガスパールは厳格なユグノー教徒だったので、ここにあるような風聞が当時広まったのであった。即ち、彼は、旧教国スペインに対する反感を表わすため、旧教の表象ともいうべきホスチヤ(聖体としての供えのパン)を馬に与え食わせたというのである。

(6) 前記のホスチヤを暗示している。ホスチヤについては国家論の中でも諷刺的暗示がなされている。(岩波文庫「国家論」三章への注参照)。

(7) 「短論文」二の十五、「知性改善論」三十五及び四十四、「エチカ」二部定理四十三備考参照。

三二七 (8) スピノザはパリサイ人なる語を(「神学・政治論」十五章でもそうであったが)きわめて広い意味に用いている。即ち、ユダヤ人中律法に通じた人々――古い時代から彼の時代に至る――を総括して言っているのである。

三二八 (9) 本名はDon Lope de Vera y Alancon. スペインの貴族でキリスト教徒として生れた

が、ヘブライ文献の研究により熱烈なユダヤ教徒となり、「忠信なるユダ」Juda el fido と名のった。宗教裁判によって久しく投獄された後、一六四四年七月二十五日 Valladolid で火刑にされた。

(10) 詩篇三十一の五参照。

(11) これは事実に即せず、イスラム教にも分裂はあった。同じような誤りをスピノザは神学・政治論の緒言でもしている。(岩波文庫同書上四四頁)

書簡七十七

三四〇頁 (1) ラテン文。原書簡今はない。O・P・からのみ知られる。

書簡七十八

三四三頁 (1) ラテン文。O・P・に出ている。原書簡は今ない。しかしライプニッツによる写しが今残っていてハノーヴァーの図書館にある。ハイデルベルヒ版は両方を掲げO・P・を正文としている。

(2) 書簡七十五を指す。

三四四頁 (3) 以上の二行O・P・にはなくライプニッツの写しにのみある。オルデンブルクがボイルの著書目録を編んで公表したのは一六七七年だから、スピノザには前以て送ったのであろう。

書簡七十九

三四四頁 (1) ラテン文。O・P・にはない。原書簡は失われている。しかし原書簡の写しがアムステルダムの統一バプテスト教会の図書館に在る。フローテンが一八六二年始めて「スピノザ著作集補遺」でこの書簡を発表した。

三四五 (2) 前書簡から知られる通り、スピノザは「犬から咬まれて発狂した人は許さるべきだがやはり窒息死をとげるほかない」と書いたのだが、オルデンブルクはこの個所をここに訳したように誤解している。

三四七 (3) この手紙を以てオルデンブルクとスピノザの文通は終る。オルデンブルクは一六七六年十月もう一通スピノザに宛てて書き、ライプニッツへ頼んだのであるが、ライプニッツは翌月ハーグへ行ってスピノザに会ったにかかわらず何の理由からかこの手紙は届けられておらぬ。オルデンブルクは一六七七年二月二十二日の手紙で、ライプニッツに対し、この点不審の念を表明している。

書簡八十

三四七頁 (1) ラテン文。原書簡今はない。O・P・からのみ知られる。

(2) L・マイエルに宛てた書簡十二を指す。ここの個所から見ても、この書簡は「無限なるものに関する書簡」の名の下に友人間に廻されて読まれていたことが察知される。

三四八 (3) 書簡十二(六五頁以下)参照。

（4）以下三行はO・P・になくN・S・にのみある。

（5）Daniel Huet (1630—1721)。フランスの名高い学者で宗教家。一六七〇年以来神学者ボシュエと共にフランス皇太子の教育係となる。

書簡八十一

三四八頁（1）ラテン文。原書簡今はない。O・P・からのみ知られる。

（2）「無限なるものに関する書簡」の個所がN・S・には「L・M・宛てに書かれた一書簡」とある。

三四九（3）「デカルトの哲学原理」を書いた時代のスピノザはデカルトの自然に関する諸原理を全面的に受け入れるかに見え、一六六五年頃も(書簡三十二)大体これを踏襲していたのだが、晩年にはこうした意見に変っている。

書簡八十二

三四九頁（1）ラテン文。原書簡今はない。O・P・からのみ知られる。

三五〇（2）これは「神的本性の必然性から無限に多くのものが無限に多くの仕方で(換言すれば無限の知性によって把握され得るすべてのものが)生ぜねばならぬ」という定理である。

書簡八十三

三五一頁 （1） ラテン文。原書簡今はない。O・P・からのみ知られる。

（2） スピノザはこの後約七ヵ月生きたのみだった。

書簡八十四

三五二頁 （1） ラテン文。O・P・から知られる。しかし他の書簡のようにO・P・の書簡集の中に出しているのではなく、同じくO・P・の中にある「国家論」の始めにその序文の代りとして付されたものである。原書簡は今無い。また誰宛のものかも明らかでない。しかしこの手紙はスピノザに国家論の著述をすすめた人に宛てたものであり（三五三頁参照）そしてそれをすすめたのはイエレスだと言われているから（岩波文庫「国家論」解説参照）、これはイエレス宛の手紙と見てよいであろう。その上この手紙の初めの方に出ているいかにも親しげな調子から言っても、イエレス宛であるという推定が強められる。この手紙は日付も不明であるが、中に記されてある「国家論」の進行状態から判断して、一六七六年後半のものと見て差支えないであろう。

解　説

スピノザ往復書簡集について

スピノザ往復書簡集は一六七七年、即ちスピノザ死去の年の十二月、「遺稿集」の中に「エチカ」「国家論」「知性改善論」「ヘブライ文典綱要」と並んで初めて世に公表された。書簡集の中にあった手紙の数は七十四通であるが、そのほかに別な一書簡が「国家論」の冒頭にその序文代りとして掲げられているから、これを合せると七十五通になり、内四十二通はスピノザからのもの、三十三通はスピノザ宛のものである。当時スピノザ書簡(正確にはスピノザ往復書簡であるが、以下略してスピノザ書簡またはスピノザ書簡集とだけ言うことにする)はもっとあったはずであるが、この七十五通以外には発表されなかった。或るものは編集者の編集方針に合致しないため除かれたのであり(この中には時のオランダ政府当局——スピノザを保護したウィット政権はその頃すでに仆れてその反対派であるオレンジ公の一派が支配的地位にあった——を刺激する恐れのあるため除かれたものもあったのであるが、そうしたものは焼却されたり破棄されたりしたようである)、また或るものは何らかの事情で編集者の手に入らなかったため省かれたのであった。だから、焼却乃至破棄されたものは別として、その他のものは時の経過と共に何時か我々の前に現われる可能性を持っていた。果たして、その後スピノザ再認識の機運と共にスピノザの遺品を求める傾向が強くなると、未だ知られぬその書簡が一八八二年までに九通——スピノザからのもの七通、スピノザ宛のもの二通——発見された(書簡六十九、十五、二十八、二十九、七十、七十二、七十九、三十、四十九)。この年フローテンとランドがスピノザ全集を編み、その中の書簡集には新しく発見されたこれらの手紙を加えることが出来た。その後さらにスピノザからの一通の断片がフロイデンタールによって報告され(書簡四十八の二)、またもう一通、これはスピノザ宛でその存在が古くから知られていたが原書簡が失われその翻刻も稀有になっていたものがW・マイエルによって発表された(書簡六十七の二)。この二通は一九二四年ゲプハルトが新に編集したハイデルベルヒ版スピノザ全集の中に始めて収録された。このようにしてハイデルベルヒ版(ゲプハルト版)には八十六通のスピノザ書簡が入っている。これを改めて内わけすれば、四十九通がスピノザからのもので、三十七通がスピノザ宛のものである。

スピノザ書簡は現在、これら八十六通のほか残っていないのであろうか。必ずしもそうでないらしい。一九〇〇年頃ロンドンの古本商会「ナット会社」(Nutt and Company)の共同所有人として信用を博していたメノ・ハースが、ハーグの著名な出版業者ナイホフに語ったところによれば、彼は英国の或る個人蒐集品の中に、未だ公表されていない数通のスピノザの書簡を見たというのである。これはどうもオルデンブルク宛のものだったらしい(オルデンブルク宛のものはもっとあったことが明らかになっているから)。しかし二十世紀に入って研究家たち、ことにW・マイエルやゲプハルトの久しきにわたる懸命な努力にもかかわらず何ら新しい書簡を発見することが出来なかった。だからスピノザ書簡は上述八十六通を以て一応出尽したものと見てよいであろう。

さて、スピノザ書簡集は後世にとってどんな意義を持つであろうか。それは普通一般の書簡集の場合とやや趣を異にし、彼の生活や性格の種々相を我々に伝えてくれるという点によりは、むしろ、彼の哲学思想の理解に欠くことの出来ない資料であるという点にその本来的意義を持っている。このことは十七世紀における学者の書簡往復が十九―二十世紀における学術雑誌の役割をつとめていたことを想起すれば納得出来るであろう。当時において、学者の書簡往復は、単に受信者個人に宛てられたものであるに止まらず、広く一般の読者に知られることをも念頭に置いたのであった。現にスピノザ書簡は、すでに彼の生存中、しばしば友人間で筆写されて読まれており、中には特に「定義と公理の本性についての書簡」（書簡九）とか「無限なるものの本性についての書簡」（書簡十二）とかいう名を付せられていたものもあった。スピノザ自身も早くから書簡の公表を意図していて、書簡の草稿に後から手を加えたり注を付したりしており、また始めオランダ語で書かれた手紙はやはり出版の日に備えてその大部分を自らラテン語に訳していたのである。彼の死後「遺稿集」の中に往復書簡が入れられるに当り、編集者の取捨選択の標準もこの線に添うてなされ、前記のように当局を刺激する恐れのあるものを捨てたほか、単に個人的で学問にあまり関係のないものは割愛された。例えば或る書簡の如きは、そうした理由のため、その裏面に、編集者の手で「価値なし」と記入されて発表を止められていた事実を我々は知っている（書簡二十八）。また公表された書簡の中でも、個人的色彩の濃厚な個所はしばしば抹殺されている。「遺稿集」の中の書簡集の表題の下に特に「彼の他の諸著作の解明のために少からず役立つところの」という副題が付されているのもこの意図を表わしたものである。

このように、スピノザ書簡集は彼の哲学の理解のために欠くことの出来ない資料である点に第一の意義があるのだけれども、しかし一方それがいやしくも相識の知人間に交された私信の集積であってみれば、編集者がどんなに手心を加えようとも、個人的伝記的要素が表面に或いは行間に漂うのを認めないわけにはゆかない。ましてやかつて個人的内容のゆえに価値なしとされた書簡の或るものは、その後再び見出されて発表され、また同じく個人的内容として割愛された諸個所も他の筆写原稿或いは、原書簡から補われて今日の新しい全集に入れられている以上、いっそうこの感を深くするのである。だからスピノザ書簡集は、その最初の意図である彼の哲学の理解という目的と並んで、彼の生活や性格、延いてはこれらの書簡が書かれた時代的背景の把握に対しても重要な資料となること明らかである。

スピノザは自己に関して語ることのきわめて少い哲学者の一人であった。だから彼の書簡集が伝記的資料を供給し、彼の生活の諸断面を窺わせてくれることは、研究者にとって甚だ望ましいことでなければならぬ。彼に関しても古い伝記の幾つかが我々に残されてはいる。しかし、人々も知るように、その多くは先入見と伝聞にもとづいたものであり、信憑性《しんぴょうせい》の十分なものでない。これに対して書簡集の含む伝記的要素は、豊富であるとは言えないにしても、確実な事実のみであることは言うまでもない。そして同時にそれは、古い諸伝記に盛られてある内容の真偽を顕わす試金石としてもしばしば役立っている。その上我々はさらに、彼の書簡集を通して、彼の個人的行動や人となりを知るばかりでなく、十七世紀の知識人たちの物の考え方や同世紀における諸種の科学的探究乃至発見、政治的、軍事的、社会的事件についても興味深い記録を見出すであろう。しかし我々は今こうした個々のことに長く止っている余裕を持たぬ。ただ我々がこの面で特に指摘したいのは、書簡を通して見られる、真理を人々に伝えずにはおかぬ彼の熱意である。スピノザは、きわめて謙虚な人柄であったにもかかわらず、自分は真の哲学を理解し真の福祉を体得していると確信していた人であった。こうした人間の常として、彼は自分の体得した境地を人にも分とうとする欲望に燃えていた。彼の固い信念によれば、自分の信ずる最高の善を人にも伝え、自分の知性と欲求を他人のそれと合致させ、自他等しくこの境地にあずかることが、自分にとっても他人にとっても社会にとっても最上の幸福なのであった。かかる彼にとっては、捉われない精神を以て真理を求める人ほど歓迎すべく愛すべきものはないのであった。だから真理追求の名の下に集るところ、オルデンブルクのような世間通の外国人に対しても、ブレイエンベルフのような一知半解の哲学愛好者に対しても、ボクセルのような幽霊の存在を固く信ずる役人に対しても喜んで返事を書いたのであった。しかも彼の文通者の多くは、その才能や理解力において、彼と甚しい間隔があり、時には二本の平行線のように始めから相合うすべもないような考え方の持主もあった。こんな相手に対してもスピノザは、誠心誠意を以て——時には諷刺と諧謔をも交えてではあったが——倦まずたゆまず教えを説いたのであった。次に指摘したいのは、彼の時代の雰囲気である。十七世紀は宗教改革やルネッサンスの後を受けて伝統的権威への反抗精神が強くなった時代ではあるが、彼の神即自然を根幹とする汎神論と決定論は当時の人々にとってまだあまりにも刺激的なものであった。彼の思想と彼の時代との距たりは彼も早くから意識し、その最初の作「短論文」の巻末でも友人たちにこれについて警戒の言葉を述べているのであるが、彼が今書簡において自らの思想を表明するに当ってもこの意識は常に彼の頭を領していた。だから彼は同居していた好学の一青年にも自分の哲学を伝えることを避け(書簡十三)、ライプニッツのような学者に対してもこの点に躊躇し(書簡七十二)、彼の腹蔵のないキリスト観や神観は十余年間にわたる文通者のオルデンブルクに対してさえ幾度も繰り返えし尋ねられた後でやっと告げているほどである(書簡七十三、七十五、七十八)。彼は時に自己の書簡を結ぶのに Caute(用心せよ)と刻んだ印章を用いさえした。しかしこうしたことも不思議はない。なぜならそれは幾多の自由思想家が迫害や追放や投獄の憂目にあった時代であり、穏健なデカルト哲学さえ大学で講義することを再三禁じられた時代であった。人がスピノザの伝記を書くのに「まるで犯罪でも犯すかの如く隠れて筆をとらねばならぬ」(ルーカス)時代であり、スピノザの書簡集を出版するのにその文通者の名前の多くを世にはばかって公表出来ぬ時代であった。彼の哲学に理解のないこうした時代のさ中にあって、彼は真理と人間とに対する二重の愛から、さまざまな種類の人々を相手に孜々《しし》として教えの書簡を書いたのであった。我々はここにゲーテのあの言葉を思い出す。「スピノザの往復書簡集は人がこの世において人間愛と誠実について読み得る最も興味ある書である」。

本書簡が彼の思想の解明の書として持つ意義についてはもっと多くふれねばならぬであろう。彼の主著エチカは、人も知る通り、幾何学的形式で書かれていて、簡潔で含蓄的であることを持ち味とし、また彼のその他の諸著は傍系的または部分的なものであって彼の哲学思想を伝えるに十分とは言えぬ。しかるに本書簡集は、その編まれた本来の目的から当然であるように、彼の思想の主要な諸テーマについてしばしば詳細に、しかも理解しやすい形で述べており、時には他の諸著で全然立ち入っていない内容をも含んでいる。我々はしばらくこの点を概観して見よう。しかし書簡集の中に折々出てくる自然科学に関する議論については今は割愛して、彼本来の哲学思想——ことにその神観、倫理説、形而上学——について例示しよう。即ち、或る書簡においては、彼は弁神論的題材にくわしく立入り、悪や罪は積極的な何ものでもなく、それは神の意志と矛盾しないこと、しかしだからとて善と悪との差別は解消するものでないこと、彼の決定論は道徳を破壊するものでないこと、徳は報償のゆえにでなく徳自身のゆえに求めらるべきことを論じ、彼一流の倫理観を展開している(書簡二十一、二十三、四十三、七十五その他)。或る書簡では、自分の所説が世の憤激を買うだろう点を早くも自ら指摘し、それは「人々が神の属性と見ているものを私は被造物と思考し、人々が被造物と思考しているものを私は神の属性と見、また私は人々の如くには神を自然から切り離して考えていない」ためであるとしている(書簡六)。或る書簡では、エチカでひどく排撃した擬人的神観に再び立ち入り、「もし三角形が話す能力を持つとしたら、三角形は、神は優越的意味で三角形であると言うであろうし、円は円で、神的本性は優越的意味で円形だと言うであろう」と述べている(書簡五十六)。或る書簡では、「神学・政治論」で曖昧な表現に終始したキリストの神性をまともに否認し、「神が人間の本性を具えたと主張するのは、円が四角形の本性を得たというのに劣らず不条理である」と激しい言葉を述べている(書簡七十三)。彼の哲学の中での難解なものの一つである無限様態について例示的に説明しているのも書簡においてであり(書簡六十四)、同じく難解な持続や時間や無限の諸概念について詳しくわかりやすく説明しているのも書簡においてである(書簡十二)。彼の哲学を特色づけるものの一つである万物の連結性と全自然の合一性の思想を適切な比喩を交えて美しく説いているのも書簡であれば(書簡三十二)、人間の自由を投げられて運動する小石の自由になぞらえて説いているのも書簡である(書簡五十八)。さらに、属性の本質に関して従来行われた議論、即ち属性は実体に関する知性の認識形式に過ぎぬか、それとも実体そのものの実在性を表現するものかの問題についても、書簡集は観念論的解釈を斥けて実在論的解釈を採るための幾つかの有力な論拠を与えている(書簡二、四、九)。(注)またウィンデルバントがスピノザ哲学に数学的汎神論の印刻を与えて以来盛んになった論争、即ちスピノチスムスは静力学的に解すべきか、動力学的に解すべきかの問題についても、書簡集は、ヘルデルやゲーテが詩人的直観を以て把握した昔ながらの力動的解釈が正当であることを暗示する幾つかの個所を提供する(書簡三十二、六十、八十一、八十三)。しかし最も注目すべきは、何と言っても、彼の形而上学の根本問題に対して一友人から提起された質問とスピノザのその答とである。この俊敏な友人――チルンハウス――は次の二点について哲学者の見解を質《ただ》したのであった。即ち第一は、神は無限数の属性から成っているのに、神の様態である人間がなぜ思惟と延長の二属性しか認識し得ないのかということである(書簡六十三、六十五)。第二は、延長の本質如何、またいかにして延長から事物の多様性が導出されるかということである(書簡八十、八十三)。この二問題の解決は後代のあらゆる研究者も等しく聞かんと欲するところであろう。これに対してスピノザはどう答えたであろうか。前者について言えば、理性の絶対性を信ずる彼としては、初めのうち――「短論文」時代――こそ、もっと多くの属性を知る可能性を認めていたかの如くであったが、晩年には彼もそれが「人間の知性をはるかに越える」ことであると思ったようであり、今チルンハウスから問われても、徒らに「エチカ」の関連諸定理を援用するほかは、ほんの乏しい説明を付加しているだけである(書簡六十四、六十六)。後者について言えば、彼は延長を静止せる物質と見ることを断乎と排撃し、これによって、かつて彼の遵奉していたデカルトの物理学の諸原則にはっきり対立した態度を示し、併せて自己の哲学に前記力動的色彩を点綴しており、これは研究者にとってきわめて興味ある事実であるが、いかにして延長の属性から個々物が導出されるかの説明はついに与え得なかった(書簡八十一、八十三)。しかしこの点を解決しなければ、彼の哲学は体系としては完成し得ない。彼は、もし生命がつづくなら他日この問題について述べたいとチルンハウスに書いたが(書簡八十三)、その後七ヵ月にしてこの世を去ったのであった。しかし仮に彼がもっと長生きしたとしても、この問題を解決し得る自信を持っていたであろうか。必ずしもそうとは思えぬ。むしろ彼はすでに絶対的理性論の限界を自ら意識していたのではなかろうか。我々は書簡集にもとづいてこう推定し得る十分の理由を持つのである。

以上のように、彼の書簡集は彼の思想を理解する上に何ものにも代え難い貴重な資料である。或る研究者の如きは、スピノザ哲学に対して従来行われた主なる誤解の幾つかは、彼の書簡集を十分味読しなかったのにもとづくとさえ言っている。

注　書簡四及び九はかつて観念論的解釈のため利用されたが今は反対に実在論的解釈のために引用されている。

さてスピノザと書簡を交したのはどんな人々であったろうか。それは二、三を除けば概ねこの書簡往復によってのみその名を後世に残している人々である。我々は彼等の人となりを主としてメインスマ及びフロイデンタールの探究を通して知っている。その数は十九人で、これをいろいろな立場から分けることができるが、私は便宜上、次の四群に分けて見てゆきたい。

第一はスピノザの親友、または門弟の一群で、これに属するものはイエレス、ド・フリース、バリング、マイエル、バウメーステル、シュラーの六人である。

ヤーラッハ・イエレス(?—一六八三)はスピノザよりやや年長でメンノー派(キリスト教派中の自由な一派、小児の洗礼を認めず、牧師を置かず、戦争を絶対に否定する)に属し、アムステルダムの香料商人であった。しかしいくら金を積んでも人間は幸福になれないと悟り、商売を止めて静かな場所に退き、真理探究に身を捧げた。彼は「叡智は黄金よりも宝石よりも尊い」ことを信じ、これを得るためあらゆる努力を払った。スピノザの「デカルトの哲学原理」の出版費用を出したのは彼であり、「神学・政治論」を友人に蘭訳させたのも彼であった。彼自身の思想は、その著「普遍的キリスト教信仰の告白」に表われている通り、キリスト教とデカルト主義を調和したもので、キリスト教的用語に新しい哲学的意味を盛ったのであるが、この点スピノザの「短論文」とその行き方を同じうする。イエレスは一時スピノザの生活を補助していたと言われる。スピノザが死ぬとイエレスは二、三の友とスピノザの「遺稿集」を編み、それに敬虔な序文を付した。彼は生涯娶《めと》らず、一六八三年死んだ(関係書簡、三十九、四十、四十一、四十四、四十八の二、五十、八十四?)

シモン・ド・フリース(一六三三—六七)はスピノザより一、二歳年少で、コレギアント派(メンノー派と類似の一派、やはり牧師と教会を認めず、好んで会合《コレギウム》を開いて聖書の解釈について論じ合った)に属し、アムステルダムの裕福な商人の子だった。彼のスピノザに対する帰依は最も恭敬なものであって、学問においてばかりでなく実際生活においても指導を受け、その勧めに従って医学を修めた。スピノザの書いたものを友人たちが集って読み且つ解釈する読書会は、スピノザがアムステルダムを去った後でも続けられていたが、彼はこの会の中心人物であった。或る時彼はスピノザの余りに質素な生活を見兼ねて二千グルデンの金を提供したが、スピノザは受け取らなかった。ド・フリースはやはり独身だったので、六七年その死に当り、スピノザを相続人に指定したが、彼はこれを受けず、ド・フリースの兄弟に相続させるようにすすめた。ド・フリースはその通りにしたが、スピノザに年金をやるよう兄弟に指定した。しかしスピノザはこの兄弟の贈る五百グルデンの年金を三百グルデンに減じて漸く受け取ることを承知したのであった（関係書簡、八、九、十）。

メンノー派に属するもう一人の友はピーテル・バリングである。彼は青年時代オランダ諸商館の代表者としてイベリヤ半島にいた。彼がスピノザの母国語であるポルトガル語を知っていたことが彼をスピノザに近づける機縁となったらしい。彼はギリシャ語、ラテン語にも通じていた。一六六二年「燭台上の光明」なる書を著わし、正統派キリスト教の形式主義を排し、理性の光の中に宗教を求むべきことを主張して、世間から攻撃された。スピノザの「デカルトの哲学原理」を蘭訳したのは彼である。彼とスピノザがきわめて親しかったことは、彼の一子が早死した時スピノザが与えた温情に満ちた手紙からも知られる。彼自身もスピノザよりは早く死んだ（関係書簡、十七）。

ロデウェイク・マイエル（一六三〇—一六八一）はスピノザの門弟の中では最もすぐれた学者で、哲学、医学、神学、文学に精通し、アムステルダムで医者として身を立てた。ルーテル派に属したが、コレギアント派の会合にも出席し、デカルト哲学にも造詣深く、これがもとでスピノザと知り合いになったらしい。スピノザに「デカルトの哲学原理」の出版をすすめた一人であり、この書に対して彼は教えるところ多き序文を書いている。彼はまた「聖書の解釈者としての哲学」

を著わし、聖書は理性によって解釈さるべきであるとしたが、この点、哲学と神学を分離し聖書の歴史的解釈方法を立てたスピノザと対立する。これが原因で晩年両者の友情が冷却したと説く人もあるが確証はない。ただ、コレルスの伝記以来哲学者の最後を見とったのは彼であると久しく信ぜられて来たが、それは彼でなく、後述のシュラーであったことが文献により今は明らかになっている。一生独身であった(関係書簡、十二、十五)。

ヨハネス・バウメーステル(一六三〇―一六八〇)はマイエルの友で、マイエルを通じてスピノザと知り合ったらしい。彼もアムステルダム生まれで、哲学と医学を学び、その故郷都市で医者を開業した。彼は自然科学にも文芸にも通じていた。「デカルトの哲学原理」にスピノザ讃美の献詩を書いたのは彼である。しかし彼は哲学は余り得意でなかったらしく、スピノザの方法論に関し、スピノザの友人とは思えない無理解な質問を発している。しかしスピノザは彼の温厚で内気な人となりに好意を持ち、彼をはげまし、また彼に気易く薬などを頼んでいる。スピノザは彼に対する或る手紙を「あなたを心から愛する私を愛して下さい」と結んで、彼の気をひき立てようとしている(関係書簡、二十八、三十七)。

ゲオルク・ヘルマン・シュラー(一六五一―一六七九)はヴェーゼル生まれのドイツ人だが、若くしてライデンで医学を学び、アムステルダムで開業して、そこに定住した。どんな経路でスピノザと知り合いになったかは明らかでない。スピノザやライプニッツに宛てて書いた彼の手紙にはしばしば誤記や思い違いが見出され、彼は性急で不慎重な人柄ではなかったかという印象を我々に与える。しかしスピノザは真理に対する彼の情熱に動かされ、誠意と友情を持って接した。スピノザの臨終の床に侍したのは、当時まだ二十六歳の、あまり頼りにならぬこの医者一人だけであった。彼はスピノザの死後ライプニッツに「エチカ」の原稿を百五十グルデンで買ってくれぬかと手紙を書き、その後間もなく自らこれを撤回している。スピノザにおくれること二年、二十八歳で世を去った(関係書簡、五十八、六十三、六十四、七十二)。

　書簡往復者の第二はスピノザの反対者の一群で、これに属するものはブレイエンベルフ、フェルトホイゼン、グレフィウス、ブルフ、ステノの五人である。この中最後の二人は、初めはスピノザの門弟だったが、後で反対者になったのである。

　ウィルレム・ファン・ブレイエンベルフ(?―一六九六)はドルドレヒトの穀物仲買人だったが、神学と哲学を研究し、一六六三年には「神への認識と宗教」と題する書を出版した。翌年、スピノザの「デカルトの哲学原理」を読んで質問の手紙を書き、悪の存在と神との関係をめぐって同じような問を幾度も蒸し返し繰り返して提出し、スピノザの大所高所から発する答弁は彼を満足させなかった。彼はスピノザの住むフォールブルフまで出向いて議論を交したが、聖書の言を理性に優先させる彼には、スピノザの説明は結局納得出来ぬものであった。彼はなお執拗に質問をつづけたが、さすがのスピノザもついに実る当のない彼との書簡往復の継続を断念してその旨通達した。スピノザの死後ブレイエンベルフは「神学・政治論」を駁する一書を出版し、またその後「エチカ」に対しても悪意に満ちた弾劾《だんがい》の一書を発表している(関係書簡、十八、十九、二十、二十一、二十二、二十三、二十四、二十七)。

　ランベルト・ファン・フェルトホイゼン(一六二二―一六八五)はウトレヒト生まれで、哲学、神学、医学を修め、その故郷都市で医者を開業した。デカルト哲学に詳しく、また正統派キリスト教の牧師たちに比し自由な思想を持っていたが、スピノザの教説は彼にとってもあまりに強烈すぎた。彼は「神学・政治論」を以て宗教と道徳を破壊する無神論の書ときめつけた。スピノザはそういう批評を最も意外としたので、彼には珍らしい激しい調子でこれを反駁した。一六七三年ウトレヒト旅行の際スピノザはフェルトホイゼンと会い、その立派な人格者であることを認め、後で改めてていねいな手紙を書いている。しかしフェルトホイゼンの信念は動かなかった。彼はスピノザの死後「エチカ」に対する反駁文を書き、依然としてスピノザを無神論者、宿命論者と断じた(関係書簡、四十二、六十九)。

ヨハン・ゲオルク・グレフィウス(一六三二—?)はナウブルフ生まれの有名な言語学者で、ウトレヒトの修辞学の教授をしていた。一六七三年フランス軍がウトレヒトを占領した時、その麾下にあるスイス連隊の司令官ストウプがスピノザをウトレヒトに招いたが、その橋渡しをしたのはこのグレフィウスであった。これで見ればグレフィウスはスピノザの友のようであり、この書簡集にあるスピノザから彼への手紙の調子もそれを裏書きする。彼の方でもスピノザに対し表面友人として交際していたらしいが、実はスピノザ哲学の激しい論難者であり、すでに一六七一年彼はライプニッツに宛てた手紙で「神学・政治論」を「無神論に門戸を開く最も有害な書」となし、またスピノザの「遺稿集」については「世界は数世紀以来これにまさる有害な書を見たことがなかった……神々よ、地上からこのペストを追い払い給え」と言って、猛烈な反対態度を露呈している(関係書簡、四十九)。

アルベルト・ブルフは名門の出。その父コンラード・ブルフは、アムステルダムの最も富んだ市民の一人で、ニーデルランドの大蔵大臣を務めたこともあり、スピノザとも親交があった。子のアルベルト・ブルフは若い頃スピノザの弟子の一人であり、一六六八年以後ライデン大学の哲学研究生となったが、七三年ころ見学のためイタリヤに旅行した折カトリック教団に入ってしまい、両親を苦悩させた。ブルフはフロレンスからかつての師スピノザにその哲学を捨ててカトリックに改宗するようにと手紙を寄せた。スピノザは返事をしないつもりでいたが、彼の両親や友人たちの懇望でついに反駁の手紙を書いた。これは温厚なスピノザが書き得た最も辛辣な手紙の一つであろう。しかし狂信者になり切ったブルフはこれに動かされることなく、あくまでカトリックの闘士として止まり、ローマの修道院でその生涯を終った(関係書簡、六十七、七十六)。

ニコラス・ステノ(ニールス・ステンセン)は一六三八年デンマークのコペンハーゲンに生まれ、同地で医学を学び、六〇—六三年オランダのライデンで生物学を研究した。恰かもこの三年間スピノザはライデン付近のラインスブルフに住んでいたので、ステノが彼の教えを受けたのはこの期間に違いない。ステノはその後自分の属していたルター派を離れてカトリックに改宗し、フロレンスへ行き、七五年司祭となった。彼がスピノザへ改宗を促す手紙を書いたのはこの年である。ブルフと彼が同じ七五年に同じフロレンスから同じ目的の手紙を書いたのは、両者の間に連絡があったのかも知れず、或いはさらにローマ・カトリック当局のすすめにもとづいたのかも知れない。八六年死。彼は地質学にも造詣があり、その方面の著 Prodromus de solido はスピノザの死後その蔵書の中にあった。かつてのステノからの贈りものであろう。またステノは解剖学者としてもすぐれ、耳下線及びその導管の研究で知られ、その導管の一つはひと頃ステノ導管と名づけられていた(関係書簡、六十七の二)。

書簡往復者の第三はスピノザの門弟でも反対者でもない、いわば単なる知人の一群で、これに属するものはフッデ、ボクセル、オーステンス、メールの四人である。

ヨハネス・フッデ(一六二八—一七〇四)はアムステルダム生まれで五四年以来ライデンで医学を学んだが、確率論や光学の方面にも関心を持った。六七年アムステルダムの執政団《レヘント》の一員となり、オランダの貴族派(州会派)の指導者の一人となった。七二年貴族派の首領ウィットが失脚し執政政治が仆れたあとは、幾度もアムステルダムの市長に選ばれた。彼がスピノザと知り合いになったのは光学、ことにレンズ磨きのことに関してであったらしく、その仲立ちをしたのはやはりこの方面に造詣深いホイヘンスであったようである。フッデはオランダ州会及びニーデルランド国会の所在地であるハーグを職務上しばしば訪れたので、ハーグ付近のフォールブルフに、そして後にはハーグに住んだスピノザとしばしば会えたわけである。フッデは形而上学にも興味を持ち、本書簡集にある彼宛の手紙はいずれも神の唯一性に関するものである(関係書簡、三十四、三十五、三十六)。

フーゴー・ボクセルもまた執政派の一人であり、一六五五—五九年故郷都市ゴルクムの秘書官をつとめ、次いで同市の法律顧問として政治に関係し、七二年のウィット政権倒壊までこれを続けた。スピノザがいつから彼と知り合いになったかは明らかでないが、七三年スピノザがウトレヒト旅行した際彼と何らかの交渉を持ったことは想像出来る。なぜならスピノザのこの旅行は同地にあったフランス陣営への訪問であり、一方ボクセルはフランス軍との了解によって執政政治の復活に努力していた人だからである。ボクセルとの往復書簡は皆幽霊に関するもので、ボクセルはあくまで幽霊の存在を信じていた。これは当時の人々——知識層も含めて——の通念であり、これに反して、スピノザは初めからその絶対否定者であることはいうまでもない。しかしスピノザのそうした思想は当時代の人々にとってかなりセンセイショナルなものであった。なぜならその否定は、或る意味において聖書の重要な一部を否定することになるからである(関係書簡、五十一、五十二、五十三、五十四、五十五、五十六)。

ヤコブ・オーステンス(一六二五―七八)の本書簡集に占める意義は直接的なものでなく、単にスピノザとフェルトホイゼンの書簡往復の仲介者としてである。彼はウトレヒトに生まれ、ロッテルダムに外科医として定住した。コレギアント派に属し、この立場からスピノザと知り合いになり、また、フェルトホイゼンとは医者仲間として知り合いになったのである(関係書簡、四十二、四十三)。

ヨハネス・ファン・デル・メールについては、アムステルダムの商人で一六七八年なお生存していたということしかわかっていない。メインスマがアムステルダムのいろいろな古い帳簿を丹念に調べてみてもこの人物に該当するものは見当らなかったという。この書簡の受信者がメールであるということはライプニッツに宛てたシュラーの手紙にのみ出ているのであるが、シュラーは、前にも述べたように、人となりが性急で、よく誤記をしている人であるから、この名前も或いは何かの書き違いかも知れぬ(関係書簡、三十八)。

書簡往復者の第四は著名な外国人の一群であり、これに属するものはオルデンブルク、ライプニッツ、チルンハウス、ファブリチウスの四人である。

ハインリッヒ・オルデンブルク(一六一五?―七八)はブレーメン生まれのドイツ人で、もともと神学者だが、当時隆盛になりつつあった自然科学にも関心が深かった。若くしてイギリスや大陸各地に旅行し、一六五三年には外交使節として故郷都市から英国へ派遣された。これは英蘭戦争の間、英国の航海条令の実施のためブレーメンの船主たちがいろいろ困ったので、彼にクロンウェルと折衝させたのだった。彼は久しく英国に留まり、この間ミルトン、ホッブス、ボイル等の有名人と知り合いになった。六〇年彼はボイルの下に出来た王立協会の秘書官に選ばれ、協会の議事録の編集や外国の諸学者との業績相互報告の任に当った。六一年ニーデルランドに旅行した時、彼はわざわざライデン在のラインスブルフの村にスピノザを訪問した。当時四十六歳の世馴れた彼が、世間的にあまり知られない二十八歳の哲学者にどんな熱烈な友情と尊敬を献げたかは、本書簡集の最初の四、五を見れば明らかであろう。しかし彼は一方、スピノザを重要な学的諸ニュースの根源として利用した傾きがあったようでもある。とにかく二人の思考様式にはかなりの距りがあり、初めのうちこそスピノザは自己の哲学をいろいろ説明したが、オルデンブルクはこれを理解しなかったので、その後は二人の間の共通領域である自然科学を主題とする論議が専ら書簡往復のテーマとなった。種々の事情から途中十年文通が杜絶した後、七五年にチルンハウスの取りなしにより再び文通が始まり、「エチカ」や「神学・政治論」の思想について問答が交わされたが、彼はやはりスピノザを解しなかった。しかし何と言ってもこの両者の文通は、この書簡集中、数においても量においても最大のものであり、我々はスピノザに関する認識と理解の多くをこれに負うていることは否定出来ぬ(関係書簡、一、二、三、四、五、六、七、十一、十三、十四、十六、二十五、二十六、二十九、三十、三十一、三十二、三十三、六十一、六十二、六十八、七十一、七十三、七十四、七十五、七十七、七十八、七十九)。

エーレンフリート・ワルター・フォン・チルンハウス（一六五一―一七〇八）はドイツの伯爵だが、十七歳でライデン大学に留学し、約七年間数学を研究した。この間一時仏蘭戦争における義勇兵として蘭軍の陣営にあった。七四年アムステルダムでシュラーと知り、スピノザの著作原稿の写しを読んでスピノザへの関心を深め、シュラーの仲介で文通を始め、七四年終りスピノザをハーグに訪問した。この頃チルンハウスは主として哲学の方法論に興味を持ち、彼が後年出した Medicina mentis はスピノザの「知性改善論」の影響を多分に受けている。七五年夏彼は英国を訪ね、オルデンブルクやボイルと会い、これが機縁となって十年間杜絶えていたオルデンブルクとスピノザの文通が再開されたことは前に述べた。この秋彼はパリに行ってライプニッツと知り合いになり、ライプニッツに「エチカ」の草稿の写しを見せてよいかとスピノザに尋ねている。彼がスピノザに対する書簡中、属性の無限数について、また延長の属性と個々物の関係について出した質問は、スピノチスムスの根本を衝いたもので研究者たちの見逃し得ぬ重要な意義を持つものである（本解説の前半参照）。なお彼は曲線の切線的測定法（このことは書簡五十九の中にもすでに暗示されてある）の発見者として、また大型の光学用レンズの製作者として、さらには陶器の発明者として知られている（関係書簡、五十七、五十九、六十、六十五、六十六、七十、八十、八十一、八十二、八十三）。

ゴットフリート・ライプニッツ（一六四六―一七一六）は人も知る近世屈指の哲学者で、スピノザと書簡を往復したものの中での最も著名な人物である。彼は若くしてマインツ選挙侯に仕えて政治に関係し、七二年にはルイ十四世の野望をドイツからエジプトにそらす使命を帯びてパリへ遣わされた。七五年パリでチルンハウスと知り合いになり、チルンハウスは彼こそ「エチカ」の原稿を示すに足る人間の一人と信じてスピノザに了解を求めたが、スピノザは許さなかった。ライプニッツはこれより先スピノザと光学や「神学・政治論」に関して手紙を交した間柄であるが、スピノザはどこかライプニッツの人となりに不信の念を抱いていたのである。七六年秋彼が自らハーグにスピノザを訪れるに及んでこの不信はだいぶ和いだらしく、スピノザは彼に対して神の存在の証明を語り、また「エチカ」の主要諸定理を示したりした。ライプニッツも一頃はだいぶスピノチスムスに傾いたと自白している。しかし彼は無神論者として世間に通っていたスピノザとの関係をはばかり、後では彼とあまり交際しなかったような風をとりつくろっている（関係書簡、四十五、四十六）。

ヨハン・ルードウィッヒ・ファブリチウス（一六三二―一六九七）はシャッフハウゼンに生まれ、ケルンやウトレヒトで研究し、一六六〇年以来ハイデルベルヒ大学の哲学及び神学の教授となり、またファルツ選挙侯の子の教育係をも勤めた。ファルツ選挙侯カール・ルードウィッヒは、当時その宮廷に滞在中のフランスの学者ウルバン・シュヴローのすすめでスピノザをハイデルベルヒ大学の正教授として呼ぶことを決意し、ファブリチウスに招聘方を依頼したのであるが、ファブリチウス自身はこれに余り気が進まなかったのであることがその書簡の文面から窺われる。七四年フランス軍がファルツに侵入し、ハイデルベルヒ大学は閉鎖され、ファブリチウスはその後二十三年間も異郷にさすらわねばならなかった。それにしても、それから二百五十年の後、スピノザの完備した全集がこの大学の依託によって出来上ったのは奇しき因縁である（関係書簡、四十七、四十八）。

終りに文献的な事柄について二、三述べよう。

書簡集は先に言ったように一六七七年の遺稿集(Opera Posthuma 以下略してO・P・と呼ぶ)の中に始めて収められたのであり、そしてそれは皆ラテン文であった。しかしこの中には元はオランダ文で書かれたものが二十四通あり、その大部分はスピノザ自身によって、また一部分は編集者なり友人なりによってラテン文に訳されたのである。こうしたものはO・P・の中で versio(翻訳)という但し書が付されて他と区別されてある。O・P・に続いてやはり同年内に蘭訳遺稿集(Nagelate Schriften 以下略してN・S・と呼ぶ)が出たのであるが、このうち、先にスピノザによってオランダ文からラテン文に訳されたものは正文として尊重され、たとえそのオランダ語原文が存していた場合でもスピノザのラテン訳からさらにオランダ語に重訳され、これに反して先にスピノザ以外の人によってラテン文に訳されたものは、元のオランダ原文がテキストとして採用された。だから或る種の書簡はその正しいテキストがO・P・のラテン文の中ではなくN・S・のオランダ文の中にあるわけである。一方始めからラテン文で書かれた書簡について言えば、O・Pに出ている形のテキストしか後に伝わっていないもの、或いはO・P・に出ていないで後で新しく発見されたものは、一通りの形でしか残っていないのだから問題はないが、O・P・に出ていてその上それ以外の形においても残っているもの、例えば発送された原書簡とか、その最初の草稿とか、その書簡の写しとかが残っているものは、どれを正文とすべきかが問題になるのであり、ことに原書簡や最初の草稿や写しは、最後の確定原稿乃至O・P・にあるものに比し省略個所がない場合が多いから、テキスト決定上看過し得ない。以上に鑑み、ハイデルベルヒ版(ゲプハルト版)スピノザ全集は、書簡が、始めからラテン語で書かれたものであろうと、始めオランダ語で書かれて後にラテン文に訳されたものであろうと、どちらを採るべきかが問題になり得る二通りの形で残っているもの二十六通については、その両方を掲げ、一定の標準に従って一を正文とし他を副文としている。私の邦訳は原則としてこのハイデルベルヒ版の指定に従い(この指定に一、二異論あるものもあるが、テキスト・クリティークに深入りするのは今の場合適当でないからこれにはふれないで)その正文とされている方から訳し、かつ副文の方に正文にない大事な内容が含まれている場合は副文によってこれを補った。こうして結局ラテン文から邦訳したもの七十九通、オランダ文から邦訳したもの七通となる。

次に書簡の番号についてちょっと説明せねばならぬ。O・P・及び以後四回出たスピノザ全集の中の書簡集には七十四書簡が入っていて、その配列は同一文通者を一まとめにし、その文通者毎に年代順で並べていた。例えばオルデンブルク関係のものはそれを一まとめにして年代順で並べ、次にド・フリース関係のものをと言った工合である。一八八三年フローテンとランドが第五回目の全集を編むに及び、それまで新しく発見された九通の書簡と、「国家論」の序文代りになっている一通をも加えたが、この機に際し、従来の書簡配列順を全く変え、文通者には顧慮せず純然たる年代順に並べ、八十四書簡までに及んだ。この番号はその後研究者たちによって広く利用されたので、ハイデルベルヒ版はさらに二書簡を増したけれども、いまさらこの順序を変えるのはかえって混乱を来すから、これを踏襲し、新しい二書簡はそれぞれ四十八の二、六十七の二として関係個所に挿入するに止めた。こんな次第で、一八八三年以後の全集や外国訳は、O・P・の番号とフローテン―ランド版の番号とを比較対照する二通りの表を添えるのが例であったが、この邦訳にはそうしたものは省略することにした。新番号が徹底している今日、旧番号で書簡を参照せねばならぬようなことはまずほとんどなくなっているからである。

最後に本書簡集の外国訳その他について一言する。本書簡集がスピノザの生活及び思想の理解の上に持つ意義は近代の研究家たちの等しく認めるところで、彼らのスピノザに関する著作は書簡集への参照と引用を多く含んでいるのが常である。しかし書簡集はスピノザの他の著作に比しあまり翻訳されている方ではない。その主なるものを挙げてみれば、一八四一年以来ドイツではB・アウエルバッハ、G・H・キルヒマン、J・シュテルンが、また英国ではR・ウィリス、R・H・M・エルウィスが、フランスではE・セッセ、J・H・プラーが、当時知られていた限りの書簡の全部或いは大部を、それぞれ自国語に訳した。だがこれらは今となっては単に歴史的意義しか持たないと言ってよいであろう。今日なお価値ありと認められているものはW・マイエルの現代蘭語訳(但し書簡四十八の二と六十七の二を欠く)、C・ゲプハルトの独訳(但し六十七の二を欠く)、A・ウォルフの英訳、C・アッピューンの仏訳(但し六十七の二を欠く)の四つである。私は今邦訳を試みるに当り、本文の解釈とその注において、この四先人の業績に負うところが少くない。また諸種のスピノザ文献、中でもメインスマの「スピノザとその周囲」及びフロイデンタールの「スピノザの生涯」から参考になる多くの資料を得た。さらに本書の所々に出てくる自然科学関係の個所は、予め原稿を友人の九大教授越山季一氏に読んでもらって、いろいろ有益な示教を受けた。ここに記して謝意を表する。

スピノザ 往復書簡集《おうふくしょかんしゅう》

1958年12月5日 第1刷発行
2023年3月6日 第10刷発行

訳者 畠中尚志《はたなかなおし》

発行者 坂本政謙

発行所 株式会社 岩波書店
〒101-8002 東京都千代田区一ツ橋 2-5-5
案内 03-5210-4000 営業部 03-5210-4111
文庫編集部 03-5210-4051
https://www.iwanami.co.jp/

印刷・理想社 カバー・精興社 製本・中永製本

ISBN 978-4-00-336157-3 Printed in Japan

読書子に寄す

——岩波文庫発刊に際して——

岩波茂雄

真理は万人によって求められることを自ら欲し、芸術は万人によって愛されることを自ら望む。かつては民を愚昧ならしめるために学芸が最も狭き堂宇に閉鎖されたことがあった。今や知識と美とを特権階級の独占より奪い返すことはつねに進取的なる民衆の切実なる要求である。岩波文庫はこの要求に応じそれに励まされて生まれた。それは生命ある不朽の書を少数者の書斎と研究室とより解放して街頭にくまなく立たしめ民衆に伍せしめるであろう。近時大量生産予約出版の流行を見る。その広告宣伝の狂態はしばらくおくも、後代にのこすと誇称する全集がその編集に万全の用意をなしたるか。千古の典籍の翻訳企図に敬虔の態度を欠かざりしか。さらに分売を許さず読者を繋縛して数十冊を強うるがごとき、はたしてその揚言する学芸解放のゆえんなりや。吾人は天下の名士の声に和してこれを推挙するに躊躇するものである。このときにあたって、岩波書店は自己の責務のいよいよ重大なるを思い、従来の方針の徹底を期するため、すでに十数年以前より志して来た計画を慎重審議この際断然実行することにした。吾人は範をかのレクラム文庫にとり、古今東西にわたって文芸・哲学・社会科学・自然科学等種類のいかんを問わず、いやしくも万人の必読すべき真に古典的価値ある書をきわめて簡易なる形式において逐次刊行し、あらゆる人間に須要なる生活向上の資料、生活批判の原理を提供せんと欲する。この文庫は予約出版の方法を排したるがゆえに、読者は自己の欲する時に自己の欲する書物を各個に自由に選択することができる。携帯に便にして価格の低きを最主とするがゆえに、外観を顧みざるも内容に至っては厳選最も力を尽くし、従来の岩波出版物の特色をますます発揮せしめようとする。この計画たるや世間の一時の投機的なるものと異なり、永遠の事業として吾人は微力を傾倒し、あらゆる犠牲を忍んで今後永久に継続発展せしめ、もって文庫の使命を遺憾なく果たさしめることを期する。芸術を愛し知識を求むる士の自ら進んでこの挙に参加し、希望と忠言とを寄せられることは吾人の熱望するところである。その性質上経済的には最も困難多きこの事業にあえて当たらんとする吾人の志を諒として、その達成のため世の読書子とのうるわしき共同を期待する。

昭和二年七月